Dieter Haselbach · Armin Klein
Pius Knüsel · Stephan Opitz

DER KULTURINFARKT
Von allem zu viel und überall das Gleiche

Eine Polemik über Kulturpolitik,
Kulturstaat, Kultursubvention

Knaus

Dank

Die Autoren danken allen Künstlern, Mitarbeitern
von Institutionen und Kulturverwaltungen, Forschern
und Kritikern, die sie willentlich oder unwissentlich
inspiriert haben.

MIX
Papier aus verantwor-
tungsvollen Quellen
FSC® C014889

Verlagsgruppe Random House FSC-DEU-0100
Das für dieses Buch verwendete FSC®-zertifizierte Papier
EOS liefert Salzer Papier, St. Pölten, Austria.

1. Auflage
Copyright © der Originalausgabe 2012
beim Albrecht Knaus Verlag, München,
in der Verlagsgruppe Random House GmbH
Redaktion: Dunja Reulein
Gesetzt aus der Sabon von Buch-Werkstatt GmbH, Bad Aibling
Druck und Einband: Friedrich Pustet KG, Regensburg
Printed in Germany
ISBN 978-3-8135-0485-9

www.knaus-verlag.de

Auch Kultur
ist nur eine unmaßgebliche Schutzbehauptung.

Peter Rühmkorf

Inhalt

Vorwort

Deutschlands Kulturbetrieb steht vor dem Infarkt. Von allem gibt es zu viel und nahezu überall das Gleiche. Wer kann in dieser Flut das Wichtige noch wahrnehmen, annehmen und genießen? Und was Kultur alles leisten soll, ohne dass es ihr gegeben ist: die Demokratisierung befördern, die Fremden integrieren, die Wirtlichkeit der Städte steigern, die geistige Einheit der Nation herstellen, die Neonazis vertreiben, den Frieden sichern, wirtschaftliches Wachstum generieren, sozialen Ausgleich schaffen.

Was die Gesellschaft gesund machen sollte, liegt selbst darnieder. Dem Patienten schwindelt, denn er hängt an einem Tropf, der »öffentlichen Förderung«, und daraus tröpfelt es – gefühlt – immer weniger. Die Krankheitssymptome nehmen zu, aber alle drücken sich um die Diagnose. Das Trostlied vom Kulturstaat will nicht wirken.

Eurokrise, Globalisierung, Demografie, Migration, Digitalisierung – ungeheuer sind die Fliehkräfte, die aus den gesellschaftlichen Veränderungen erwachsen. Kirchen werden geschlossen, weil es an Gläubigen mangelt, Schulen aufgelöst, weil weniger Nachwuchs kommt, Krankenhäuser werden von Heilanstalten zu Reparaturgaragen umgewandelt, aus denen man die Patienten so rasch wie möglich wieder nach Hause schickt, sogar Atomkraftwerke werden abgestellt, weil die Gesellschaft andere Energiequellen wünscht – nur im Bereich von Kunst und Kultur soll alles so bleiben, wie man es, ausgehend vom Geheimrat Goethe, überzogen mit bürgerlicher Gesellschaftspädagogik, instrumentalisiert von den Sinnspendern der siebziger Jahre, eingerichtet hat?

Von allem zu viel: Sozialdemokratisch erfunden, setzt die »neue Kulturpolitik« der letzten Jahrzehnte doch auf das Theorem, dass jedes Angebot, einmal geschaffen, seine Konsumenten erzeuge. Diese Angebotsfixierung hat die Institutionen vermehrt und die Fördertöpfe, nicht aber die Konsumenten. Wenn es denn eine ästhetische Durchdringung der Gesellschaft gibt, dann verdanken wir sie dem kommerziellen Sektor.

Überall das Gleiche: Der Vormarsch der geförderten Kultur, der Jurys, Experten und Kulturmanager produziert nicht Innovation, sondern bürokratisch unterlegte Konformität – Übereinstimmung mit Fördermatrizen, Projektformaten und Kriterien. Natürlich gibt es noch große Kunst. Doch wer findet sie in der gleichwertigen, ja gleichgültigen Masse gut gemeinter und gut geförderter Halbfabrikate? Wo ist die Diskussion über die Bedingungen des Lebens, ausgelöst von Kunst?

Eine Polemik: Ja, wir holen zur Kritik aus. Wir kritisieren selten Personen, aber immer das System, das einseitig auf Produktion fixiert ist und den Einzelnen bestenfalls als kulturell schadhaftes, mithin zu reparierendes Individuum betrachtet. Wogegen Letzteres sich natürlich mit gutem Recht wehrt. Wir lesen Fakten, Statistiken und fügen die Schlüsse aneinander, die andere schon vor uns gezogen haben, die aber – auch hier das Zuviel! – niemand hören will.

Wir ziehen zu Felde gegen das Schisma, das moderne Kulturpolitik in die Gesellschaft bringt: dass es gute und schlechte Kultur gebe, Kulturbürger und Kulturferne. Wir legen Einspruch ein gegen den wachsenden Einfluss des Staates auf die Kultur. Wir beklagen die Nähe zu Staat, Macht und Geld, die im Kulturbetrieb so modisch geworden ist. Wir bekunden Mühe mit der Verantwortungslosigkeit des institutionellen Kulturbetriebs. Uns passt seine Abnabelung von den Veränderungen nicht, seine Wagenburgmentalität. Und uns passt noch weniger, wie Politik sich in Sonntagsreden übt, diese montags aber vergessen hat. Zuletzt fehlt es uns an Debatten in der Kulturszene. Dort gilt das allgemeine Schonrecht: Niemand kritisiert niemanden, alle haben dasselbe Existenzrecht und denselben Anspruch auf Förderung. Die Großen brauchen die Kleinen als Feigenblatt, die Kleinen lieben den Windschatten.

Wir belassen es nicht bei einer Polemik. Wir möchten den Patienten therapieren. Wir machen uns Gedanken über eine Zukunft, über neue Ansätze und neue Paradigmen: Abschied vom autoritären Werturteil zum Beispiel, Rückbau der Institutionen, Investition in das unabhängige Schaffen, Wechsel in die digitale Distribution, Nachfrageorientierung vor allem durch höhere Wertschöpfung am Konsumentenmarkt, Aufbau einer wertschöpfenden Kulturwirtschaft. Wir entwickeln keine kompakte Vision. Visionen, die sich mit der Macht der Politik verbinden, werden rasch zu Zwangsjacken, das wissen wir gut genug. Deshalb bleibt unser Widerspruch widersprüchlich.

In allen Politikfeldern beschäftigt Politik sich damit, die Zukunft zu gestalten, am besten sichtbar an der Energie oder an der Gesundheit. Allein in der Kultur geht es immer nur um Vergangenheit, um Strukturerhaltung und moralische Selbstverteidigung. Selbst ästhetische Innovation, Hätschelkind der Förderung, ist eine Keule von gestern. Dabei ändert sich nichts rascher als die Kunst. Die Globalisierung hat sie binnen 20 Jahren auf den Kopf gestellt. Hat die Politik darauf eine Antwort? Hat sie nicht. Hat der Kulturbetrieb darauf eine Antwort? Hat er nicht. Mehr Geld, so der Ruf.

Wer Kulturbetrieb und Kulturpolitik kritisiert, ist nicht der Feind der Kunst. Im Gegenteil: Uns liegt daran, sie zu befreien – von den vermeintlichen Schützern, die sie umarmen bis zur Erstickung. Die Forderungen sind nicht neu, aber aktueller denn je: mehr Unternehmergeist, mehr Auseinandersetzung mit den Bedürfnissen des Publikums, weniger Allmachtsphantasien. Und das Eingeständnis, dass die Welt an der Kunst nicht genesen wird. Sonst bräuchte es – paradoxerweise – womöglich keine Kunst mehr!

Dieter Haselbach, Armin Klein, Pius Knüsel, Stephan Opitz

Die Symptome des nahenden Zusammenbruchs

Die Kulturpolitik steckt in einer Immobilitätskrise – doch die ist selbst verschuldet. Kulturinstitutionen sind immer noch vom »Rationalitätstypus korporativer Selbsterhaltung« (Gerhard Schulze) geprägt – »Theater muss sein«! Mehr Begründung braucht es anscheinend nicht.

Wer im System öffentlicher Förderung drin ist, hat es zwar immer schwerer, aber wenigstens ein Dach über dem Kopf. Er jammert, aber auf hohem Niveau. Wer zu spät gekommen ist oder wer noch kommen wird, hat Pech. Heute geht es nur noch um »kulturelle Infrastruktur« (das meint das bereits Geförderte), um »kulturelle Grundversorgung« (das meint, dass alle mit derselben Kultur wie bislang »versorgt«, ja »grundversorgt« werden müssen). Gab es je Innovation? So abwegig ist der Befund nicht, dass wir mit Steuermitteln das Ende zukunftsorientierter Kunst- und Kulturproduktion herbeigeführt haben.

Von allem zu viel und überall das Gleiche

Sind wir wirklich zu Recht stolz auf das Erreichte? Seit den siebziger Jahren haben sich Museen, Theater, Bibliotheken, Volkshochschulen, Musikschulen, Konzerthäuser, soziokulturelle Zentren, Jugendkunstschulen, Literaturhäuser, kulturelle Verbände, Kulturausgaben mächtig vermehrt. Das hehre Ziel, alle umfassend an Kunst und Kultur teilhaben

15

zu lassen, führte in den massiven Ausbau kultureller Einrichtungen.

Für Deutschland sind die Zahlen aus dem Bericht »Kultur in den Städten« des Deutschen Städtetags mit Daten von 1977 aufschlussreich. Seit jenem Jahr haben sich die Volkshochschulen versechsfacht, die öffentlichen Bibliotheken versiebenfacht. Es gibt jetzt achtmal mehr Musikschulen als 1977. Über Museen gibt es keine vollständige Statistik, aber eine Versieben- bis Verzehnfachung seit dem Ende der sechziger Jahre ist plausibel. Und »Soziokultur« gab es 1977 institutionell – zumindest im Westen – noch gar nicht. Jetzt gibt es ein flächendeckendes Netz von soziokulturellen Einrichtungen in Deutschland. Natürlich, die Zahlen von 1977 betreffen die alte Bundesrepublik, mit der deutschen Einheit kamen Einrichtungen aus der DDR hinzu – das ist zu berücksichtigen. Die Theater etwa verdoppelten sich mit der Vereinigung. Doch das erklärt längst nicht alles. Unter der Programmhoheit von »Kultur für alle« fand in diesem Land – man verzeihe die militärische Metapher – eine systematische kulturelle Aufrüstung statt.

Das Ideal eines in der Tradition verwurzelten Kulturstaats zeigt sich in Deutschland plastisch in der kulturellen Infrastruktur. Etwa neun Milliarden Euro jährliche Zuwendung der öffentlichen Hand, rund 5000 öffentliche Museen und über 140 Staats- und Stadttheater und Landesbühnen, 8500 öffentliche Bibliotheken, dazu jeweils fast 1000 Musikschulen und Volkshochschulen in kommunaler Trägerschaft – das sind die Reproduktionsanlagen des Ideals »Kulturstaat«. Sie bieten die sogenannte Grundversorgung, vom Staat nicht durchgehend effizient, aber doch günstig organisiert für alle, die daraus Nutzen ziehen.

Das wirtschaftliche Wachstum der siebziger und achtziger

Jahre machte das alles möglich. An die mittel- und langfristigen Folgen dachte niemand. Die laufenden Kulturausgaben der Gemeinden – sie tätigen den größten Teil – stiegen zwischen 1975 und 1995 im Westen Deutschlands schneller als die kommunalen Haushalte. Zweistellige Wachstumsraten, bis hin zu 26,5 Prozent (1979), waren nicht unüblich. Nach 1995 flaute die Dynamik insgesamt ab. Die Verbalkomposition vom »Kaputtsparen« erreichte wenig später den kulturpolitischen Wortschatz. Allerdings gibt es keinen einheitlichen Trend: In einigen Bereichen und Regionen gibt es weiterhin beachtliche Zuwachsraten.

Das Wachstum der kulturellen Infrastruktur ist keine deutsche Sonderentwicklung. Aus der Schweiz sind ähnliche Steigerungen zu berichten. Die Zahl der Museen hat sich seit 1970 von 300 auf 1000 erhöht, die Zahl der öffentlichen Bibliotheken stieg von 900 auf 1300. Die Bevölkerung ist im selben Zeitraum aber nur um 15 Prozent gewachsen. Auch Österreich zeigt eine vergleichbare Dynamik, dort ist das Niveau der Kulturausgaben zudem immer höher gewesen als in Deutschland; Zeichen dafür, dass das kulturelle Erbe des k. u. k. Imperiums angenommen wurde. So verfügt Österreich laut *Austria Statistik* aktuell über 812 Museen und museale Einrichtungen. Es gibt 15 öffentliche Theater, neben den Einrichtungen in Wien vor allem die Landesbühnen in den einzelnen österreichischen Landeshauptstädten. In der Spielzeit 2009/10 erfolgten rund 3,79 Millionen Besuche in öffentlichen, 1,57 Millionen in privaten Theatern. Österreich ist darüber hinaus das Land der Festspiele: Neben Salzburg und Bregenz gibt es eine Vielzahl mittlerer und kleiner Festspiele, die es in der Spielzeit 2009/2010 auf insgesamt 3106 Vorstellungen und rund 1,8 Millionen Besuche brachten.

Nehmen wir die Festivals, um die Dynamik zu veranschaulichen. In Deutschland hat sich nach der Statistik des Deutschen Bühnenvereins die Zahl der Theaterfestivals von 25 mit 1324 Vorstellungen in der Saison 1991/92 auf 56 mit 3579 Vorstellungen in der Saison 2009/10 mehr als verdoppelt. Kamen 1991/92 1 427 667 Zuschauer, waren es 2009/10 nicht weniger als 2 441 487. Allerdings ging die Zahl der Besuche pro Vorstellung von 1080 auf 680 empfindlich zurück. Die Festivals wurden kleinteiliger. Für Europa schätzt man, dass sich die Musikfestivals binnen 30 Jahren verzehnfacht haben. Das Wachstum hält unvermindert an, das ist auch ohne Statistik greifbar. Dass explodierende Konkurrenz zur Eventisierung des öffentlich geförderten Kulturbetriebs führt, ist bei solchen Wachstumsraten nicht erstaunlich.

Und das öffentlich-rechtliche, mit Gebühren finanzierte Fernsehen will da nicht nachstehen. Versammelte sich die Fernsehgemeinde vor noch gar nicht langer Zeit zur sonntagabendlichen Talkshow, deren Bedeutung ein namhafter Politiker noch über dem Parlament ansiedeln wollte, so kam die ARD im Herbst 2010 auf die Idee, nun jeden Abend eine Talkshow mit bekannten Moderatorinnen und Moderatoren zu senden – immer mehr und immer das Gleiche. Gewählte Themen und Diskutanten sind austauschbar, Wichtigtuer ertrinken in selbstreferentiellem Gebrabbel. Der ganze öffentlich-rechtliche Betrieb kostet noch einmal fast genauso viel wie die Kulturausgaben insgesamt – für die Gebührenanpassung 2013 summieren sich die Forderungen der Anstalten auf neun Milliarden Euro pro Jahr.

In der Kulturpolitik aber herrscht die Überzeugung: Lasst uns das Angebot ausbauen. Und dann wollen wir vermitteln, was das Zeug hält, um die gefährlichen Schwellenängste gegenüber der Kunst abzubauen und endlich, endlich die kulturfernen Schichten zu erreichen!

Doch das System steht vor dem finanziellen Zusammenbruch. In Deutschland ist es kaum mehr finanzierbar, in Österreich und der Schweiz werden die Grenzen bald erreicht sein. Im Jahr 2012 verfügen die öffentlichen Museen Deutschlands praktisch über keine Anschaffungsetats mehr. Und auch die Personalkosten sind kaum gesichert. Die Stätten, die der kulturellen Anschauung dienen sollen, müssen über reduzierte Öffnungszeiten nachdenken. Bibliotheken geht es nicht anders. Landesbibliotheken haben keine Mittel mehr, um ihre Zeitschriftenbestände à jour und eingebunden zu halten. Die Arbeit der öffentlich geförderten soziokulturellen Zentren kann man problemlos mit der von Kulturzentren »ohne Staatsknete« verwechseln. Das gilt gleichermaßen für Konzerthäuser und Galerien. Geld ist überall knapp. Das kenntnisfreie Zauberwort aus politischem Munde zur Lösung heißt: Sponsoring einwerben und Leuchtturmfunktionen entwickeln.

Der Ausbau der Kultur geschah planlos. Kulturpolitiker wie Geförderte wollten etwas Gutes, so viel ist sicher. Und Gutes kann man nur mit mehr Gutem überbieten. Wer würde es wagen, nach dem Sinn von noch mehr Geld zu fragen? »Kultur gut fördern« hieß die Tageslosung 2011, die Haushaltskrise der europäischen Staaten dahingestellt.

Mehr als »Kultur für alle« fiel in den letzten Jahrzehnten niemandem ein. Und als es ab 1989 etwas problematischer mit den Haushaltmitteln wurde, riefen alle nach Kulturmanagement. Formulare, Funktionäre und Abläufe sollten den Status quo sichern. Eine Verständigung darüber, welche kulturellen Ziele mit welchen Mitteln erreicht werden könnten, war nicht gewollt. Kulturpolitik beschränkt sich darauf, alle Wünsche zu addieren, beraten vom Deutschen Kulturrat.

»Kultur für alle« war ein überaus erfolgreiches Programm. Ein eingängiger Slogan, übrigens auch versinnbildlicht durch den Einzug der Popkultur in die Kunsttempel. Zu Anfang ging es natürlich nicht um die Popkultur, der Begriff war ja noch gar nicht erfunden. Es ging um die Hochkultur, die für die ganze Gesellschaft Leitwerte zu verhandeln beansprucht. Sie sollte zeitgemäßer, zugänglicher für alle werden. Unterhalten durfte sie allerdings nur ein bisschen, naive Freude ist gar nicht gut. So wurde die Breitenkultur zur Entwicklungszone und bekam einen zwitterhaften Status: Einerseits wollten die Promotoren einer künftigen Kultur dieser den nötigen Respekt verschaffen (das mündete in Soziokultur), andererseits stand sie immer im Verdacht, bloße Unterhaltung zu sein (das führte zum Bannstrahl durch das antikommerzielle Dogma der Kulturpolitik).

Bereits 1987 zog ein aufmerksamer Beobachter der damaligen Entwicklung das vorläufige Fazit: »Heute sieht es so aus, als hätten wir es mit einer ungeheuren Explosion des Kulturellen zu tun, die bald alle Lebensbereiche und Lebenstätigkeiten zu umgreifen scheint.« Und weiter: »Ohne Kultur geht nichts mehr. Nicht die Organisation des eigenen Lebens und die Repräsentation der Gesellschaft, nicht die Vermittlung von Politik und der Verkauf von Waren. Alles scheint auf jenes diffuse Medium Kultur verwiesen.«[1] In den zwei Jahrzehnten seither ist die Ästhetisierung des Alltags ungemein fortgeschritten. Gestaltung ist der Schlüssel zum Erfolg, der Geruch von Kunst unerlässliche Zutat. Kunst, so die Kolumnistin und Gesellschaftssatirikerin Wäis Kiani, »ist überall. Es ist wie mit den Flip Flops. Erst war es nur ein Hype. Jetzt gibt es Flip Flops auf Laufstegen wie auch beim Lidl. Sie sind an den Füßen der ganzen Welt.«[2]

Sicherlich hatte sich – gerade in Deutschland, wo die neue Kulturpolitik programmatisch entwickelt wurde – ein großer

Nachholbedarf aufgebaut. Unter dem wenig verfänglichen Begriff »Kulturpflege« hatte Kulturpolitik sich vom Zweiten Weltkrieg bis Ende der sechziger Jahre um einen möglichst ewigkeitsorientierten Wiederaufbau und eine Wiederbelebung der kriegszerstörten Institutionen der Hochkultur gekümmert. Was in der ersten Hälfte des 20. Jahrhunderts passiert war, interessierte Kulturpflege nicht. Das »Volk der Richter und Henker« wollte durch Kultur wieder zum »Volk der Dichter und Denker« werden (Hermann Glaser). Der Bezug auf den großen europäischen Kulturrahmen, die Weimarer Klassik, war bestimmend. Es ging um das Wahre, Schöne und Gute, um einen – wie Herbert Marcuse schon 1937 kritisiert hatte – »affirmativen Kulturbegriff«.

Die sechziger Jahre brachten kulturpolitische Bewegung. Auf das von Ludwig Erhard entwickelte wirtschaftliche Expansionsprogramm (»Wohlstand für alle«, 1957) folgten die von Georg Picht (»Die deutsche Bildungskatastrophe«, 1964) inspirierte bildungspolitische Forderung »Bildung für alle« und Anfang der siebziger Jahre schließlich das kulturpolitische Pendant »Kultur für alle«. Die Dortmunder Jahreshauptversammlung des Deutschen Städtetags 1973 unter dem Titel »Wege zur menschlichen Stadt« war die kulturpolitische Wasserscheide. Kultur sollte retten, was falsch gelaufen war. Der Städtebau in den fünfziger und sechziger Jahren hatte zu massiver Stadtzerstörung geführt, was Alexander Mitscherlich 1965 in seiner Streitschrift über die »Unwirtlichkeit unserer Städte« angeklagt hatte. Mit der durch den Ölschock ausgelösten Wirtschaftskrise der frühen siebziger Jahre geriet auch das Wohlstandsmodell erstmals ins Wanken. Das entstandene Vakuum sollte mit Werten gefüllt werden.

Der Frankfurter Kulturdezernent Hilmar Hoffmann

brachte Ende der siebziger Jahre das Postulat einer »Kultur für alle« auf den Punkt: »Jeder Bürger«, so sein Credo, »muss grundsätzlich in die Lage versetzt werden, Angebote in allen Sparten und mit allen Spezialisierungsgraden wahrzunehmen, und zwar mit einem zeitlichen Aufwand und einer finanziellen Beteiligung, die so bemessen sein muss, dass keine einkommensspezifischen Schranken aufgerichtet werden. Weder Geld noch ungünstige Arbeitszeitverteilung, weder Familie noch Kinder noch Fehlen eines privaten Fortbewegungsmittels dürfen auf die Dauer Hindernisse bilden, die es unmöglich machen, Angebote wahrzunehmen oder entsprechend Aktivitäten auszuüben.«[3]

»Kultur für alle« war reine Angebotspolitik. Und mehr: Der neue programmatische Ansatz bedeutete auch, dass Kultur in andere Bereiche expandieren, dass sie das Reservat der »affirmativen Kultur« verlassen sollte. Besonders schön illustriert ein Zitat des Zürcher Stadtpräsidenten Sigmund Widmer den Umschwung in der Kultur. Er sagte noch 1978 in einer Rede: »Rockmusik ist keine Kultur.« Doch bereits 1980 musste er dem Druck der Straße nachgeben und die Rote Fabrik eröffnen, ein alternatives Kulturzentrum, welches sich aus dem Geist des Punks nährte, 1981 folgte das (1984 geschlossene) autonome Jugendzentrum, in dem sich das Kulturangebot auf Rock und Drogen beschränkte. 1982 musste Widmer, der die Jugendrevolte nicht in den Griff bekam, zurücktreten, kurz darauf wurde ein Programm eingerichtet, um Rock- und Popmusik zu fördern.

Die Logik einer »Kultur für alle« orientierte und orientiert sich noch immer an der Hoffnung, dass das Produkt seinen Konsumenten erzeuge, wenn es bloß auf dem Markt erscheint. Denn kulturelle Expansion wurde stets vom Angebot, nicht von der Nachfrage her gedacht. Damit sich aber jeder eines Angebots jeden Anspruchsgrades bedienen konnte, musste dieses Angebot in seiner Reichweite geschaffen werden. Wenn Kultur vor der eigenen Haustür auftauche, werde sich das Interesse schon einstellen. Kulturpolitik wurde zu strategischer Planung in der Fläche.

Für die Expansion benötigte man Manager. So kam das Kulturmanagement in die Welt, ein Begriff, der nur der deutschen Sprache eigen ist. Kulturmanagement verlängerte die Didaktisierung des Schulbetriebs in die Kultur. Kurz skizziert kam die Didaktik wohl deswegen in die Welt, weil Lehrer, die unfähig sind, die Geschichten aus ihrem Fach so zu erzählen, dass Schüler sie verstehen, auf die Dauer schwer erträglich sind. Kulturmanagement hat Kultur zu vermitteln, das gehört zu den Axiomen des schillernden Fachs seit seinen Ursprüngen. Ein anderes ist der Bezug auf die Betriebswirtschaft mit ihren Management- und Marketingtechniken. Heute ist das Fach aufgespalten. Ein Teil der zahllosen Studiengänge hat sich die Kulturpädagogik auf die Fahnen geschrieben, der andere betont Management und Marketing für, mit und in der Kultur. In den Neunzigern dominierte Marketing, heute ist Pädagogik angesagt.

Doch nach den Interessen der Kulturkonsumenten und vor allem nach der Wirkung einer Kultur für alle auf alle fragte niemand. Wer es im Hinterzimmer dennoch zu tun wagte, setzte seinen Status als zivilisierter Mensch aufs Spiel. Emanzipatorischer Anspruch einer »Kultur für alle« hin oder her, derlei war nicht gefragt. Kultur anders zu denken? Unvorstellbar! Das Besondere an diesem Modell war und ist, dass es einer elitären Vision der Gestaltung des Kollektivs, nicht einer Nachfrage an der Basis entsprang. Was dazu führte, dass das wachsende Angebot von wirtschaftlichen Risiken weitgehend freigestellt wurde. Etats werden öffentlich gedeckt. Solange Politikerinnen und Politiker daran Gefallen finden, sich anlässlich der Eröffnung neuer Kulturstätten in Pose zu werfen, gibt es kein Problem.

Gefangen in der selbst verschuldeten Unmündigkeit

Die heutige Infrastruktur ruht auf einem erzieherischen Fundament. Bühnen und Museen sind die Schulen des neuen Bürgers: Das Programm ist die ästhetische Erziehung des Menschengeschlechts. Wie schade, dass das Konzept aus der Zeit der aufgeklärten Aristokratie stammt, vordemokratisch ist. Das politische Projekt des mündigen, selbstbestimmten Bürgers steht in Widerspruch zum ästhetischen Projekt des Kulturbürgers, der bestimmten Wertvorstellungen anhängt und eine bestimmte ästhetische Qualifikation erreicht hat, die längst nicht für alle erreichbar ist und auch nicht sein darf. Kulturbürger, das ist eine Distinktion, die über Politik, mithin über den Pöbel erhebt.

Der rasante Ausbau der Infrastruktur war die letzte Offensive dieses vordemokratischen Modells angesichts der Fortschritte des demokratischen Projekts nach dem Zweiten Weltkrieg. Sie hat sich dabei ein zentrales Axiom von Demokratie zu eigen gemacht: Freiheit. Alles musste zulässig sein, jede Aussage und – als die Aussagen knapper wurden – jede Form. Die Freiheit der Kunst wird als Befreiung von der Nachfrage gelebt, sichtbar an Selbstfinanzierungsgraden von 15 Prozent oder weniger. Der Konsument erlebt sie aber auch als Befreiung von der Autorität der Institutionen – Freiheit der Kunst ist nicht nur die Freiheit, frei von politischem Druck künstlerisch zu arbeiten, sie lässt sich ebenso als Freiheit von der Kunst praktizieren. Verschärfend kommt dazu, dass mit dem Niedergang der kulturellen Autoritäten deren Welterklärungsmuster hinfällig werden. Die Vertreter universeller Werte gehören heute selbst ins Museum, die Kritiker sind entmachtet. Heute gibt es zu jeder Aussage eine genauso legitime Gegenaussage.

Der demokratische Staat mutet dem Bürger eine Mündigkeit im Urteilen und Gestalten seines Lebens zu, welche Kulturpolitik ihm abspricht. Letztere nimmt ihn an die Leine der kulturellen Erziehung. Auf diese kurze Formel kann man den Widerspruch zwischen dem politischen Projekt der Moderne und dem vormodernen Projekt der ästhetischen Erziehung der Menschen bringen.

Die Erneuerung der Kunst, alle gesellschaftlichen Bewegungen, welche Veränderungsdruck erzeugen, kommen von jenseits des Kunsthorizonts: Einwanderung, globaler Austausch, Medienrevolutionen. Sie verändern den Alltag, aber nicht den Kulturbetrieb. Die Programme werden zwar etwas bunter, doch am Anspruch, die eigene, abgegrenzte Kultur zu verteidigen, ändert sich nichts. Institutionen sind nicht nur Gefäße, in denen Kunst produziert und mittels Vorführung in Kultur verwandelt wird. Das Gefäß selbst ist eine Aussage, die vom Programm, das es beherbergt, nicht widerlegt werden kann. Die Aussage ist Unverrückbarkeit. Diese Kultur steht für immer. Hier werden trotz des Wandels und trotz des Einzugs neuer Technik dauerhafte Werte erhalten. Die Ahnenreihe, durch das Programm immer wieder in Erinnerung gerufen, reicht bis in die Antike zurück.

Es geht um Macht. In Stein gefügte Einrichtungen stehen für Macht. Jemand hat sie entworfen, finanziert, gebaut. Sie kosten eine Stange gemeinsamen Geldes – je dicker die

Stange, umso größer die Macht. Eine Jahressubvention von 10 Millionen Euro bedeutet mehr als eine von 50 000 Euro. Es geht nicht allein um die Frage, wie teuer diese oder jene Kunst ist, wie viel Ausstellungen oder Musiktheater kosten dürfen. Die Spanne zwischen Kellertheater und Staatstheater weist vielmehr auf den politisch untermauerten Anspruch, dass am einen Ende höchste Kunst entsteht, indem sie ihrer Selbstfinanzierung praktisch enthoben ist, und am anderen Ende eben nicht. Dieser Anspruch bleibt den großen Institutionen eingeschrieben. Keine schafft es, auf Dauer gegen ihr Existenzgesetz zu handeln.

Es ist deshalb kein Zufall, dass China als System des Social Engineerings 1000 Museen bauen will und 2011 das größte Museum der Welt am Platz des Himmlischen Friedens eröffnet hat, als kulturelle Manifestation eben dieser Autorität. Dass es Museen als »systemrelevant« einstuft, versteht sich von selbst. Es ist auch kein Zufall, dass die Exkursionen der deutschen Bühnen ins Antitheater der siebziger Jahre scheitern mussten. Ein erfolgreicher Ausbruch hätte bedeutet, dass die Institutionen sich selbst aufgeben. Die Kultureinrichtungen besitzen eine Gravitationskraft, die alles, was in ihrem Kraftfeld passiert, in ihren Auftrag einschreibt, ohne dass dieser sich verändert. So ist es nur logisch, dass die Provokateure der achtziger Jahre heute Opern inszenieren. Die Provokation war ein Sturm im Wasserglas. Immerhin gibt es jetzt mehr nackte Haut und originelleres Dekor, doch Oper bleibt Oper. Noch immer ist sie bürgerliche Verschwendung, ein europäischer Potlatch. Je mehr öffentliches Geld drinsteckt, umso unverrückbarer ist die Institution dem Druck des Publikums enthoben. Oder umgekehrt: Die Institution selbst erzeugt den Druck, der ihre Macht zementiert. Die kulturellen Institutionen stabilisieren sich, indem sie sich von den wirtschaftlichen Kräften abkoppeln, sie tragen sich durch ihr eigenes Gewicht.

Dass wir uns womöglich eine Zukunft ohne Kultureinrichtungen denken müssen, illustrieren die Kirchen. Sie übernahmen bis zur Reformation die Funktion der Museen. Im Katholizismus tun sie es noch heute. Kunstvoll vermittelten und gestalteten sie Sinn und Vergangenheit, zugänglich und verständlich für alle. Mehr noch: Sie schenkten auch Zukunftsgewissheit, etwas, was Museen, da nach der Aufklärung entstanden, nicht mehr hinbekommen. Die Kirchen lieferten die Kunst und die große Erzählung des Glaubens und brachten so Kunstartefakte und Alltag in einen Sinnzusammenhang. Der Sieg der Aufklärung hat der großen Erzählung des Glaubens die Autorität geraubt. Die Kirchen leeren sich, die Infrastruktur des Glaubens zerfällt, das Gedankengut wird säkularisiert und wirkt anderswo weiter. Außer der Kirche selbst sieht darin niemand die Existenzfrage der europäischen Kultur. An die Stelle von Kirchen und Klöstern treten Schulen, Medien und Kulturhäuser. Auch ihnen muss keine ewige Funktion zukommen.

Kultureinrichtungen sind nur Gefäße. Das Konzept des geschützten Raums hat die Kunst weitergebracht, jetzt stößt es an seine Grenzen. Es mag zwar Innovationen pflegen als ästhetische Globuli, doch verliert es an Einfluss darauf, wie wir unser Leben gestalten. Das Konzept verliert gegen Kräfte aus dem Off, die aus der Entwicklung der Medien erwachsen. Medien kommen nie als Medien für Kunst in die Welt. Doch werden sie von den Künstlern rasch adaptiert und zu Instrumenten des Wandels jenseits der Institutionen entwickelt.

Das begann mit dem Buchdruck, es setzte sich fort mit der Zeitung, dem Radio, der Fotografie, mit Schallplatte,

Film, Computer, Internet. Der gesellschaftliche Umbruch fand in diesen Medien seinen kulturellen, später künstlerischen Ausdruck. Neue Medien haben Sex-Appeal. Die latente, gelegentlich auch sehr manifeste Opposition gegen institutionelle Autorität, welche jeder Generation eigen ist, findet bevorzugt in neuen Medien ihre Gestalt. Es ist der Kampf gegen jene Verhaltenskodifizierung, die Institutionen eingeschrieben ist.

Europa hat die vermutlich teuerste Kulturlandschaft der Welt, viele Staaten geben 100 bis 200 Euro pro Jahr und Bürger für das Kultursystem aus. Dieser Reichtum kontrastiert mit der Abwesenheit Europas auf den weltweiten Kulturmärkten. Auf die Zirkulation der Inhalte hat unser Kontinent keinen Einfluss. Europa finanziert vielmehr seine Präsenz (für Eliten) auf den Bühnen anderer Kontinente selbst. Die globale und die Wahrnehmung prägende Kulturindustrie ist in den Händen der Amerikaner, der Japaner, der Koreaner, der Brasilianer.[4] Sie bedienen das aufstrebende Asien, sie bedienen die erwachenden arabischen, afrikanischen und lateinamerikanischen Märkte, sie räumen selbst in Europa ab.

Deutsche Filme tauchen nicht auf in den Hunderten von Multiplexen, die derzeit in Indien gebaut werden. Deutsche, österreichische und schweizerische Filme werden bestenfalls in Goethe-Instituten, in Kulturforen und auf Festivals von Filmhochschulen gezeigt. Derart speisen sie kein europäisches Element in das Kulturbewusstsein der nächsten Generationen Indiens, Chinas, des Orients ein. Sie geben höchstens Orientierungspunkte für die künstlerischen Eliten jener Länder: Was ist zu tun, um sich ins westliche Kunstsystem einzugliedern? Unsere Kunst spielt in vergoldeten Nischen.

Man kann das so wollen. Die Abneigung der westlichen

Kulturdenker gegen die Kulturindustrie haben Max Horkheimer und Theodor W. Adorno am schärfsten vermittelt. Der Widerwille selbst rührt aus dem Interesse, die eigene Autorität nicht preiszugeben. Man könnte aber auch wollen, dass europäische Kultur die Welt mitgestaltet, wie sie das mit der Klassik einmal tat. Politiker und Kulturverwalter fummeln deshalb überall am Begriff der Kulturindustrie herum. Das ist ein erstes Zeichen des Wandels. Zu befürchten ist bloß, dass sie Kulturindustrie wie Kunsthandwerk sehen, also beschaulich und hilfsbedürftig, und dass ihnen der Mut fehlt, gegen den herrschenden Kunstbegriff zu handeln. Eine Kulturindustrie, welche den Namen verdient, würde sich nach außen öffnen und in Produkten denken, welche sich verkaufen mit Blick auf kulturelle Vielfalt und fremde Kontexte. Sie beschäftigte viele Menschen, sie wäre, da hoch kompetitiv, evolutiv. Europa, vor allem dem deutschsprachigen Europa, aber fehlen dazu Wissen und Wille.

Eine Elite für alle

Der sogenannten neuen Kulturpolitik ging es um das bekannte bürgerliche Anliegen, den Menschen zu formen, ihn ästhetisch zu erziehen, in ihm das wahre Bewusstsein heranzubilden. Eine wirkliche Demokratisierung der Kultur, die notwendig eine »Vermassung« gewesen wäre, konnte bei der Skepsis gegen Massenkultur, die die Ingenieure der »neuen Kulturpolitik« leitete, nicht gewollt sein. Dafür rückte Kultur auf der politischen Agenda der achtziger Jahre als Medium der sozialen Formierung ganz nach oben. Auch gelang es den neuen Kulturpolitikern, Kunst von der konservativen Gesinnungsästhetik loszumachen. Allenthalben wurde ihre

Freiheit in den Verfassungen festgeschrieben; jetzt ging es nur noch um künstlerische Qualität. Die aber zeichnete sich erstmals durch eine kritische Haltung aus und durch ästhetische Experimente, wobei das eine das andere ersetzen konnte. Die trug dazu bei, dass der öffentliche Kulturbetrieb sich rasch von den vielen entfernte. Galt Soziokultur in den Achtzigern als Einstiegsdroge in die Hochkultur, so wurde sie in der Schweiz, während sich das Kulturschaffen professionalisierte, binnen eines Jahrzehnts als Kulturwaise in die Sozialbehörden abgeschoben. Und in Deutschland und Österreich weiß niemand so recht, wohin mit der Soziokultur und vor allem, in welchen Strukturen sie – wenn überhaupt – künftig gefördert werden soll. Das Interesse der jüngeren Generation an den subventionierten Angeboten der Hochkultur, das wissen wir aus den Nutzerstatistiken, wollte nach den unruhigen Jahren nicht wachsen.

Es war der Qualitätsbegriff, der die Öffnung des Kulturbetriebs hin zu neuen Schichten torpedierte. Beispielhaft illustriert das der Zürcher Germanistenstreit. 1966 erhielt Emil Staiger, von 1943 bis 1976 Professor für Literatur an der dortigen Universität, den Literaturpreis der Stadt Zürich. In seiner Dankesrede verdammte er die zeitgenössische Literatur pauschal als Gesinnungsliteratur, in der es von »Psychopathen und Scheußlichkeiten großen Stils« wimmle und der jede Verbindung zu den sittlichen Grundbegriffen abhandengekommen sei. Eine Literatur, die keine Kunst mehr sei, weil sie die Verbindung zu den ewigen Werten gekappt habe.

Staiger provozierte harte Repliken von Hugo Leber (»Ich bekenne: Ich fand Gefallen an Kloakendichtern«[5]), Werner Wollenberger und Max Frisch. Sie beschuldigten Staiger, eine ganze Generation von Schriftstellern pauschal zu denunzieren, und unterstellten ihm Weltfremdheit. Der Streit ging um

Qualität: Was ist gute Literatur? Staiger verlor. Die neue Literatur schrieb im Lichte eines politischen Erkenntnisinteresses. Qualität besaß, was einer neuen, antiausbeuterischen Moral Vorschub leistete. Kultur und ihre Förderung klinkten sich in die Agenda des Umsturzes ein.

Der Germanistenstreit war nur die erste von mehreren Metamorphosen des Qualitätsbegriffs. Zuerst hatte über künstlerische Qualität verfügt, was sich in den bürgerlich-humanistischen Kanon einreihen ließ. Seit den siebziger Jahren verfügte über Qualität, was sich als gesellschaftskritisch gebärdete. Die Weltrevolution eroberte die Bühnen. Aus der politischen Revolution löste sich die ästhetische heraus. In den achtziger Jahren – das Publikum war der Politisiererei auf den Bühnen müde – manifestierte sich Qualität als Destruktion der gestrigen Kunstprinzipien, deutlich erkennbar im Free Jazz, im Punk, in der Malerei und in der Neuen Musik. Man müsse die Tempel der Vergangenheit erst einreißen, um neu bauen und eine neue volksverbundene Kunst feiern zu können, lautete das Dogma. Die Zukunft war also unterfüttert mit heftiger Zurückweisung der künstlerischen Vergangenheit. Da die Vergangenheit aber heute beginnt, ergab sich aus dieser Aporie, die eine Überwindung jeder Norm als die einzige Norm anerkannte, eine unglaubliche Beschleunigung. Die Kunst aus dem Augenblick neu zu erfinden gilt seither als höchste der Leistungen, sowohl im institutionellen wie im unabhängigen Bereich. Wie können die Meister der Gegenwart anerkannt werden, wenn jeder Lehrling von Anfang behaupten darf und muss, ein Meister zu sein, will er ernst genommen werden? Lernen von anderen – das war gestern. Fertigkeit ist out, dass Kunst etwas mit Können, mit Handwerk zu tun haben könnte, gehört zur Staiger-Ära. Kunst der Gegenwart ist Schöpfung aus dem Moment, aus

dem Zufall, aus sich selbst. Wer sich in eine Tradition ein-
reiht, hat schon verloren. Das Prinzip der vagen Assoziati-
on ist das Leitmotiv neuen Schaffens geworden. Es gestattet dem Besucher umgekehrt beliebige Interpretationsspiele.
Und enthebt den Künstler wiederum der Notwendigkeit, seine eigene Geschichte zu reflektieren. Das Glück des Schaffens wie das Glück des Erlebens ist dem Individuum allei-
ne überantwortet, also privatisiert. Das ist in jeder Hinsicht
postmodern. Jeder, ob Künstler oder Konsument, ist der An-
gelpunkt seiner ästhetischen Welt.

Solche Atomisierung des Schöpfungs- wie des Rezeptions-
prozesses, die auch mit kultureller Bildung und Kulturvermittlung nicht aufzuholen sein wird, lässt einen merkwür-
dig leeren Begriff von Qualität zurück. Je schwerer er zu
fassen ist, umso fleißiger wird er von Kulturförderern ge-
braucht, den Kindern jener Umwertung. Wo die Väter noch
eine klare Idee hatten, was sie mit Qualität meinten (ewige, aus der nacherfundenen Antike abgeleitete Werte, kon-
densiert im Kanon), entwickelte sich der Begriff im Zuge
der Demokratisierung zu einem Instrument situativen Ein-
und Ausschlusses, der im Zeichen von zeitgemäßer Toleranz,
von zeitgemäßem Dialog und global manifester Vielfalt keine Inhalte und keine Verfahren mehr beschreibt. »Künstlerische Qualität«, von praktisch allen Fördereinrichtungen als
selbstverständliches Kriterium gesetzt, ist zum genialen Instrument geworden, um eigene Interessen zu verteidigen. Die
neue Generation, welche sich im System festgesetzt hat, ver-
teidigt ihre Position ebenso zäh, wie damals die Väter es gegen die nachstoßende Jugend getan hatten. Ihr Erfolg beruht
wesentlich auf dieser Unbestimmtheit des Qualitätsbegriffs,
der fruchtbaren Kombination von Konsens über das allgemeine Erfordernis und seiner substanziellen Leere. Qualität

wird heute selbstreferentiell definiert. Jedes Projekt evoziert eigene Kriterien. Damit verfügt der Begriff über maximale Schärfe – er ist hermetisch – und maximale Unschärfe – er ist beliebig – zugleich. Das macht ihn so brauchbar als ideologische Keule. Deshalb ist es so interessant, in Jurys zu sitzen; endlich kriegt man die Keule in die Hand.

Die Spaltung der Welt in geförderte Kunst und nicht geförderte Nicht-Kunst ergibt sich daraus, dass die Kunst aus dem Kanon befreit wurde. Jedes Konzept findet seine Anhänger. In einer Kulturwelt, die dem Erfolg am Markt misstraut, ist die Größe der Anhängerschaft unbedeutend. Wo keine Autorität mehr sein darf und kommerzieller Erfolg unstatthaft ist, ist jeder Gestus gleichberechtigt. Der Gestus der Kunstwilligkeit allein muss gefördert werden. Förderung adelt ihn zur Glücksoption für alle.

In der Freiheit der Kunst, die zum Schutz vor totalitärer Vereinnahmung in den Verfassungen verankert wurde, findet die mäzenatische Haltung der europäischen Demokratien ihren höchsten Ausdruck. Der damit verbundene Kult der Freiheit – alles ist legitim – hat allerdings seinen Preis: Er führt dazu, sagte Thomas Steinfeld in einer mit »Das Exzentrische ist der Feind des Exzellenten« betitelten Rede anlässlich des Forums Kultur und Ökonomie 2008 in Bern, »dass die Zurückweisung von Norm und Regel zu Norm und Regel wird, er hat eine Kultur zur Folge, die gleichermaßen subversiv wie akademisch, ebenso rebellisch wie angepasst ist«. Die Auflösung der Maßstäbe führt zum Orientierungsverlust, es beginnt – moderiert durch ein System von Kommissionen – die stille Herrschaft der Willkür.

Weil wir es fördern, ist etwas gut. Das ist der clevere Ausweg aus dem Dilemma der Postmoderne. Dass Förderentscheidungen immer häufiger als willkürlich und weltfremd erscheinen, ist der Preis der Freiheit. Über Qualität kann niemand mehr richten. Nochmals Steinfeld: »Denn die Kulturförderung eines modernen, westlichen Staates ist formal – sie kennt kaum inhaltliche Kriterien, und sie darf auch keine kennen. Sie weigert sich, und sie muss sich weigern, gut und schlecht, wichtig und unwichtig, wahr und falsch zu unterscheiden. Nur so glaubt sie, und nur so vermag sie zu glauben, die Kulturförderung einer offenen Gesellschaft sein zu können.« Deshalb privilegiert die Kulturförderung der Postmoderne das Exzentrische, das Originelle, das dezidiert Individuelle, welches nach Subversion riecht, durch seine Kompatibilität zur Förderung aber eine Herrschaftsform ist, die verhindern will, dass »irgendwo ein auf allgemeine Befürwortung zielender Stil« entsteht. Kulturförderung tut sich trotz aller Bekenntnisse zur Partizipation schwer mit der Kunst der Massen, mit der Popkultur, mit dem Erfolg. Sie kann die Ekstase, eine Form kollektiven Glücks, nicht umarmen. Sie fördert stattdessen ausschließlich privates Schaffen und innerliches Erleben. Sie ist in ihrem Wesen pietistisch.

Nicht alle sind von Natur aus so brav. In *Das Bildnis des Dorian Gray* lässt Oscar Wilde Lord Henry sagen: »Das Verbrechen gehört ganz und gar den untern Klassen. Ich tadle sie nicht im Geringsten. Ich sollte meinen, das Verbrechen sei ihnen, was uns die Kunst ist, einfach eine Art, sich außergewöhnliche Empfindungen zu verschaffen.«[6]

Oscar Wilde offenbart uns en passant das Geheimnis, warum der Film als einziges Medium in allen Gesellschaftsschichten populär ist: Weil sich im Kino niederes Verbrechen und hohe Kunst treffen. Doch bleiben wir bei jenen höheren Ständen, die Wilde mit »uns« meinte. Sie bestimmen noch immer das Kulturleben, häufig genug auch die Kulturpolitik. Von 221 Stiftungsräten, welche die staatliche Schweizer

Kulturstiftung Pro Helvetia von 1939 bis 2009 leiteten, hatten 80 Prozent einen universitären Abschluss, der Anteil jener mit akademischem Lehrberuf betrug im Schnitt 40 Prozent. Das bäuerliche Milieu war nie vertreten, obwohl die Stiftung in der Gründungsphase beauftragt war, die auf der bäuerlichen Ikonografie aufbauende traditionelle Schweizer Kultur zu pflegen. Auch in der Jury der deutschen Bundeskulturstiftung sitzen nur eingeschworene Profis des Kulturbetriebs, die aus Haushalten mit hohem Bildungshintergrund stammen, genauso wie in der Kulturverwaltung. Die »neue Kulturpolitik« sah die Demokratisierung als Last der Konsumenten, nicht der Anbieter und Entscheider. Die bleiben bis heute unter sich. Der Norm unterwerfen mussten sich immer die anderen.

Man kann Oscar Wilde auch so verstehen, dass die »Erlebnisgesellschaft« (Gerhard Schulze) keine Erfindung der Neunziger und schon gar keine der Soziologie ist, sondern immer schon existierte. Nach außerordentlichen Erlebnissen streben alle Klassen, elitäre wie proletarische. Doch die herrschende Klasse (die vor 1968 und die danach gleichermaßen) wäre nicht die herrschende, würde sie nicht ihre Erlebniswelt als höherwertig einstufen und daraus ein kulturelles Programm ableiten, das ihre eigenen Interessen schützt. Interesseloses Wohlgefallen, Ergriffenheit oder, in der Begrifflichkeit von Gerhard Schulze, »Selbsttranszendenz«[7] ist kein Zustand, sondern eine Leistung an Selbstzähmung, die man erbringen wollen muss, wenn man zur kulturellen Elite gehören will. Dies ist mit den Vorteilen höheren Ansehens und interessanten Kontakten verbunden.

Selbstdomestikation ist eine mit sozialem Aufstieg honorierte Leistung, welche uns die Hochkultur abfordert. Sie steht – hier wird eine ideologische Untermauerung der Spaltung zwischen E als ernster und U als Unterhaltungskultur sichtbar – im Gegensatz zur leistungsfreien Ekstase der Popkultur. Es kann kein Zufall sein, dass in Zeiten, wo die Selbsttranszendenz vor allem bei jungen Menschen aus der Mode kommt, das medizinische Aufmerksamkeitsdefizitsyndrom so populär wird. Der Unwille, sich der Domestikation zu unterwerfen, muss medizinisch begründet sein, er kann nicht in der Schwäche des kulturellen Konzeptes selbst liegen.

Die Aussicht, für erwünschtes Verhalten sozial belohnt zu werden, führt zu den vom amerikanischen Philosophen Harry Frankfurt beschriebenen Wünschen zweiter Ordnung: Wenn man so sein will wie die Erfolgreichen, imitiert man deren Tun. Man geht in die Oper, um so zu erscheinen wie jene, die sich mit der Oper auskennen. Man geht ins Museum, weil es zum guten Ton gehört, egal, was man daraus mitnimmt. Es gehört zu den Gewissheiten der Soziologie, dass diese »Second Order Desires« das kulturelle Verhalten stark bestimmen. Der Kunsthistoriker Beat Wyss haut in dieselbe Kerbe: »Ich glaube ... in der Tat, dass das Hauptinteresse des Publikums beim Auch-dabei-gewesen-Sein liegt ... Kunstobjekte funktionieren wie Reliquien. Man sucht eine magische Nähe.«[8] Die Magie entsteht aus der kumulierten Nähe, nicht aus dem Kunstwerk. Wie in Santiago de Compostela, so im Louvre.

Der bürgerlichen Selbstzähmung gegenüber steht die Ekstase. Sie ist das Markenzeichen der Massenkultur. Alle Kulturpolitik dient dazu, die Ekstase zu bremsen und in »interesseloses« Wohlgefallen zu überführen. Allen Bürgerinnen und Bürgern den Zugang zur spirituellen Gefühlswelt zu ebnen war das kulturpolitische Programm der kritischen Demokratie. Dieses sah einen zivilisierenden Eingriff am lebendigen Objekt vor. Der empfindsame Bürger ist dem ekstatischen Pöbel überlegen. Ein Übermaß an Emotion weckt seit Theodor W. Adorno den Verdacht auf Manipulation. Tränen und Gelächter sind angesichts einer erstarkten Unterhaltungsindustrie, die sie als Versprechen ausbeutet, die Gegner der Aufklärung. Der wahre Citoyen ist ein Citoyen, der sein Innenleben kontrolliert. Er kennt nur noch die Ergriffenheit. So ausgeliefert erholt er sich. Das ist die große zivilisatorische Leistung der bürgerlichen Kultur. Dieses Kulturverständnis geht bestens mit der protestantischen Ethik einher. Die Katholiken gönnen sich mit dem Karneval eine Möglichkeit zur Ekstase, wenigstens einmal pro Jahr eine Woche Auslauf. Die restlichen 51 Wochen sind sie Bürger wie die Protestanten auch. Immerhin gibt es die kleine Flucht ins Fußballstadion.

Die Ausgrenzung der »Unkultur«

Kunst greift in den Haushalt der Gefühle ein. Nichts ist heute heiliger und wahrer als Gefühle; ist die gefühlte Krise wichtiger als die echte, feiern der Wut-, der Frust- und der Empörungsbürger Hochzeit. Die hohe Bewertung des individuellen Erlebens, aus der Befreiung aus den Zwängen der Vergangenheit hervorgegangen, unterläuft die Kulturpolitik. Gegen nichts wehrt sich der Bürger erfolgreicher als gegen Umpolung. Er lebt zwar ganz zweckorientiert die Bedürfnisse zweiter Ordnung, doch er wird deswegen nicht zu dem, was die Kulturpolitik gern aus ihm machen würde: ein kulturbeflissener Bürger. Und selbst wenn er es wollte, er wüsste heute nicht mehr, woran sich halten.

Die neue Freiheit, die Welt durch Kunst neu zu schaffen,

hat nicht das große Zusammengehörigkeitsgefühl hervorgebracht. Die öffentliche Etikettierung des einen als Kunst heißt auch, das Etikett anderem zu verweigern, dem man es ebenso gut zusprechen könnte. Dieser Vorgang ist konstitutiv. Das Programm einer »Kultur für alle« wollte die Differenz durch Vermassung der Hochkultur und Aufwertung der Massenkultur aufheben. Doch wenn Kunst nicht gleich Leben ist, musste die alte Differenz an anderer Stelle wieder entstehen, um den Begriff der Kunst und die mit ihr verbundenen Distinktionsmechanismen zu erhalten.

Zuerst wird die Zugehörigkeit zum Kunstsystem von Fördergremien attestiert, die selbst mit Vertretern des geförderten Kultursektors besetzt sind. Anerkannt wird, was Muster abholt, die den Fördergremien vertraut sind. Damit es fortschrittliche Kultur gibt, muss es auch Unkultur geben. Damit es Glück gibt, muss es Unglück geben. Wo Fortschritt – darum ging es doch – gepriesen wird, muss es auch Rückschritt geben. Kultur zu fördern heißt Ausgrenzung zu konstruieren.

Finanzieren heißt eingemeinden und befrieden. Aus politischer Sicht kann man das als große Errungenschaft bezeichnen. Erst indem sie die Rote Fabrik 1981 mit einer Jahressubvention von zwei Millionen Franken der Alternativszene übergab, konnte die Stadt Zürich Ruhe an der Demonstrationsfront schaffen. Zwei Millionen Franken sind die Versicherungsprämie gegen zerschmetterte Schaufenster und demolierte öffentliche Anlagen. Seitdem herrscht Ruhe. Ähnlich, wenn auch weniger von Scherben geprägt, ist die Geschichte der Kulturkaserne Basel, der Usine in Genf oder der Hamburger Kulturfabrik Kampnagel. Auch hier fängt die Politik die Unzufriedenheit der freien Szene auf, indem sie in alten Backsteingemäuern Projekte fördert. In der Geschichte der Soziokultur in Westdeutschland hat sich dieses

Muster überall wiederholt. Die Protestkultur ist jetzt zum »bürgerschaftlichen Engagement« veredelt und steht in der Mitte der Gesellschaft. Der Streit der kulturellen Ambitionen ist längst dem friedlichen Nebeneinander von unzähligen Nischenprodukten gewichen, das nichts anderes ist als ein zwar neidbehaftetes, letztlich aber friedliches Nebeneinander der Subventionierten. Wenigstens solange die Etats wachsen.

Ausgegrenzt in die Zone der Unkultur dagegen werden im guten alten Europa mit Vorliebe die amerikanisch geprägte Kulturindustrie, die Amateurkultur inklusive Folklore, die Unterhaltung, die Computerspiele, die sich selbst finanzierende Kunst, die Kunst der Migranten. Denn mit dem Selektionsprozess geschickt umgehen zu können setzt kulturelles Wissen voraus, das Migranten fehlt wie all jenen, die den professionellen Diskurs nicht beherrschen. Entsprechend verläuft die Trennlinie heute komplizierter als die zwischen E und U. Lag sie bis in die Siebziger nur zwischen Hoch- und Breitenkultur, so liegt sie in der migrationsgeprägten Gesellschaft auch zwischen weiß und farbig oder europäisch und nichteuropäisch, zwischen reflektiert und naiv. Sie ist kulturell definiert und in unterschiedlichen Verwaltungseinheiten reflektiert. Die Leitungsfunktionen an Kultureinrichtungen, welche von Nichteuropäern besetzt sind, lassen sich an einer Hand abzählen. Der Anteil nichtwestlicher Kunst an den subventionierten Programmen ist lächerlich. Es sei denn in jenen Häusern, die als gehegte Reservate genau dafür geschaffen wurden wie das »Haus der Kulturen der Welt« in Berlin. Auch wenn internationaler Kulturaustausch gefördert wird, geht es in erster Linie um die Export-Einbahnstraße, auf der europäische Produkte in die Welt reisen sollen. Sofern eine Gegenfahrbahn vorhanden ist, wird sie mit Geldern der Entwicklungshilfe finanziert – dort ist der Kunstanspruch auf manifeste Weise so irrelevant, dass sich die Überlegenheit europäischer Kunst von selbst beweist. Und es leuchtet ein, dass sich die Künstler aus Entwicklungsländern gern bei uns ansiedeln (würden), während die unseren die Fremde gerade mal für Inspirationsreisen nutzen.

Das öffentliche Kunstsystem fordert gnadenlose Anpassung. Andernfalls grenzt es gnadenlos aus. Unter dem Titel »Think Big!« reagierte Bernhard Lüthi, Kunsthistoriker, Kurator und Künstler, auf die Publikation zum »Humboldt-Forum Berlin – Das Projekt«. In einem unveröffentlicht gebliebenen Essay kritisierte er das Versagen der Ethnologie und ihrer Museen: »Dass die Zuwanderung aus der Türkei, aus dem nahen, mittleren und fernen Osten, aus maghrebinischen Gesellschaften, aus den ehemals kolonialen Besitzungen südlich der Sahara und schließlich und zuletzt aus den südöstlichen Ländern unter vormals sowjetischer Vorherrschaft kein Thema für die Ethnologie und die diesbezüglichen Museen geblieben ist … bleibt unergründlich. Die Fakultät der Ethnologie und die Museen haben als prädestinierte Foren des Ausgleichs und des möglichen Dialoges versagt, weil sie sich in Fragen der Integration für nicht zuständig fühlen.« Ethnologische Museen sind vielleicht nicht der prestigeträchtigste Teil der Kulturlandschaft, aber an ihnen lässt sich beispielhaft zeigen, wie sehr die Kulturpolitik das eine behauptet, aber das andere tut – wie sehr sie von Austausch und interkulturellem Dialog redet, aber in Wahrheit nur eine moderne, nach wie vor »weiße« europäische Kultur propagiert. Andere Glücksmodelle sind ihr suspekt. So wie uns ethnologische Museen heute sehr viel über die Vergangenheit anderer Kulturen, aber nichts über deren aktuellen Zustand sagen, so hat die ganze Kulturproduktion allen politischen Aufwallungen zum Trotz den bürgerlichen Kokon nie verlassen.

Die Hälfte der Menschen interessiert sich nicht für Hochkultur, verweigert sich dem Glücksversprechen, mit dem die Aussicht auf voraussetzungslose Selbstverwirklichung verbunden ist. Dass dies so ist, daraus zieht Kulturpolitik ihre Legitimation. Kulturelles Banausentum ist so Anlass wie Produkt dieser Kulturpolitik. Die Trennlinie wird von Epoche zu Epoche nur anders gezogen. Was sie überwinden will, hat Kulturpolitik vorgängig erzeugt.

Wir kennen diesen Mechanismus aus anderen Feldern. Dummheit und Krankheit sind historisch bedingte Begriffe, mit denen Bildungs- und Gesundheitspolitik sich ihre Probleme selbst laufend erschaffen. Umgekehrt differenziert sich jedes System nach innen aus. Es schafft neue Projektkategorien und neue Zugriffsmöglichkeiten auf Unterstützung. Die nicht widerlegbare Behauptung, es gehe um Kunst, kann an jeder Stelle der kulturellen Produktion erschallen. Längst dreht Förderung sich nicht nur um typische Kultureinrichtungen, Künstler und deren Produkte, sondern bezieht Verleger, Veranstalter, Vermittler, Forscher, Wissenschaftler ein. Die Wertschöpfungskette wird mit Fördergeldern geschmiert, der Unternehmergeist wird ihr ausgetrieben.

Doch eine solche Ausdehnung allein im Interesse der Produzenten schafft eine Käseglocke, ein System, in dem Gefördertsein zur primären Qualität wird und in dem staatliche Auszeichnung ein Perpetuum mobile der Förderung in Bewegung setzt, ganz unabhängig vom Markt. Der Kunstanspruch macht dem Unterstützungsanspruch Platz. Die Freiheit der Kunst, eines der großen Projekte des 20. Jahrhunderts und die Antwort auf die Erfahrungen der Diktatur und des Kalten Krieges, hat die Kunst beliebig und die Künstler vom Staat abhängig werden lassen. Künstler können den Staat wie eine Krankenversicherung anrufen, wenn im Geldbeutel ein Loch klafft. Förderung heilt das Leiden, ausgeschlossen zu sein. Das Glücksversprechen, das in der Kulturpolitik mitschwingt, wird zum Glückserleben der Geförderten. Das ist Privatisierung kollektiver Ressourcen, vergleichbar dem Paradigmenwandel in der Bildung. Auch sie bringt keine sozialen Funktionen mehr hervor, sondern Manager ihrer selbst.

Die Abwesenheit von Autorität, festgeschrieben im Freiheitsgebot der Verfassungen, das Prinzip Individualität, welches der Künstler tatsächlich oder vermeintlich lebt, macht das Kunstfeld heute so attraktiv, dass – ein weiteres Produkt der politischen Kulturoffensive der letzten vier Dekaden – ästhetische Bildung vielen als Königsweg zur Zukunft gilt. Das künstlerische Werk repräsentiert das freie Subjekt, das es geschaffen hat, nichts anderes. Auch wer nur der Kunstproduktion zudient, ist an Originalität und Selbstverwirklichung beteiligt. Das ist der wichtigste Grund, warum junge Menschen in die Kunst, ihre Vermittlung und Verwaltung strömen. Kunst ist die ultimative selbstbezogene Form von Arbeit, in der wir uns alle verwirklichen werden.

Kulturelle Arbeit im weitesten Sinn lebt vom Versprechen, jene Entfremdung, welche die kritische Intelligenz an der Lohnarbeit kritisiert, zu überwinden. »Im Prinzip ist der gegenwärtige Kunstboom eine Reaktion auf die Entindustrialisierung. Kulturinstitutionen strömen ja mit Vorliebe in die Industriebrachen: in Lofts, stillgelegte Fabriken, verwaiste Gewerbezonen. Überall, wo nicht mehr gearbeitet wird, ist jetzt Kunst«, meint Beat Wyss. »Der Kunstboom reagiert auf eine Gesellschaft, in der Arbeit im traditionellen Sinne immer weniger wert ist.«[9] Man könnte anfügen: Auch Kunst, die nach Schweiß und Handfertigkeit riecht, ist wenig wert. Ist das Problem der Entfremdung damit gelöst?

Am Staate hängt, zum Staate drängt doch alles

Mit der Erfindung des Nationalstaats konnte es nur noch eine Frage der Zeit sein, bis er in der Kultur eine zentrale Rolle spielen würde. Mit der neuen Kulturpolitik hat er sie deutlich ausgeweitet. Er hat sich von der Zivilgesellschaft die Definitionsmacht geholt, was wertvolle Kunst sei und was nicht. Und er wurde zu einem wichtigen wirtschaftlichen Mitspieler. Doch muss er das notgedrungen und angesichts der Forderung nach Transparenz immer mehr mit den komplizierten Instrumenten der öffentlichen Verwaltung tun. »Wer Kultur sagt, sagt auch Verwaltung«, seufzte Theodor W. Adorno[10] schon 1960 – trotz New Public Management oder dezentraler Ressourcenorientierung oder wie die Schlagworte der letzten Jahrzehnte heißen mögen. »Kulturstaat« und »Kulturhoheit« heißen die einschlägig zuständigen Mythen.

Das bürgerlich-monarchische Deutschland des 19. und frühen 20. Jahrhunderts schuf seinen Nationalstaat mit einem in der Welt noch heute einmaligen Beamtenstatus und -apparat. Eine Übertragung des Beamtenwesens auf die großen Institutionen der Kultur und der Bildung wurde durch die Begriffe »Kulturstaat« und »Kulturhoheit« legitimiert. In Deutschland und Österreich ist dies eine bis heute grundsätzlich nie infrage gestellte Selbstverständlichkeit – Österreich schöpfte aus den bürokratischen Strukturen des spätabsolutistischen k. u. k. Imperiums, welches im Übrigen den deutschsprachigen hochkulturellen Referenzrahmen nie anzweifelte. Die Schweiz ist weniger bürokratisch, hat sich gleichwohl in und mit einer Konsensbürokratie eingerichtet. Selbst die Kultureinrichtungen des dritten Sektors, der Zivilgesellschaft, entstanden aus der Kritik der Staatsinstitutionen, streben nach dem »öffentlichen Dienst«.

Der Kulturbetrieb ist geprägt durch Staatsnähe, Sehnsucht nach dem Staat – auf Behörden ist eben immer Verlass. Studienrat oder Kustos und Oberkustos, Archiv- oder Bibliotheksrat traten historisch neben den Regierungs- oder Hofräten auf den Plan, es konnten ja nicht alle Professor, Geheimrat und Wirklicher Hofrat werden. In den Staats- und Stadttheatern wurden (und werden) Staatsschauspieler, Kammerschauspieler oder Kammermusiker berufen. In Museen gibt es Generaldirektoren, in Archiven Leitende Archivdirektoren, auf kommunaler Ebene in Nordrhein-Westfalen immer noch Leitende Volkshochschuldirektoren, und wer eine etwas höhere Gehaltsstufe in einem der Museen oder Archive beim Preußischen Kulturbesitz erklimmt, der empfängt eine Urkunde, die dokumentiert, dass er zum Wissenschaftlichen Direktor und Professor ernannt wurde, egal ob der Betreffende einer Hochschule oder Universität lehrend und/oder forschend verbunden ist oder nicht. Der Staat schafft alles, sogar Kunst und Wissenschaft.

Die sozialdemokratische Bewegung und das engagierte liberale Bürgertum im späten 19. Jahrhundert und in der Weimarer Zeit, schließlich die institutionelle Entwicklung im kulturellen Leben seit den sechziger Jahren brachten weniger deutlich staatsnah umrissene Institutionen hervor. Die Rede ist von öffentlichen Bibliotheken, Volkshochschulen, Musikschulen, soziokulturellen Zentren, Kulturwerkstätten und Jugendkunstschulen, Literaturhäusern, von Goethe-Institut oder Schillergesellschaft und allen anderen Sparten und Arten kultureller Vereine: kulturelle Landes- und Bundesverbände mit Geschäftsführung und mit Prokura ausgerüsteten Kulturlobbyisten. Doch Staatssehnsucht auch hier.

Das Goethe-Institut zum Beispiel ist ein eingetragener Verein, der seine Gründung einer privaten Initiative nach 1945 verdankt. Sein Laufbahnwesen bildet freiwillig jenes des Auswärtigen Dienstes ab. Quereinstiege oder Querschnitts-Sozialisationen: zwei Jahre in einem Verlag, drei Jahre bei einer Zeitung oder einem Rundfunksender, vier Jahre in der Schule, fünf Jahre bei Goethe, dann Leitung einer größeren Volkshochschule? Offenbar nicht erwünscht, offenbar nicht beabsichtigt. Nachvollziehbare Arbeitsteilung zwischen den Kulturattachés an den deutschen Botschaften einerseits und den Goetheanern andererseits? Fehlanzeige.

Die Rechtsform des Vereins findet sich im Kulturleben häufig. Nirgendwo ist dem Vereinsrecht jedoch zu entnehmen, dass kulturelle Vereine, dass eV-Volkshoch- oder Musikschule, Landesmusikrat oder Bundesverband der Musikschulen Tarife der öffentlichen Hand anzuwenden hätten. Doch wo sie es können, tun sie das bis heute, allenthalben erscheint die Floskel »In Anlehnung an BAT« oder neuerdings »... an TVöD« in den Verträgen. Erst unter dem Druck der fiskalischen Lage weicht das allmählich auf. Sie taten und sie tun es, weil »öffentlicher Dienst« immer noch viel Prestige mit sich bringt. Die tatsächliche Attraktivität allerdings hat gewaltig gelitten. Die Tarifvereinbarungen an öffentlichen Theatern in Deutschland sind Ableitungen aus der Kulturstaatsideologie und ihrer Geschichte, deswegen auch aus dem öffentlichen Tarifgefüge. Sie zeigen, dass es hier nicht um Kunst und Künstler geht, denn die Schauspieler, Sänger und Tänzer haben die schlechtesten Verträge, die Verwalter,

Bühnenarbeiter, Choristen und Musiker die besten. Das gilt für Bezahlung wie für tarifliche Sicherheit.

Die Zuschreibung von Staatsnähe bringt in Deutschlands und Österreichs Kulturleben erhöhte gesellschaftliche Akzeptanz mit sich – ein (beamteter) leitender Wissenschaftlicher Direktor in einem Museum ist bedeutender als der (angestellte) Leiter einer großen soziokulturellen Einrichtung, auch wenn diese hundert Mal mehr Menschen erreicht. Diese Differenz in der Akzeptanz hat eine kulturgeschichtliche wie eine wirtschaftliche Komponente. Nachvollziehbar, dass alle dorthin wollen.

Die Zuwendungsgeber zementieren das System staatsnaher Kultur. Sie zwingen die in den letzten Jahrzehnten weiträumig vermehrten weniger staatsnahen, aber dennoch geförderten Institutionen in eine unterlegene Stellung. Geförderte Einrichtungen müssen ihre Geschäftsbücher so führen, dass sie mit den öffentlichen Haushalten kompatibel sind und von öffentlichen Haushältern nachvollzogen werden können. Massiv wirkt das »Besserstellungsverbot«. Dahinter verbirgt sich das fiskalische Ziel, einem aus öffentlichen Mitteln geförderten Verein zu untersagen, seine Angestellten besser zu entlohnen als vergleichbare öffentliche Bedienstete. Wie allerdings ein nach A 13 besoldeter Regierungsrat mit der Chefin eines mittleren Museums oder eines großen soziokulturellen Zentrums in Stiftungs- oder Vereinsträgerschaft, nach TVöD 13 oder dem alten BAT IIa oder Ib bezahlt, verglichen werden soll, bleibt vollkommen unklar – und das betrifft sowohl die Abbildung von tatsächlicher Arbeitsleistung in Brutto- oder Nettogehalt wie auch die Versorgungsperspektiven im Alter. Natürlich könnte man die Dinge zwischen Fördernden und Geförderten sehr viel einfacher machen: Indem man konkrete kulturelle Ziele

miteinander verabredet, sie in betriebswirtschaftlich nach-
vollziehbaren Personal-, Sach- und monetären Strukturen
abbildet, schließlich Leistungsvereinbarungen miteinander
trifft und ansonsten dem Verein oder der Stiftung freie Hand
für den Umgang mit seinen Mitarbeitern lässt. Indem man
also so miteinander umgeht, wie es eine der großen Errungenschaften europäischer Rechtssysteme – das individuelle
Vertragsrecht – nahelegt: von gleich zu gleich und nicht von
oben nach unten. Ein Ordnungsamt kann ein Vorbild für
Ordnungsämter sein – nicht aber für eine kulturelle Institution. Doch so zu verfahren wäre ein Systemwechsel – und
der ist offenbar nicht gewollt.

Das Besserstellungsverbot besteht nominell noch immer,
die tarifliche Ordnung ist aber im Staat und in den staatsnah geführten Einrichtungen längst außer Kraft gesetzt. Die
fiskalische Lage in Kommunen und Ländern führt zu Kürzungen, die mit öffentlichem Tarifrecht nicht mehr viel zu
tun haben. Die Zeiten, in denen akademische Berufsanfänger
das alte BAT IIa oder heute TVöD 13 in den Blick nehmen
konnten, sind noch länger vorbei als die alte Bundesrepublik.
Den 1989 neu hinzukommenden Ländern wurde gleichwohl
empfohlen, alle exekutiven Strukturen auch in der Kultur zu
übernehmen. »Wie im Westen, so auf Erden« war seinerzeit
an einer Wand in Ostberlin zu lesen.

Die meisten der großen Kunst- und Kulturstiftungen auf
Länder- wie auf Bundesebene sind Flügel des Altars Staat-
lichkeit. Nur der Form nach erlauben sie ein staatsferneres
Agieren bei der Förderung von Kunst und Kultur. Derartige
Kulturstiftungen in den einzelnen Bundesländern wurden in
den achtziger und neunziger Jahren geschaffen, um ein fle-
xibles, rasch und unabhängig einsetzbares Instrument vorzugsweise für Projektförderungen und Ankäufe zu haben.

Das war durchaus sinnvoll, denn es ermöglicht Einzelentscheidungen unabhängig von der Haushaltsgesetzgebung. Zudem können Stiftungen freier von den starren Mechanismen kameralistischer Zuweisung von Steuermitteln an die exekutiven Ebenen agieren. Voraussetzung dafür wäre allerdings, dass die Stiftungen das innewohnende Potenzial zur Selbstständigkeit und Unabhängigkeit ausschöpfen. Doch der Blick in die Mehrzahl der Stiftungssatzungen lehrt, dass hier die exekutiv-politischen Leitungen (also wiederum der Staat, wenn auch in anderer »Aggregatsform«) Macht in teils aberwitziger Form anhäufen. Und dass so ganz nebenbei wieder einmal die Exekutive die Legislative umgeht. Es gibt Kulturstiftungen in Bundesländern, deren leitender Vorstand der für Kultur zuständige Staatssekretär ist. Der Mann oder die Frau zieht den Hut der vermeintlich unabhängigen Stiftung auf, entscheidet dann als Vorstand aber möglicherweise über ein Projekt, dessen Fragwürdigkeit hinsichtlich einer Förderung mit öffentlichen Mitteln ihm sein Apparat in der von ihm als »Amtschef« geleiteten »Obersten Landesbehörde für Kultur« vielleicht schon verdeutlicht hat. Um die Geschäfte der Kulturstiftung zu führen, wird auf Personal jener Landesbehörde zurückgegriffen. Daraus wird eine Weisungsbefugnis aus zwei Hierarchien, einmal Amtschef, einmal Stiftungsvorstand, abgeleitet. Nahezu flächendeckend sind Ministerpräsidenten oder Kulturminister Vorsitzende der Stiftungsräte in den kulturellen Landesstiftungen. Dass in diesen Gremien politische Amtsträger agieren, deren fachliche Kompetenz nicht immer nachvollziehbar ist, ist bekannt. Die Kulturstiftungen in den Ländern sind der legislativen Kontrolle weitgehend entzogene Spezialwerkzeuge staatsnaher Kultur- und Kunstförderung. Die »Armlänge weg vom Staat« wurde nicht umgesetzt.

Die Bundesländer unterhalten, abgeleitet aus Kulturhoheit und Länderverfassung, sogenannte Oberste Landesbehörden für Kultur. Wie wird hier gearbeitet? Die »Kulturabteilungen« wurden von den siebziger und bis in die neunziger Jahre hinein erheblich ausgebaut. Der Ausbau befestigte vor allem kulturfachliche Kompetenzen auf oberster Landesebene. Für alle kulturellen Sparten wurden Absolventen vorzugsweise geistes- und kulturwissenschaftlicher Studiengänge eingestellt oder kulturnahe Verwaltungsjuristen auf Referenten-Ebene abgeordnet. Die Referenten und Referentinnen entwickelten ein entsprechendes Selbstverständnis: Musikreferenten, Literaturreferentinnen, Kunstreferenten sehen sich durchaus gern als oberste fachliche Zuständigkeit für ihre Sparte in einem Bundesland. Dieses Selbstverständnis ist grotesk, weil die gleiche fachliche Ebene – ebenfalls seit den siebziger Jahren – in den kulturellen Fachverbänden mit Steuermitteln der Länder beharrlich ausgebaut und mit genauso einschlägig ausgebildeten Menschen besetzt worden ist. Gar nicht zu reden von den landeseigenen oder dauerhaft mit sogenannten institutionell gewährten Steuermitteln geförderten Institutionen, die das fachliche Wissen noch einmal bereitstellen. In markantem Unterschied zu einem Referenten, Referats- oder Abteilungsleiter in einem Ministerium jedoch können Geschäftsführer von Landesmusikräten oder Volkshochschulverbänden, Leiter von Kulturinstitutionen aller Art Entscheidungen treffen und umsetzen, sie können damit auch scheitern.

Die Mitarbeiter der Obersten Landesbehörde für Kultur sind in eine politische Hierarchie eingebunden, sie können nicht frei entscheiden. Sie unterliegen der direkt durchgreifenden politischen Leitungsentscheidung einer Ministerin oder eines Ministers. Über deren die Kultur betreffende

Kompetenz sollte man sich in der Regel keine zu großen Illusionen machen. Dies führt zu einem Phänomen auf der Arbeitsebene, welches man den »hoheitlichen kulturellen Gestus« nennen kann: »Ich bin froh, Ihnen hier helfen zu dürfen!« Helfen kann auch schiefgehen, und das bei komplexen Fördervorgängen im Hintergrund wabernde Hierarchie-Rumgeeiere ist in vielen Fällen nicht nachvollziehbar.

Man reibt sich die Augen. War und ist das denn alles richtig so? Brauchen wir tatsächlich so viel »Fachlichkeit« an so vielen Stellen? Wer verständigt sich mit den Kulturbetrieben über Aufgabenänderungen, -entledigungen und -verlagerungen? Wird irgendwo etwas Naheliegendes angegangen? Wird etwa in der »Obersten Landesbehörde für Kultur« die Letztentscheidung darüber verankert, ob eine der Tausende von Vereinsgründungen den kulturellen Gemeinnützigkeitsstatus bekommen soll oder nicht? Über kulturelle Gemeinnützigkeit befinden Amtsgerichte und Finanzämter ohne kulturelles Wissen. In ästhetisch-künstlerischen Einzelangelegenheiten aber fummeln gar nicht so selten Oberste Landesbehörden für Kultur herum.

Inzwischen sind Kulturabteilungen auch personelle Endlager für nach Landtagswahlen nicht mehr benötigte Parteichargen, persönliche Referenten, Ministerbüroleiter und Presseleute der dritten und vierten Ebene geworden. Eine transparente, systematische Personalentwicklung findet nicht statt. Dafür müsste man sich auf die Ziele der Behörden und deren operative Umsetzung einigen. Stellen werden hektisch und ohne Aufgabenkritik oder -reform abgebaut. Die von anderen Ressorts gern belächelten Exoten in den Kulturabteilungen, gern auch als »die Künstler« bezeichnet, nimmt niemand ernst. Und noch nicht einmal betriebsbedingte Kündigungen sind möglich. Wo kein richtiger Betrieb, sondern nur öffentlicher Dienst existiert, wären sie auch unlogisch.

Rahmenbedingungen und Schnittstellen zu anderen Politikbereichen bleiben unterbelichtet. Die europäische Beihilfethematik ist ein aktuelles Beispiel. Es geht um eine europäische Verständigung darüber, ob und unter welchen Bedingungen und mit welchen Zielen die Staaten Märkte durch Subventionen beeinflussen können sollen. Dies wäre eine gute Gelegenheit, über die politischen und möglicherweise verfassungsgegebenen kulturellen Ziele nachzudenken und damit nebenbei Förderung neu zu ordnen. In Deutschland wird jedoch auf die Besonderheit »unserer« Kulturförderung verwiesen – Kultur ist offenbar der gegenwärtige deutsche Sonderweg. Es geschieht eben nur das, was bei unreflektiertem, jahrzehntelangem Wildwuchs und jähem Einsparerwachen überall üblich ist.

Exkurs: Die Stiftung Preußischer Kulturbesitz

Der größte Kulturbetrieb der Bundesrepublik Deutschland, die Stiftung Preußischer Kulturbesitz (SPK), setzt etwa 300 Millionen Euro um und handelt in der Rechtsform einer Stiftung öffentlichen Rechts. Die Finanzierung erfolgt nach einem komplizierten Berechnungsschlüssel zu einem sehr großen Teil durch Zuweisungen des Bundes und des Sitzlandes Berlin, zu einem kleineren Teil durch die Bundesländer. Sie ist »historisch gewachsen«. Auf diese Formel einigt man sich in der Kulturpolitik immer dann, wenn es keine nachvollziehbare Begründung für den Fluss von Steuergeldern gibt. Das bringt mit sich, dass ein kaum aus eigener fiskalischer Kraft überlebensfähiges Bundesland wie

Schleswig-Holstein (1866 von den Preußen den Dänen abgenommen) weit mehr als Bayern (das das Nominalkompositum »Saupreußen« hervorgebracht hat) in den gemeinsamen Topf einzahlt. Spätestens seit der Vereinigung hätte man sich auf den »Königsteiner Schlüssel« (damit regeln die Bundesländer nach Größe die von ihnen gemeinsam zu finanzierenden Angelegenheiten) für den Länderanteil einigen oder gleich die Erkenntnis umsetzen können, dass es keine größere nationale, gesamtstaatliche Kultureinrichtung gibt als den Preußischen Kulturbesitz und damit nationale Finanzierung angezeigt ist. Die Finanzierung der SPK ist mittelfristig ein ungelöstes Problem. Hinter den Kulissen weiß das jeder – parlamentarisch angegangen wird es nicht. Folgerichtig gibt es keine abgestimmten Überlegungen zwischen Bund und Ländern, ebenso wenig unter den Ländern.

Die Konstruktion der SPK ist noch an anderer Stelle aberwitzig: Dieser größte Kulturbetrieb, mit einem herausragenden, wunderbaren, weltweit bestaunten Bestand kulturellen Erbes, mit einem großen Potenzial für Bildung, Forschung, Weltstadttourismus, kulturnahem Merchandising und Licensing, ist überhaupt kein Betrieb, der eigenständig handeln und wirtschaften kann, sondern eine riesengroße Behörde. Die SPK ist zum Beispiel an die jährliche kameralistische Rechnungslegung gebunden und kann ihre bedeutenden eigenen Einnahmen nicht in einem mehrjährigen Abgleich mit ihren Ausgaben autonom verwenden. Die gewaltigen Bauinvestitionen insbesondere auf der Museumsinsel in Berlin werden ohne betriebswirtschaftliche Planung getätigt, es gibt kein Managementkonzept, das Investitionen und Betrieb zusammenbringt. An Geld fehlt es nicht. Aber niemand beschäftigt sich damit, über wenigstens drei Generationen gedacht, wohin die Reise tatsächlich gehen und was das kosten und wie das organisiert werden soll. Im Stiftungsrat der SPK sitzen ausschließlich Vertreter der öffentlichen Hand, den Vorsitz führt der Beauftragte für Kultur und Medien im Bundeskanzleramt. Der Vorstand der Stiftung kann im handelsrechtlichen Sinne nicht umfassend als Vorstand agieren. Vielleicht will er das auch gar nicht, jedenfalls wurde die Chance, auf Vorstandsebene eine Doppelspitze mit höchster wissenschaftlich-museologischer Kompetenz einerseits und gediegener juristisch-kaufmännischer Befähigung andererseits zu etablieren, im Jahr 2011 nicht genutzt. Auch der Vizepräsident ist nunmehr Archäologe – was überhaupt kein Argument gegen Archäologen ist, sondern eines gegen die mangelhafte betriebliche Struktur der SPK. Die höheren und höchsten Arbeitsebenen sind nahezu ausschließlich mit Beamten besetzt.

Große Investitionsprojekte sind nicht hinreichend durchdacht und gesteuert. Das Humboldtforum im neu zu bauenden Berliner Stadtschloss mag kulturell eine wunderbare Sache sein, betriebswirtschaftlich ist der Plan nicht mit klaren Zielen unterlegt, und im politischen Hin und Her ist das Ganze ein mehr als riskantes Unternehmen.

Dies ist die staatsübersättigte Wirklichkeit im bedeutendsten Kulturbetrieb Deutschlands. Will man sich der Stiftung einmal aus volkswirtschaftlicher Sicht nähern, so produziert sie nur in kleinerem Maße öffentliche Güter und Dienstleistungen (Staatsarchiv), die einen Beamtenstatus beim Personal rechtfertigen könnten. In sehr großem Maße werden in den Museen und mit den Ausstellungen *meritorische* Güter und Dienstleistungen erzeugt. Nach der Lehrbuch-Definition handelt es sich dabei um Güter oder Dienstleistungen, bei denen die Nachfrage ohne öffentlichen Eingriff kleiner bliebe als gesellschaftlich gewünscht oder ein Angebot durch private Wirtschaftssubjekte nicht im gesellschaftlich gewünschten Ausmaß entsteht. Hinter dieser Definition steht die Vorstellung, dass es Dinge oder Leistungen gibt, die in größerer Menge bereitgestellt oder die häufiger konsumiert werden sollten, als es auf einem Markt geschehen würde, auf den der Staat keinen Einfluss ausübt.

Die Erzeugung privatwirtschaftlicher Güter und Dienstleistungen (Merchandising, Licensing, Eventvermarktungen und Vermietungen) ist noch sehr entwicklungsfähig, immerhin wird sie inzwischen sachte angegangen. Die großen, ganz überwiegend öffentlichen Bauinvestitionen sollen helfen, Museumsleistungen und privatwirtschaftliche Geschäfte zu entwickeln. Man könnte nun die tatsächlich hoheitlichen Tätigkeiten (Archiv und den notwendigen Denkmalschutz) in eine eigene Organisationseinheit fassen und beamteten Mitarbeiterinnen und Mitarbeitern anvertrauen. Über den meritorischen Teil würde man sich vertraglich mit den Auftraggebern (Bund und Ländern oder künftig nur dem Bund) zu verständigen haben. Den privatwirtschaftlich-gewinnorientierten Betriebsteil im Rahmen der Satzung der Gesamtstiftung würde man so lohnend wie möglich organisieren. Doch das ist nicht möglich, denn der übermäßige Kulturstaat durchsetzt alles und verhindert exakt dies.

Eine »Stiftung öffentlichen Rechts« gründet der Struktur nach immer auf einer juristischen Unsauberkeit. Eine privatrechtliche Stiftung benötigt zwingend einen Kapitalstock, aus dessen Erträgen sie die laufenden Ausgaben finanziert, das schreiben die Stiftungsgesetze vor. Die Stiftung öffentlichen Rechts dagegen kann ohne für die Zwecke der Stiftung ausreichendes Kapital gegründet werden. Hier deckt der Staat die laufenden Kosten durch jährliche Zuwendungen, die immer von den jährlichen Haushaltsverhandlungen abhängig bleiben. Mittelfristige Finanzzielverhandlungen? Fehlanzeige – der Staat wird es schon richten, die Eurokrise zeigt doch, wie planvoll der Fiskus in den vergangenen Jahrzehnten zu handeln verstand.

Das gilt im Übrigen für alle staatsnahen Kulturstiftungen und auch für die Rumpfelemente einer vielleicht ja doch noch einmal zustande kommenden Deutschen Nationalstiftung. Eine Zusammenführung der »Kulturstiftung der Länder« und der »Kulturstiftung des Bundes« ist dringend angezeigt – beide Stiftungen arbeiten nebeneinander her. Die Kulturstiftung des Bundes, eine Folge der gescheiterten Bemühungen um eine Föderalismusreform und die Klärung der zwielichtigen Kulturhoheit der Länder, ist sogar eine privatrechtliche Stiftung, aber sie bleibt in ebenso grotesker Weise abhängig von jährlichen Haushaltsleistungen des Bundes und ist mit machtvollen Stiftungsratssitzen für Politik und Verwaltung ausgestattet. Das hindert sie überhaupt nicht daran, mit sehr geringer Transparenz sehr viel öffentliches Geld für künstlerische Einzelangelegenheiten auszugeben.

Was sich ändern müsste: Künftige Kulturpolitik verzichtet auf den Durchgriff des Staates und setzt auf Institutionen in betrieblicher Selbstständigkeit, gegründet auf legislativ verhandelte Vereinbarungen, welche meritorische Aufgaben und Handlungsspielräume beschreiben. Darüber hinaus muss ein Mechanismus geschaffen werden, wie Handlungsspielräume künftigen Realitäten angepasst werden können. Denn nichts wäre schlimmer als die bestehende Unfreiheit in dauerhafte Stiftungskonstruktionen auszulagern, nichts kontraproduktiver als Leistungsaufträge, die an die Vergangenheit fesseln.

Kulturpolitik am Ende

Alle reden von »Kulturhoheit«, »Kulturstaat«, »Kultur gut fördern«. Dennoch haben wir es in den beiden letzten Jahrzehnten mit einer stetig zunehmenden Marginalisierung der Kulturpolitik zu tun. Sie rührt vor allem aus der selbstverschuldeten Blockade. Mehr als die Forderung nach »mehr Geld« kennt Kulturpolitik nicht, und diese stößt immer häufiger auf taube Ohren. Ratlosigkeit lässt den Stern der Kulturpolitik sinken.

Das war einmal anders. In den siebziger und achtziger Jahren hatte »Kultur Konjunktur«, wie rasch gereimt wurde. Im Rahmen der »neuen Kulturpolitik« herrschte Aufbruchsstimmung allerorten, die Kulturetats der Kommunen und Länder in Deutschland stiegen überproportional, auf lokaler Ebene lösten sich viele Kulturämter aus dem traditionellen Verbund mit den Schul- und Sportämtern und gewannen im Vergleich zu den fünfziger und sechziger Jahren sehr viel größere Eigenständigkeit und mehr Gestaltungsspielraum. Auf Länderebene wurde die Emanzipation der Kulturpolitik von den Kultusministerien (mit ihrer weitgehenden Konzentration auf den Schul- und Hochschulbereich) vollzogen, indem eigenständige Ministerien für Wissenschaft und Kunst/Kultur gegründet wurden.

Während es in den siebziger Jahren besonders um die gesellschaftspolitischen Implikationen der Kulturpolitik ging (»Kulturpolitik ist Gesellschaftspolitik«), meinte man in den achtziger und neunziger Jahren wirtschaftliche Potenziale von Kunst und Kultur zu entdecken: Als Arbeitsmarktfaktor und als sogenannter weicher Standortfaktor, als Element des Stadtmarketings, der Imagebildung und des Kulturtourismus wurde »High Culture« als wichtiges Pendant zu »Hightech«

begriffen. Die großen Parteien wähnten sich »auf dem Weg in die Kulturgesellschaft«.

Doch die Euphorie ließ bald nach. Das hat vor allem zwei Gründe: Erstens sind dank des vehementen und so erfolgreichen Programms einer »Kultur für alle« die großen verteilungspolitischen Fragen in der Kulturpolitik weitgehend gelöst. Es gibt, seien wir ehrlich, von allem eher zu viel als zu wenig. Der notwendige Rückbau und die Diskussion der Frage, wie öffentliche Kulturförderung nachhaltig bewerkstelligt werden könnte, sind nicht sexy. »Helden des Rückzugs«, wie sie der Schriftsteller Hans Magnus Enzensberger in einem *FAZ*-Essay aus dem Jahre 1989 beschrieb, sind selten. Den Politikern macht es mehr Freude, ein neues Museum zu eröffnen oder eine weitere Konzerthalle in Auftrag zu geben. Es ist dankbarer, das Budget auf ein weiteres Festival auszudehnen, als nach dem Sinn der ganzen Veranstaltung zu fragen. Wo es ans Eingemachte geht, handelt man sich nur Ärger und neue Feinde ein.

Zweitens schoben sich unübersehbar andere Fragen und Probleme in den Vordergrund wie die Globalisierung, die weltweite Risikogemeinschaft, Finanz- und Wirtschaftskrisen fundamentalen Ausmaßes, demografische und Migrationsprobleme.

Die Marginalisierung begann in den Kommunen, die ihre eigenständigen Kulturverwaltungen wieder in weiter zugeschnittenen Dezernaten aufgehen ließen. Unglücklich verstärkt wurde diese Entwicklung durch den Beschluss des Deutschen Städtetages aus dem Jahr 2004, sein bis dahin eigenständiges und für die kulturpolitische Diskussion zentrales Kulturreferat aufzulösen und die Zahl seiner Beigeordneten von sechs auf vier zu reduzieren. Die *Frankfurter Allgemeine Zeitung* schrieb dazu: »Die Kultur würde damit ihre

Eigenständigkeit verlieren und als Beipack der Stadtentwicklung oder dem Sozialen zugeschlagen. Die Gründe dafür sind die üblichen: Auch der Städtetag muss sparen, und der Zufall will es, dass zum 30. April zwei Dezernenten die Altersgrenze erreichen. Ihre Posten könnten vorderhand wegfallen ... Der Deutsche Städtetag würde damit nachvollziehen, was viele Großstädte vorgemacht haben: Kaum eine von ihnen leistet sich für Kultur noch einen eigenen Dezernenten, vielmehr stehen die meisten Beigeordneten Gemischtwarenläden vor, die häufig Schule, Bildung, Wissenschaft oder Sport, mitunter aber auch Jugend und Soziales oder Personal und Organisation umfassen. Das hat einerseits zu inhaltlichen Verknüpfungen und Synergien, andererseits aber auch zu einer Marginalisierung der Kultur geführt, die vielerorts nur noch als fünftes Rad am Wagen ziert.«[11]

Der Prozess setzte sich auf Länderebene fort, indem die Ressorts Kunst und Kultur aus den Ministerien für Wissenschaft und Kunst herausgelöst und in andere organisatorische Zusammenhänge gebracht wurden. Der Stadtstaat Bremen machte den Vorreiter, dann wurden die Kulturabteilungen in den Flächenländern Nordrhein-Westfalen und Schleswig-Holstein aus den Ministerien für Wissenschaft und Kunst herausgetrennt und zu Abteilungen der jeweiligen Staatskanzleien umgewandelt. In Schleswig-Holstein ist die Kultur seit 2009 wieder beim Schulressort, in Nordrhein-Westfalen ressortiert sie seit dem Sommer 2010 im Ministerium für Familie, Kinder, Jugend, Kultur und Sport. Kultur wird auf Länderebene zum Verschiebebahnhof.

Berlin löste die Senatsverwaltung für Wissenschaft, Forschung und Kultur auf. Die *Frankfurter Allgemeine Zeitung* kommentierte am 7.11.2006: »Nicht nur symbolisch ist die Kultur enthauptet worden. Deutlicher als durch die

Umtopfung der Verwaltungstätigkeit in die Senatskanzlei kann ein Regierungschef sein administratives Desinteresse an Theatern, Museen und Bibliotheken kaum dartun. Eine eigensinnige Kulturpolitik, die sich notfalls auch einmal im Konflikt mit dem Regierenden profiliert, ist in der jetzt gewählten Konstruktion unmöglich. Kein eigenes Ressort bedeutet eben auch den Verzicht auf alle Instrumente des politischen Nahkampfs: kein eigenes Budget, kein Platz in der Senatorenrunde – und kein selbstständiges politisches Gewicht.«

Anders als noch in den siebziger und achtziger Jahren, als Kulturpolitik durchaus ein lohnendes Karrierefeld für junge Politiker vor allem im kommunalen Bereich eröffnete, sinkt ihre öffentliche Beachtung. Damals waren es Hilmar Hoffmann, Hermann Glaser, Dieter Sauberzweig, Olaf Schwencke, Siegfried Hummel, Jürgen Kolbe und viele andere, die sich nicht nur als Praktiker, sondern als publizierende Kulturpolitiker einen Namen machten. Welcher kulturpolitisch Interessierte kennt heute noch die für die eigene Stadt oder das eigene Bundesland zuständigen Dezernenten, Beauftragten oder Minister? Von einer weiteren Ausstrahlung ganz zu schweigen. Außer bei gelegentlichen Museumseröffnungen sind im kulturellen Feld kaum noch Lorbeeren zu holen. Die wesentlichen Anliegen (Angebotsdichte, Erreichbarkeit, Kunstpädagogik) sind abgehakt. Der kulturpolitische Nahkampf in Bildung und Erziehung ist zu wenig glorreich, als dass er politische Talente faszinieren würde. Diese wenden sich den medienträchtigen Zukunftsthemen Sozialsysteme, Klimawandel, Energie, Forschung zu.

Vom Umgang mit der Krise:
Der Tod kommt auf leisen Sohlen

Kultur ist auf den dritten oder vierten Platz der öffentlichen Aufmerksamkeit gerutscht, auch der Schwund des Feuilletons und der Reputationsverlust der Kunstkritik legen davon Zeugnis ab. Das geht mit ihrer schwindenden Bedeutung in den Curricula des Bildungssystems einher. Es mag die Ahnung von der Aussichtslosigkeit einer Kulturpolitik gewesen sein, in der Hochkultur zur Norm der Breitenkultur erklärt wurde, welche bereits in den neunziger Jahren die gestaltende Kulturpolitik bremste und zum »Sparen als Politikersatz« führte, wie die *Kulturpolitischen Mitteilungen* gleich zwei ihrer Ausgaben betitelten. Daran sollte sich auch zu Beginn des 21. Jahrhunderts wenig ändern. Es gab nur zwei ernst zu nehmende kulturpolitische Debatten. Die eine wurde von dem langjährigen Essener Kulturdezernenten Oliver Scheytt zum Thema »aktivierender Kulturstaat« (anstelle des selbst aktiven Staates) angestoßen. Allerdings handelte es sich hierbei nur um eine prozessuale, keine inhaltliche Diskussion, die, kaum begonnen, auch schon wieder zu Ende war. Die andere hatte Olaf Zimmermann, Geschäftsführer des deutschen Kulturrates, als Paten und drehte sich um die kulturelle Relevanz der Computerspiele. Erblickt hier eine neue Kunstform das Licht der Welt oder bleibt es bei gewaltverherrlichender Unterhaltung? Wenig erstaunlich, dass Zimmermann in den Augen der Richter kultureller Moral, bei den Lobbys der Hochkultur, mit seiner Vision einer gamenden Kulturnation auf wenig Begeisterung stieß, stehen doch individuelle Mündigkeit und zivilisatorischer Großanspruch gegeneinander.

Eine ähnliche, allerdings eher flaue Debatte spielte sich in der Schweiz ab, als die staatliche Schweizer Kulturstiftung Pro Helvetia Ende 2010 ein Programm zur Förderung von Computerspielen lancierte. Im Kern ging es um die Definitionsmacht über den Begriff Kunst, weil an eine solche Definition auch die Möglichkeit staatlicher Finanzierung gebunden ist. Im Falle der Computerspiele war das den traditionellen Nutznießern von Kunst ein Dorn im Auge. Etwas andere Wege nahm die Diskussion in Österreich, wo die Bundesstelle für Positivprädikatisierung von Computer- und Konsolenspielen (beim Bundesministerium für Wirtschaft, Familie und Jugend BMWFJ) schon in den ersten Jahren nach der Jahrtausendwende das kompetenzfördernde Potenzial von Computerspielen betonte. 2011 hat das BMWFJ bereits die fünfte internationale Fachtagung zu Future and Reality of Gaming (F.R.O.G.) durchgeführt, in Zusammenarbeit mit verschiedenen zivilgesellschaftlichen Partnern und einem Game Lab.

Doch selbst wenn Politiker und Fachleute sich dem Sog der Wirklichkeit ergeben, können sie die Vergangenheit nicht lassen. Zwar gibt es seit 2009 den vom Deutschen Bundestag initiierten deutschen Computerspielpreis (Kulturstaatsminister Bernd Neumann 2011 in der Eröffnungsrede zur Preisverleihung in München: »Computerspiele haben sich mittlerweile zu einer beachtenswerten Kunstform des digitalen Zeitalters entwickelt. Der Computerspielpreis soll dazu beitragen, das Bewusstsein für Qualität zu stärken«), aber prämiert werden nicht jene Spiele, die das Prinzip der Interaktivität vorantreiben und an der Spielästhetik weiterarbeiten, sondern jene, die von Political Correctness triefen, also die kulturellen Normen von gestern bestätigen. *Die Welt* nannte es 2010 eine »peinliche Posse«, die Computerspielstudios und -designer 2011 eine Blamage.

Die Verbände nutzen den Hang der Politiker zu bekannten Mustern.

Ihr Kulturlobbyismus begnügt sich damit, auf neue Fragen alte Antworten zu geben (»Theater muss sein!«, »Kultur gut fördern«, »Kulturförderer dürfen selbst nicht initiativ werden«), auch wenn sich deren Brüchigkeit Tag für Tag aufs Neue erweist. Die meisten Kulturschaffenden und Kulturpolitiker antworten strukturkonservativ: Dass bitte doch alles so bleiben möge, wie es einmal war. So etwa die Forderung des Deutsche Kulturrates nach einem »Nothilfefonds«, mit dem die Bundesregierung bedrohte kommunale Kultureinrichtungen vor der Schließung bewahren solle, welcher der in Artikel 28 GG verankerten kommunalen Selbstverwaltung beziehungsweise der aus Artikel 30 abgeleiteten Kulturhoheit der Länder eklatant widerspricht. Auch in diesem Kontext wird der Begriff der »Hoheit« im Zusammenhang mit Kultur nicht reflektiert. Ebenso wenig durchdacht ist die Idee, die kommunale Kulturförderung aus der Freiwilligkeit in die Pflichtigkeit zu überführen, was grundlegende Verfassungsfragen aufwerfen würde und in der Praxis einer Zementierung der gegenwärtigen institutionellen Strukturen, vermutlich auch einer inhaltlichen Kulturdiktatur gleichkäme.

Die Krise der Kulturpolitik wurde und wird in den letzten Jahrzehnten von den Betroffenen zunächst und vor allem als eine Finanzierungskrise empfunden, als Stagnation oder Rückgang öffentlicher Zuwendungen. Doch es dämmert die Erkenntnis, dass die Probleme tiefer liegen, dass die Art und Weise, wie der öffentliche Kulturbetrieb organisiert ist, neuen Herausforderungen nicht gerecht wird. Der langjährige Direktor der Hamburger Kunsthalle, Uwe Schneede, fasste dies in einer Anhörung der Enquetekommission Kultur in Deutschland mit Blick auf die Museen zusammen: Es herrschten weitgehend veraltete Strukturen, es gebe zu viel Verwaltung, zu viel Mitsprache von Politik und Administration, ein zu starres Haushaltssystem, zu wenig aktive Öffnung zum Publikum, zu wenig Selbstständigkeit, zu wenig Leistungskontrolle und zu wenig Selbstbewusstsein im Umgang mit Mäzenen, Sponsoren und Privatsammlern.

Die problematische Seite der finanziellen Erosion ist, dass sie zu einer Implosion der Kulturbetriebe führt: Sie bleiben zwar bestehen, können ihre Arbeit aber nur unter immer schwierigeren Bedingungen leisten. In den Theatern, die früher so stolz auf ihre Ensembles waren, werden die Ensemblemitglieder durch Gäste ersetzt, in Musikschulen die angestellten Lehrer durch freie. Der Tod kommt durch Auszehrung, auf leisen Sohlen.

In sehr vielen öffentlichen Kultureinrichtungen geht es mittlerweile bloß noch um ein »Management des Vorhandenen« (Peter Drucker). Kraft für Innovationen, für Visionen, für die Erschließung strategischer Potenziale und die Entwicklung von Kooperationen mit neuen Partnern ist kaum noch vorhanden. Kulturpolitik ist immer weniger in der Lage, Veränderungen voranzutreiben, da sie mit sinkenden Haushalten eine bleibende, ja wachsende Zahl von starren Strukturen erhalten will. Sie fixiert sich darauf, Vorhandenes zu bewahren, und trägt so dazu bei, dass öffentliche Kultureinrichtungen der privatwirtschaftlichen Konkurrenz hinterherhinken.

Solcher Strukturkonservativismus, der sich in Schlagzeilen wie »Kulturverluste im städtischen Raum« oder »Gedächtnislose Gesellschaft«[12] niederschlägt, als hinge das Gedeihen der Gesellschaft von einzelnen Einrichtungen ab, ist außerstande, Zukunftsprobleme zu lösen. Er gerät überdies in Konflikt mit einem Wertekonservativismus, dem es weniger darum geht, die administrativen Strukturen zu bewahren, als vielmehr darum, die inhaltlichen Werte zu sichern, wie Erhard Eppler bereits Mitte der siebziger Jahre feststellte. Für ihn war die entscheidende Frage, ob wir Strukturen auf Kosten von Werten oder Werte auf Kosten von Strukturen bewahren wollen.[13] Strukturen verkörpern auch Werte. Also müsste eine zukunftsfähige Kulturpolitik nicht nur die Strukturen, sondern auch die zu pflegenden Werte überdenken und beide in ein neues Verhältnis zueinander setzen. Man könnte sich dabei auf ein schönes Diktum von Marx berufen: »… man muss diese versteinerten Verhältnisse dadurch zum Tanzen zwingen, dass man ihnen ihre eigne Melodie vorsingt!«[14]

Es wird also darum gehen, einerseits den Kulturbegriff neu zu definieren, andererseits die Strukturen der öffentlichen Kulturbetriebe umzubauen. Wenn das Zusammenspiel zwischen Kulturbegriff und ökonomischem Modell funktioniert, lässt sich Ersteres sogar mit Letzterem erreichen. Das Existenzrisiko, welches die privaten Kulturbetriebe umtreibt, zwingt sie zur Aufmerksamkeit gegenüber Besuchern, zu ständiger Innovation. Solche Sorgen nehmen Staat und Kommunen den öffentlichen Kulturbetrieben weitgehend ab. So erfreulich dies (vor allem für die Beschäftigten) zunächst erscheinen mag, so problematisch und gefährlich ist es langfristig. Es befreit die Betriebe von der Notwendigkeit, sich zu entwickeln und an der Nachfrage zu orientieren, um zu bestehen. Die staatliche Förderung erlaubt ihnen, sich vom Wettbewerb abzukehren. Vielleicht ist eine solche Verlangsamung politisch gewollt. Identität bezieht man aus der Vergangenheit, und Kulturbetriebe verwalten fast ausschließlich das Erbe, weil sie alles zu Erbe machen, sobald sie die Hand darauf legen. Solches bedeutet in letzter Konsequenz, dass der institutionelle Kulturbetrieb nur die Vererbung zum Auftrag hat, nicht die Erneuerung. Geradezu beispielhaft kann man das in Russland verfolgen, wo die staatlich gestützten Institutionen fast durchweg einen traditionellen Kulturbegriff pflegen, während die privaten sich der zeitgenössischen Kunst in allen Sparten widmen. Daraus sind zwei parallele Systeme entstanden, wobei die Leistungsfähigkeit des privat finanzierten Systems jenem des öffentlich finanzierten weit überlegen ist. Aber nicht nur das: Die privaten Institutionen pflegen auch einen sehr hohen Qualitätsanspruch – und sehen gerade darin ihre Mission. Und jene der Geldgeber.

Auch bei uns gilt: Die öffentlichen Kulturbetriebe von der Nachfrage abzuschirmen hat fatale Konsequenzen für ihre Innovationsfähigkeit. Während sich die privaten bereits seit vielen Jahren, ja Jahrzehnten die Instrumente und Methoden des Managements, der Besucherforschung und der Rezeptionsästhetik zu eigen gemacht haben und so die öffentlichen Kulturbetriebe organisatorisch und unternehmerisch immer weiter abhängen, öffnen sich Letztere diesem allgemein zugänglichen Wissen nur zögerlich. Selbst die Spardebatten werden nicht als Wink gesehen, das eigene Verständnis zu hinterfragen, was man denn für wen produziere und ob dieser jemand überhaupt in genügender Zahl vorhanden sei.

Kultureinrichtungen, die kein Bild von ihrer eigenen Zukunft haben, werden neuen Situationen immer mit Mitteln der Vergangenheit zu begegnen suchen. Sie werden in Veränderungen immer und zuallererst die Risiken, aber ungern die Chancen, die Herausforderungen erkennen. Deutsche oder österreichische Verwaltungsstruktur oder, in der Schweiz, politisch verfasste Aufträge halten sie am Ort fest. Sie sind Ausführungsinstrumente eines diffusen politischen Willens, der nur eines nicht duldet: Abweichung vom Common Sense, was eine Institution bedeutet. Daran ändert selbst die Kritik in der Kunst nichts, weil sie zum Bürgerbild gehört. Kunstkritik ist nichts anderes als die Verständigung der Gebildeten untereinander.

Um in die Lage zu kommen, zielstrebig die eigene Zukunftsposition aufzubauen, benötigen kulturelle Einrichtungen eine Vorstellung von sich selbst, ihrer Rolle und ihrem Markt. Kulturpolitik muss Kulturbetriebe aus der Umarmung entlassen. Misserfolge wie Erfolge im Markt müssen sich für Kultureinrichtungen im Budget abbilden, neben aller Subvention. Voraussetzung, um im Markt erfolgreich agieren zu können, ist allerdings, dass der Markt nicht mit geförderten Institutionen überbesetzt ist, die sich gegenseitig das Publikum abjagen und sich im Wettrennen um Förderung überbieten. Ist der Staat auf diese Aufgabe vorbereitet?

Wie die Krise bewältigt werden wird, die eine Krise der öffentlichen Haushalte geworden ist und jede vorstellbare Größenordnung sprengt, wird erst über die Jahre sichtbar werden. Zuerst einmal hat sie das Vertrauen in den starken Staat mächtig erschüttert. Die jetzige Prosperität, so die Botschaft, ist aus Schulden fabriziert, der europäische Wohlstand eine Blase, die jederzeit platzen kann – und sei es nur beim Nachbarn, den man dann aus dem Schuldensumpf ziehen muss.

Überall wird gespart, und dieses Sparen erfasst auch die Kultur und ihre Einrichtungen. Selbstverständlich regen sich auch Gegenkräfte. Bundestagspräsident Norbert Lammert hat es auf den Punkt gebracht: Die Theater seien »systemrelevant«, »nicht weniger als Banken und Parlamente«[15]. Das will sagen, dass die Kultur Anspruch auf eine unbeschränkte Staatshilfe habe, ebenso wie Banken. Mit diesem Universalargument lässt sich jede Sparmaßnahme bekämpfen. Ist der mehr als fragliche Ansatz, die Banken vor den von ihnen mitverursachten Problemen, koste es, was es wolle, zu retten, wirklich eine Begründung dafür, die Theater vom erfolgsorientierten Wirtschaften abzuhalten?

Natürlich bleibt die Frage: Ist jede einzelne Kultureinrichtung tatsächlich »systemrelevant«, »unverzichtbar« und »unersetzlich«? Ist die Frage nach dem Umfang der kulturellen Infrastruktur als Status quo tatsächlich die Existenzfrage der Kultur? Oder, sehr verkürzt: Wo ist der Diskurs, der in der Kulturpolitik die Ziele benennt, die eine Abwägung zwischen Sparen oder Nichtsparen oder Draufsatteln erst ermöglichen? Und wo ist die Debatte darüber, was nicht geförderte Kultur an Identität, an Verständigung und Selbstgewissheit produziert, individuell wie kollektiv? Und ob widersprüchliche kulturelle Modelle ein überlebensfähigeres Gemeinwesen hervorbrächten als der alte Traum von der einen einigenden Kultur?

Es gibt ein beherztes und ein zynisches Ja auf die Frage nach der Systemrelevanz der Infrastruktur. Das beherzte zuerst: Selbstverständlich sind Kunst und Kultur höchst bedeutsam für das Funktionieren und das Selbstverständnis von Gesellschaft und Staat, und sie müssen einen politisch belastbar verabredeten Platz haben. Wie sieht dieser Platz aus, wer bezahlt die Rechnung dafür und welche Kräfte kommen dabei zum Zug? Immerhin ließe sich noch behaupten, dass eine möglichst dichte Infrastruktur der beste Beweis für einen wichtigen Platz ist und zugleich der stärkste Anreiz für die Nachfrage, für die Nutzer. Man kann mit passablen Argumenten darlegen, dass viele Produktionsstätten zum inneren Reichtum und zur Vielfalt des kulturellen Lebens beitragen. Denn zum Selbstverständnis der Wachstumsgesellschaft gehört, dass Kultur aus einem ständigen Plus besteht, auf ein ununterbrochenes Mehr an Förderung setzen kann. Was immer sie ins Leben gerufen hat, muss erhalten bleiben. Die Multioptionsgesellschaft verlangt es. Dass die herkömmliche Bewertung von Lebensqualität im Sinne eines Wachstums des Bruttoinlandsprodukts immer fraglicher wird, dass Wachstum sich mit Klimaentwicklung auseinanderzusetzen hat, um nur eines zu nennen, bringt allerdings andere Faktoren ins Spiel.

Das leitet über zum zynischen Ja. Natürlich sind die »Leuchttürme«, die den Löwenanteil der Kulturhaushalte verschlingen und die über Projektfinanzierung zusätzlich an den Töpfen für das unabhängige Kulturschaffen partizipieren, relevant fürs System – relevant als Nachweis erfolgreicher Politik. Jeder neue kulturelle »Leuchtturm« war und ist ein Zeichen, dass die kommunalen, die Länder- oder die Landespolitiker die Zeichen der Zeit erkannt haben, dass sie nicht nur in ökonomische, sondern auch in gesellschaftliche Wertschöpfung investieren, dass ihre Wählerbasis ein ebenso attraktives Leben wie die Wählerbasis des Nachbarn führen und sich an der Sonne besonderer Standortattraktivität wärmen können solle.

So hat die Politik, die im Innersten immer Kultur ist, nach außen der Kultur einen immer wichtigeren und kostspieligeren Platz eingeräumt und, getrieben vom Wachstumsglauben und den sprudelnden Steuern der Boomjahre, gar nicht so genau hingeschaut, wie hoch die Rechnung ausfallen würde. Der Schweiz schönstes Beispiel liefert das Kultur- und Kongresszentrum Luzern, der Prestigebau des französischen Stararchitekten Jean Nouvel, eröffnet im Jahr 2000. Es dauerte ein Jahrzehnt, bis eine funktionierende Finanzierung des Dauerbetriebs gefunden war. Den Geldbedarf hatte man schlicht unterschätzt. In Hamburg wird gegenwärtig die Elbphilharmonie gebaut. Systemrelevant sind die Leuchttürme tatsächlich für die Politik der Euphorie, welche die nuller Jahre des 21. Jahrhunderts prägt und an der die kulturelle Klasse gern partizipiert, da sie so ihre soziale Führerschaft bestätigt sieht. Man kann sagen: Kultur profitierte von all den Blasen, die unsere Ökonomie befeuert und die Staatskasse gefüllt haben. »Mehr Kultur« legte sich als buchstäblich schöne Rechtfertigung über den digitalen Kapitalismus. Und die Kapitalismuskritiker ließen sich täuschen!

»Einzig geförderte Kunst ist frei«

Kunst, die sich am Markt behaupten muss, bedient den Geschmack der Massen. Deshalb kann sie nicht frei sein. Und der Massengeschmack ist einförmig und redundant. Nur staatlich geförderte Kunst ist wirklich frei, sich kritisch zu äußern. Deshalb hat der Staat die Freiheit der Kunst in der Verfassung verankert. Diese Freiheit der Kunst verpflichtet den Staat, die Künste aktiv zu fördern, weil die Freiheit nur so ausgespielt werden kann. Wer hingegen den Erfolg bei den vielen sucht, passt sich an.

Wer diese Meinung teilt, ist gefangen – in der Missachtung der Wahlfreiheit der Bürger und in der Überschätzung staatlich sanktionierter Freiheit, die immer nur eine Freiheit solcher Nonkonformität sein kann, wie sie bestenfalls aus dem Urteil von gemischten Kommissionen hervorgeht. Doch diese Vorstellung beschreibt das Selbstverständnis heutiger Kulturpolitik wie das geförderter Einrichtungen, von Projektträgern und, schlimm genug, der Kritik.

Förderung bedeutet ihrem Wesen nach, gesellschaftliche

Anerkennung zuzuteilen. Die Postmoderne hat diesen Gedanken in ein expansives Prinzip umformuliert. Wenn etwas gefördert wird, so muss alles gefördert werden, da es keine überlegenen Werte mehr gibt. Der Wertepluralismus oder die Beseitigung der Autorität zählt zu den großen Errungenschaften des späten 20. Jahrhunderts. Wir haben das gewollt. Der Preis für die Gleichwertigkeit der Ideen, Konzepte, Ästhetiken ist ein doppelter. Einmal die Gießkanne. Da fast alles gilt, muss der Staat seine Mittel breit streuen. Wichtig ist die Geste, sekundär der Betrag. Damit ist auch klar, warum die Gießkanne als Förderprinzip so leicht nicht abzuschaffen ist. Sie schafft universale Zugehörigkeit und vermittelt Teilhabe am gehobenen Stand der Geförderten. Die Förderpraxis demonstriert permanent die Abwesenheit eines Kanons. Aber sie funktioniert auch nicht ohne die Abgrenzung, ohne den Ausschluss der nicht Geförderten. Nur hieraus gewinnt das Fördersystem Autorität. Es benötigt den Ausschluss.

Gesellschaftliche Wirkung dieser Ausdehnung ist der Bedeutungsverlust der Kunst und ihrer Werke sowie ein Ansehensverlust ihrer Erzeuger. Die Ausweitung des Kulturbegriffs und die Koexistenz aller möglichen Qualitätsbegriffe haben dazu geführt, dass Kunst alle gesellschaftlichen Bereiche durchdringt (vieles wurde zu Kunst erklärt, nicht die Kunst hat die Bereiche erobert); der Alltag wurde umfassend ästhetisiert. Gleichzeitig ist der Kunstdiskurs alltäglich geworden und hat den Status eines bedeutungsvollen Austauschs zwischen Werk und Betrachter verloren. Das allgegenwärtige Angebot, die ununterbrochene Einladung, die ständige Pflicht, die Omnipräsenz künstlerischer Produkte führen zum Überdruss, liquidieren den Moment privaten Glücksempfindens, den gerade das Kunstwerk bewirken soll. Es folgt der Verlust an Aufmerksamkeit. Er spiegelt sich in der Auflösung des Feuilletons, dem selbst in Fachkreisen keine diskursive Leitfunktion mehr zukommt, und im Statusverlust der Kritiker. Es gibt noch Meinungen, doch keine kulturelle Meinungsführerschaft im öffentlichen Diskurs. Die Medien – auch sie ein Projekt und Produkt der Aufklärung, der Mündigmachung des Bürgers – funktionieren am Markt und gestalten jene neuen Erzählungen, die unser Leben spürbar beeinflussen. Deshalb wachsen die Wirtschaftsteile, deshalb überschatten Umwelt, Gesundheit und Einwanderung die Kunstthemen. Die Kunst tritt auf der Stelle. Ihre Loslösung vom Rezipienten sieht Steven Erlanger, Kulturchef der *New York Times,* als größtes Handicap Europas: »Europa interessiert sich nicht ausreichend für die Popkultur, fürs Entertainment, die Kreativindustrien, für den Markt und die ethnische Vielfalt, deshalb erlebt es eine große kulturelle Stagnation.«[16] Und Pauline Kael, die große amerikanische Filmkritikerin und Befreierin des Hollywood-Kinos von der Herablassung des Feuilletons, legt nach: »Wenn die Kunst kein Entertainment mehr ist, was ist sie dann? Eine Strafe?«[17]

Wenn Kunst nach Oscar Wilde eine Möglichkeit ist, sich »außergewöhnliche Empfindungen« zu verschaffen, so hat das Überangebot das Außergewöhnliche daran tüchtig ruiniert. Es ist wie mit dem Lachs. Vor 30 Jahren war das Höchste der Gefühle, an ein Stück Lachs zu kommen. Heute wird er einem aufgedrängt. Oder wie mit den Kugelschreibern. In den sechziger Jahren waren sie verboten, da sie die Schrift ruinieren würden, fast wie die progressive Kunst die Moral. Heute liegen sie auf, zum Mitnehmen. Nur auf den ersten Blick paradox erscheint, dass trotz Bedeutungsschwund der Kunst einzelne Kunstausstellungen Rekorde verzeichnen. 680 000 Menschen (darunter übrigens 70 Prozent Frauen) pilgerten im Jahr 2007 nach Berlin für »Die schönsten Franzosen« aus dem New Yorker Metropolitan Museum, 750 000 Menschen besuchten die letzte documenta und verließen sie vielleicht so ratlos, wie sie gekommen waren. Eine Million standen Schlange für die große Picasso-Schau in Paris 2009, fast so viele für die Van-Gogh-Schau im selben Jahr in Basel. Rekordverdächtig war die Ausstellung mit Werken aus der Sammlung des New Yorker MoMA in Berlin. 2004 galten 1,2 Millionen Besucher in einem Sommer noch als Sensation.

Wo viele hingehen, so die Regel der postmodernen Erlebnisgesellschaft, muss das Erlebnis nah sein: »Das Publikum folgt heute dem historischen Modell der Wallfahrt«, meint Beat Wyss.[18] Die angesammelte Energie von Hunderttausenden erzeugt eine Aura, von der man hofft, sie springe auf einen selbst über. Ein anderes verbindliches Kriterium für das Außergewöhnliche existiert nicht mehr. Alle Tabus sind längst gebrochen, die Themen abgearbeitet. Gewalt, Sex, Pornografie bevölkern die Bühnen, die Leinwände und die Videoscreens. Ihre Verbreitung korrespondiert mit dem Bedürfnis, gehört zu werden, und mit der Schwierigkeit, das im allgemeinen Lärm zu schaffen. Deshalb bedarf es immer stärkerer Reize. Womit die gesellschaftliche Reizschwelle steigt, was die verzweifelte Suche nach noch stärkeren Signalen wiederum verschärft. Für den großen ungehörten Rest gilt: »Kunst ist heute ein Major Asset, ein Konsumvorschlag in Lifestyle-Magazinen, eine begehrte Ware«, schreibt Holger Liebs.[19] In der »Glocke« schwärmte Friedrich Schiller vom Werk, das seinen Meister lobt. Solches wäre heute nach Wyss absurd. Ein erfolgreicher Künstler schaffe kein Werk, sondern treffe coole Entscheidungen, wähle die richtige ästhetische Strategie.

Das Jammern des Kultursektors über unzureichende Förderung, Geld und Aufmerksamkeit klingt wie das Jammern eines verwöhnten Kindes. Wer einmal vom Manna gekostet hat, kommt schwer davon los. Hat der jüngste Wandel das Jammern verschärft? Gab es aus kultureller Sicht überhaupt je eine Zeit, die nicht Wandel war? Ist es nicht gerade das Kennzeichen von kultureller und künstlerischer Arbeit heute, dass sie den Wandel antreibt? Und dass sich auch ihre Organisation, ihre Einbettung in Gesellschaft wandelt? Wenn das zutrifft, dann kann von Endzeit keine Rede sein, wie steil die Kurven in der Förderung oder in der Nutzung von Kunst und Kultur auch nach unten weisen. Wir befinden uns erst am Anfang – der Zukunft. Wer sie mitgestalten will, muss von den eigenen Gewohnheiten Abschied nehmen. Das ist so schwierig, wie es Kulturverwaltern und geförderten Künstlern schwerfällt, dem Computerspiel, dem bereits die Hälfte der Bevölkerung frönt, mehr Potenzial zuzuschreiben als das einer allgemeinen Kulturtechnik, nämlich das Potenzial eines neuen Kunstmediums (vergleichbar dem Schreiben oder dem Fotografieren).

Wenn die Kunst eine Möglichkeit ist, uns über uns selbst zu verständigen oder darüber, wie wir Vorgänge mit Bedeutung aufladen, dann muss man zugestehen, dass ihr diese Funktion seit der Erfindung der Massenmedien nicht mehr exklusiv zukommt. Seit dem 17. Jahrhundert gibt es Zeitungen, seit dem 18. sind sie Massenmedien. Die Presse ist mit der Entwicklung der bürgerlichen Demokratie eng verknüpft. Und sie machte der Kunst und ihren Institutionen, die sie hofierte, immer schon Konkurrenz. Diese verschärfte sich mit Radio, Fernsehen und Internet. Es entstanden neue Möglichkeiten der Verständigung über kulturelle Werte und der Bedeutungszuweisung, vor allem effizientere, kostengünstigere.

Medien schaffen gelegentlich Kunst, immer aber Kultur. Sie halten den metakulturellen Diskurs in Gang, indem sie Vergleiche ermöglichen und die Aufmerksamkeit steuern. Ursprünglich gedacht, der Gesellschaft qua Wissensvermittlung eine Klammer zu geben, den Umfang der Nation erfahrbar zu machen, gestatten und betreiben sie heute deren Ausdifferenzierung in ungezählte Subkulturen. »Die Nachfolgeinstitutionen des Bildungsbürgertums sind die Fangemeinden«, sagt Aleida Assmann.[20] Die Medien haben, obwohl erst 400 Jahre jung, eine der Kunst vergleichbare Geschichte durchlaufen. Die Befreiung aus staatlicher Aufsicht, ähnlich der Befreiung der Kunst aus dem Auftragsverhältnis, hat zu einer Multiplikation und schließlich zu einem Überangebot geführt, welches die Leitfunktion der Medien zunichte gemacht hat. Vor 40 Jahren waren in Deutschland zwei, in der Schweiz mit Glück drei (davon zwei ausländische) deutschsprachige Fernsehkanäle zu empfangen. Heute sind es Dutzende. Und dazu Hunderte von fremdsprachigen. Der Schwund der kulturellen Berichterstattung und des Feuilletons ist auch Folge dieses Autoritätsverlustes – desselben Autoritätsverlustes, den wir bei den Künsten feststellen. Unvorstellbar, dass die Kombination von Künstler und Feuilleton heute noch eine nationale Debatte über den Charakter eben dieser Nation auslösen würde wie jener Aufruhr, den Friedrich Dürrenmatt 1990 mit der Laudatio auf Václav Havel, Empfänger des Gottlieb-Duttweiler-Preises, provozierte, in der er die Schweiz als selbst gewähltes Gefängnis bezeichnete.[21] Auch die Debatte über den Künstler als moralische Instanz der Nation, welche losbrach, als Günter Grass im Jahre 2006 seine Nazivergangenheit gestand, gehört zu den Restbeständen einer entschwindenden Vergangenheit.

Den Verlust an Autorität, welcher der Kunst und ihren

Institutionen widerfuhr, haben nicht die 68er erfunden, durch sie wurden die Erfahrungen der Diktatur und des Kalten Krieges nur zu Ende geführt. Er startete mit der Erfindung des Papiers. Es verbreitete sich in Europa ab dem 13. Jahrhundert. Ab dem 14. Jahrhundert entstanden unzählige Papiermühlen. Papier wurde rasch billig. Und war an vielen Orten für offizielle Dokumente verboten, zu sehr haftete ihm der Geruch des Unkontrollierbaren und Unbeständigen an. Schließlich kam im 15. Jahrhundert der Buchdruck mit beweglichen Lettern dazu, Johannes Gutenbergs Erfindung. Damit war die Revolution komplett. Martin Luthers Reformation wäre ohne Buchdruck nicht denkbar gewesen. In den Streitschriften der Renaissance, den Holzdrucken und Flugblättern der Reformationszeit und der Bauernkriege entstand so etwas wie eine oppositionelle Kultur, eine rudimentäre, meist anonyme Kunst, die sich der Macht widersetzte. Parallel dazu erschien seit dem Barock Literatur für eine gehobene, doch zahlenmäßig gewichtige Leserschaft, unabhängig von Kanzleien und Klöstern. Dank günstiger Herstellung wurde das Buch zu einem Massenprodukt, erst für die gebildeten Stände, mit zunehmender Alphabetisierung (Straßburg führte als erste Stadt 1598 die Schulpflicht für Mädchen und Knaben ein) für die breite Bevölkerung. Ein Käufermarkt bildete sich. Ganz unversehens war Literatur als selbst verantwortetes Unternehmen möglich. Die erste von Auftraggebern unabhängige Kunst war entstanden. Auf die prompt die Errichtung der Zensur folgte, 1772 mit dem Zensuredikt von Friedrich II. formalisiert.

Das Muster der Befreiung lässt sich bis in die Gegenwart verfolgen. Neue Medien haben Kunstproduktion und Kunstbegriff jedes Mal verändert. Einschnitte bedeuteten der Vierfarbendruck (erfunden 1710), die Fotografie (Schlüsseljahr

1839), die Schallplatte (erfunden 1887), der Film (öffentlich gemacht 1895), das Radio (Verbreitung seit den 1920ern), das Fernsehen (1928), der Personal Computer (1981), das Internet (1989), neuerdings schließlich das Computerspiel. Jedes neue Medium schuf einen neuen populären Kunstzweig und trug zur Emanzipation der Kunst von politischer Kontrolle bei, weil es einen neuen Markt schuf, über den eine immer breitere Kunstproduktion sich selbst finanzieren konnte. So ungern die Akteure des subventionierten Kultursektors es hören: Der Markt diente in erster Linie der Befreiung der Kunst.

Erst die Möglichkeit, das Kunstwerk zu reproduzieren und in Mengen zu verkaufen, hat ihrem Urheber Unabhängigkeit gegeben und ein kulturelles Unternehmertum entstehen lassen. Und noch heute ist der Markt das größte kulturelle Experimentierfeld, dessen Mechanismen – Erlebnisorientierung, Multimedialisierung, Faszination der Technik – stärker auf den subventionierten Sektor zurückwirken, als dieser zuzugestehen bereit ist. Augenfällig wird es im Rundfunk, wo sich die öffentlichen Sender längst derselben Erfolgsrezepte bedienen wie die privaten, weil sie als gemeinschaftlich finanzierte ein breites Publikum glauben vorweisen zu müssen. Der Bürger wählt sein Programm ohne Erbarmen. Die herrschende Kulturpolitik sieht in dieser Uneinsichtigkeit ihren Existenzgrund.

Wenn zutrifft, dass Kunst ist, was subventioniert wird, dann bedeutet das, dass keine Kunst ist, was der Subvention entbehrt. Denn dem Nichtsubventionierten mangelt es an Anerkennung, welche staatliche Unterstützung mit sich bringt. Es wird so zum Unterhaltungsgeschäft, zur Produktion von Banalität, ganz unabhängig von seiner Substanz. So wird die im Laufe eines halben Jahrhunderts gewonnene

Freiheit der Kunst durch ihre fördernde Quasi-Verstaatlichung rückgängig gemacht. Es gibt zwar keinen Auftraggeber mehr, aber es fehlt auch das Gegenüber, der herausfordernde Gesprächspartner für den Künstler. Die Kritiker jedenfalls, selbst in Bedrängnis, können ihn nicht stellen. Die Künstler arbeiten ins Leere.

Soll man die Hunde zum Jagen tragen, die Menschen zur Kunst, zu ihrem kulturellen Glückserlebnis? Nein, sagt der italienische Schriftsteller und Kulturkritiker Alessandro Baricco und schlägt eine radikale Lösung vor: Schluss mit den subventionierten Kultureinrichtungen, alles Geld in die Schulen und ins Fernsehen. Nur damit erreichen wir die weißen Flecken der Gesellschaft, die berühmten kulturfernen Schichten. Das kultivierte Publikum aber, so Baricco, benötige keine Subventionen. Kulturelle Werte seien beliebig verfügbar, die Globalisierung habe uns längst ins »Zeitalter der Massenintelligenz« geführt, während der subventionierte Kulturbetrieb einem verflossenen kulturellen Hoheitsprinzip anhänge. »Ich bin überzeugt«, schrieb Baricco 2009[22], »dass das staatliche Finanzmonopol … unvorhergesehene Schäden verursacht hat, … dass zum Beispiel die prononcierte Förderung der zeitgenössischen Musik eine künstliche Situation geschaffen hat, von der weder Komponisten noch Publikum in Italien sich erholt haben.« Man kann diese Kritik übertrieben finden. Aber Italien ist nicht mehr oder weniger ein kulturelles Labor wie andere Länder auch. Das Problem der ästhetischen Inzucht oder der Wirklichkeitsferne zeigt sich bloß schärfer.

Im Kommentar von *Le Monde* zur jüngsten Analyse des Kulturverhaltens der Franzosen schreiben Michel Guerrin und Nathalie Herzberg: »Das Prinzip dieser Untersuchung wurde vor über dreißig Jahren entwickelt, um dem Kulturministerium Ideen zu geben. Die Ergebnisse, wiederkehrende wie neue, beweisen den Misserfolg der Einrichtung Kulturministerium. Mit Blick auf die schönen Künste hat es sich effektiv auf einen engen Kulturbegriff zurückgezogen. Der Kulturpolitik ist es weder gelungen, weitere Publikumsschichten anzusprechen, noch die Ungleichheiten auszugleichen, noch einen vernünftigen Umgang mit den technologischen Herausforderungen zu finden.«[23] Im Kulturministerium sitzt eine Elite, die sich selbst legitimieren muss.

Alessandro Baricco stimmt mit der Kritik von *Le Monde* überein. Zwar betrachtet er die drei Absichten von Kulturpolitik nach wie vor als zukunftsträchtig, nämlich Orte und Rituale der Kultur möglichst vielen zugänglich zu machen, gewisse kulturelle Praktiken vor der zerstörerischen Macht des Marktes zu schützen sowie den Bürgern freiheitlicher Staaten demokratisches Verantwortungsbewusstsein und Moral einzuimpfen, was ohne kulturelle Referenzen nicht möglich sei. Baricco kommt zu dem Schluss, dass die Kultur längst kein Privileg mehr sei. Wer wolle, könne sich ihrer erfreuen. Doch das sei, so Baricco, nicht das Verdienst der Kulturpolitik, sondern der Entwicklungen jenseits der Kulturpolitik: Globalisierung, Internet, Wohlstand, Zunahme der Freizeit, parakulturelle Industrie. Der Schutz künstlerischer Praktiken vor dem Markt? Ja, aber um den Preis einer gefährlichen Weltfremdheit. »Wenn ein Mäzen, sei er ein öffentlicher oder ein privater, der einzige Akteur auf einem Markt ist, und wenn er es sich leisten kann, Geld zu verlieren, dann tötet er alles um sich herum.«[24] Und die Demokratie, wird sie durch unsere Kulturpolitik gestärkt? Die mehrfache Wahl von Berlusconi beweise, dass viel Hochkultur gegen die Zerstörung der moralischen Grundlagen des Staates keinen Schutzwall bilde.

Ist die moderne Kulturpolitik ein Erfolg? Oder, wie *Le Monde* und andere suggerieren, ein Misserfolg? Sie ist beides. Sie hat ein mächtiges Problem. Sie ist gefangen in den Konzepten der achtziger Jahre. Sie laviert zwischen der Forderung nach nationaler Identität und Selbstvergewisserung, zu welchen uns die Kultur verhelfen soll, und einem »Freiheitskult« (Thomas Steinfeld), der alles zulassen muss. Sie schwankt zwischen dem Glauben an die direkte Nützlichkeit kultureller Steuerung und dem Wissen, dass Kunst sich solcher Steuerung immer entzieht. Sie will den Bürger zivilisieren und spricht ihm doch immer wieder die Zivilisiertheit ab. Doch erstaunlich, der Bürger fällt nicht auf die Stufe des Banausen zurück, sondern zivilisiert sich dank der Medien selbst.

Kultur ist das Feld, auf dem offensiv mit Bedeutungen hantiert wird, wo Mehrdeutigkeit und Umdeutung Teil des Geschehens sind. Diese Besonderheit hat sich auf den kulturpolitischen Diskurs übertragen. Er ist zunehmend unscharf, von intellektueller Verarmung geprägt und von Unehrlichkeit. Kunst wird angesichts des postmodernen Durcheinanders ähnlich der Landwirtschaft, der Gesundheit, der Bildung zu einem Feld, auf dem wohlmeinende Bürokraten den Pflug führen. Das schönste Beispiel liefert der Schlussbericht der deutschen Enquetekommission Kultur, publiziert im Dezember 2007. Er mündet in 500 Handlungsempfehlungen an die Politik. Das zeugt von hoher Regelungslust. Absurd genug, dass der Bund, der hierfür nicht zuständig ist, den Bundesländern und Gemeinden Empfehlungen macht. Außer ein paar Liberalen hat keine Partei widersprochen. Der Bericht nimmt das Verschwinden der Kultur im Gesetzesdschungel vorweg – Kultur ist längst ein Feld der Politik, Politik wird längst nicht mehr geleitet von einer kulturellen Vision, wie die 68er sie erträumten. Politik neigt dazu, im Verbund mit den gegenwärtigen Nutznießern das kulturelle Feld im Jetzt zu zementieren.

Kunst wird nicht mehr als ästhetischer, emotionaler, sozialer Prozess gesehen, der die Ordnung im umfassenden Sinne erschüttert und der von der Politik einzig vor dem Abgleiten ins Unmenschliche bewahrt werden muss, sondern als vom Markt und der Faulheit der Menschen bedrohte Spezies von Zeichen, die ohne Schutz vom Planeten verschwinden würde, ähnlich einer seltenen Tierart. Kultur hat sich in der expansiven Logik, welche »Kultur für alle« implizierte, zu einem politischen Projekt entwickelt, das wie früher der Herrschaftssicherung dient und deshalb für ihre Träger systemrelevant ist. Das gilt sogar für das unabhängige Kulturschaffen, welches sich von jeder Zweckorientierung lossagt und gerade daraus seinen Anspruch auf Förderung ableitet. Die Soziologie sagt uns zwar, dass die Gesellschaft aus vielen unterschiedlichen Gesellschaften und ihren Kulturen besteht. Doch von diesen Subkulturen berücksichtigt die neue Kulturpolitik nur wenige. Sie versagt am eigenen Gleichwertigkeitsgebot: dass jede Kultur Respekt verdiene. Sie festigt vielmehr die kulturelle Spaltung der Gesellschaft.

Immer dasselbe Publikum

40 Jahre lang nährte Kulturpolitik die Hoffnung, das Publikum werde den richtigen Weg finden, die gewaltigen Investitionen in das kulturelle Erbe und die Lieblingsbeschäftigung des Bildungsbürgertums würden sich durch breite Beteiligung amortisieren. Sie glaubte, auf Empirie verzichten zu können. Doch die Fakten reden eine andere Sprache.

Kritische Stimmen erklangen früh. Die Emanzipation des Theaters (die wohl öffentlichste und politischste Kunstform) von seinem Publikum begann Mitte der sechziger Jahre. Ironisch schrieben 1981 die »Blätter der Theatergemeinde für das Nationaltheater Mannheim«: »Wir werden schließlich subventioniert, damit wir das spielen, was die Leute nicht sehen wollen.« Jahr für Jahr sinken die Besucherzahlen. Zur soziologischen Zusammensetzung des Publikums schrieb 1996 Christoph Vitali, damals Direktor am »Haus der Kunst« in München: »Das kulturelle Leben ist nach wie vor überwiegend die Domäne des Besitz- und Bildungsbürgertums, ein Einbezug der anderen Schichten der Gesellschaft und schon gar der wachsenden Segmente der ausländischen Bevölkerungsteile eine Wunschvorstellung.«[25] Die zehn Jahre später vorgenommene Besucheranalyse an den Düsseldorfer Museen K20 und K21[26] weist einen Anteil von 74 Prozent Akademikern nach.

Einige Länder erheben das Verhalten der Rezipienten regelmäßig. »Misserfolg!«, so kommentierte *Le Monde*[27] das Ergebnis der jüngsten und sehr ausführlichen Erhebung aus Frankreich. Denn, so die Zeitung, der Zugang der unteren Klassen zu den hochkulturellen Einrichtungen sei eines der Schlüsselaxiome der französischen Kulturpolitik seit 1981 gewesen, aber nichts habe sich verändert. Die Untersuchung[28] vergleicht Zahlen von 2008, 1997, 1989, 1981 und 1977 und konstatiert eine intensivere Nutzung der Kulturetablissements durch die Älteren (50plus) und die oberen Klassen, hingegen eine dauerhafte Abwendung der Jüngeren von den Institutionen wie auch vom Buch.

Noch sehr jung ist die Kulturstatistik der Schweiz. Der Mangel an historischen Daten hat damit zu tun, dass das Bundesamt für Statistik bisher keinen gesetzlichen Auftrag hatte, auch im Kulturbereich Zahlen zu erheben.[29] Die erste Studie einer aktiveren Statistik ist eine Verhaltensanalyse[30], welche die kulturellen Konsumpräferenzen der Schweizer darstellt. Sie nutzt ähnliche Messlatten wie die französische und zeigt, dass zwei Drittel der Schweizer mindestens einmal pro Jahr ins Konzert gehen, ebenso viele besuchen historische Stätten und fast so viele das Kino. Kunst und Theater (!) folgen mit Beteiligungen von 43 respektive 42 Prozent (mindestens ein Besuch jährlich), während Tanzaufführungen und Bibliotheken es noch auf 20 Prozent schaffen. Erstaunlich gering ist der Alterseinfluss: Es stimmt zwar, dass Museen und Theater häufiger von den Älteren frequentiert werden, hingegen sind Kino und Festivals typische Jugenddomänen. Irrelevant ist das Geschlecht, entscheidend für das Kulturverhalten ist Bildung. Menschen mit höherem Abschluss stellen zwei Drittel bis drei Viertel der Kulturbesucher.

Ähnlich ist das Bild, wenn das Konsumverhalten als Funktion des Haushalteinkommens gesehen wird: Mitglieder wohlhabender Familien besuchen um eineinhalb bis zwei Mal häufiger Museen, Theateraufführungen, Festivals. Eine Besonderheit sind die regionalen Unterschiede, die die Untersuchung manifestiert: In der deutschsprachigen Schweiz stand 2008 der Theaterbesuch oben in der Hitparade, in der französischsprachigen war es die Kunst, im Tessin waren es die Festivals. Das zeigt, dass Präferenzen tatsächlich angebotsabhängig sind: Das Tessin verfügt über keine festen Bühnen und kaum über Museen mit internationalem Ruf, hingegen über drei internationale bekannte Festivals, die den Löwenanteil der kantonalen Subventionen absorbieren.

Über den Daumen gepeilt kann man die Schweizer Zahlen als respektabel bezeichnen: Der aktive Kulturkonsum der Helvetier ist beträchtlich, im europäischen Vergleich sind sie sogar die fleißigsten. Das Schweizer Angebot ist dicht, zum Beispiel über 900 Museen mit rund 10 Millionen Besuchen bei knapp 8 Millionen Einwohnern. In Deutschland – mit rund 81,7 Millionen Einwohnern – zählte das Institut für Museumsforschung in Berlin 2010 insgesamt 6281 Museen und rund 109,2 Millionen Besuche, Statistik Austria für das Jahr 2008 für Österreich 812 Museen und rund 5,7 Millionen Besuche bei rund 8,4 Millionen Einwohnern. Wichtiger noch: Kultur ist in der Schweiz in erster Linie kommunale und kantonale Angelegenheit. Das verhindert, dass der Hochkultursektor, die natürliche Heimat der nationalen Eliten, sich zu weit aufbläht. Der große Teil des Kulturangebots trägt lokalen und regionalen Charakter, und selbst wo es um Einrichtungen der typischen Hochkultur geht, wird deren Legitimität durch regelmäßige Volksabstimmungen (jede Subventionserhöhung muss vor das Volk) überprüft. Die Schweizer Leuchttürme finanzieren sich zu 30 bis 40 Prozent selbst. Allzu viel Publikumsferne ist nicht drin – daran ist zum Beispiel Christoph Marthaler 2004 am Zürcher Schauspielhaus gescheitert. Trotz Beifall der Kritik brach der Publikumszuspruch ein. Der Druck zur Publikumsnähe wie die demokratischen Mechanismen erzeugen Mitverantwortung selbst da, wo kein Mit-Konsum resultiert.

American for the Arts, eine Non-Profit-Organisation, welche zahlreiche Kulturstudien finanziert, legt mit dem »National Arts Index« die erste historische Studie zum Kultursektor der USA, beginnend 1998, vor. Verhaltensaspekte fließen genauso ein wie ökonomische Daten, Selbstdeklarationen, Copyright-Anmeldungen neuer Werke u.a.m. Im Unterschied zur französischen Untersuchung versucht der National Arts Index den amerikanischen Kultursektor umfassend zu beschreiben, und zwar mittels 76 statistischer Indikatoren. Diese werden zu Themen gebündelt und die Gruppenergebnisse schließlich in eine einzige Zahl übersetzt, welche besagt, wie gut es der Kulturbranche – Künstlern, Produzenten, Vermittlern, Konsumenten – insgesamt geht. Eine Art Gesundheitsindex der Kultur also. 2008 ist er auf den tiefsten Punkt seit 1998 gesunken, auf 98,4 Punkte (2003 gleich 100). Dem entspricht ein Rückgang der Besuchszahlen bei den großen Kultureinrichtungen zwischen 13 und 17 Prozent (je nach Sparte) von 2003 bis 2008, während der individuelle Kulturkonsum dank Digitalisierung der Produkte gewachsen ist. Ein Drittel der Non-Profit-Organisationen aus dem Kulturbereich, den typischen Trägern von Institutionen und Produktionszentren, schreibt rote Zahlen, was auf ein Überangebot hinweist. »Die Nachfrage nach traditionellen Kunstformen geht zurück.«[31]

Das für Kultureinrichtungen trübe Bild wird finster, wenn es um die Vorlieben der Spender (Philanthropen) geht. In den USA hängen die Kulturbetriebe in einem großen Maße von der Spendierfreudigkeit der Privaten ab. Individuen und Firmen organisieren sich häufig in Geber-Clubs. Während die Kultursubventionen auf nationalem Niveau seit dem Jahr 2000 stabil blieben, auf kommunalem Niveau sogar leicht anstiegen, leiten die großen Stiftungen nur noch 10,6 Prozent ihrer Gelder in die Kunst. 1998 waren es 14,8 Prozent. Signifikant auch der Rückgang beim *Corporate Giving:* Gaben die Firmen im Jahr 2000 noch 10,3 Prozent ihrer wohltätigen Gelder an kulturelle Institutionen, so betrug der Anteil 2008 weniger als die Hälfte, nämlich 4,6 Prozent. Das war vor der Krise!

Der National Arts Index kombiniert die Hitparade der Spendenzwecke mit anderen Indikatoren und kommt zu dem Schluss, dass die Wettbewerbsfähigkeit des Kultursektors ge genüber anderen gesellschaftlichen Feldern wie Bildung, soziale Hilfe, humanitäre Hilfe oder Religion schwindet. Denn 1999 lag der Index bei 117.9 Punkten, 20 Punkte höher als 2008. Die Zahlen zur Philanthropie bestätigt Frankreich, wo sich zeigt, dass die Mäzene (Firmen und Einzelne) nur 6 Prozent ihrer Gelder für kulturelle Zwecke geben, hingegen 48 Prozent für Gesundheitsprojekte und 11 Prozent für Sozialprojekte.

Es gibt keinen Grund, dass Europa sich die Hände reibt. Das größere Gewicht der öffentlichen Finanzierung macht zwar den Kultursektor unempfindlicher gegen die Launen der Privaten. Doch die Krise der staatlichen Finanzen schlägt bloß mit Verzögerung durch, dann aber mit alternativloser Härte. Was die wichtigsten Trends angeht, ist der amerikanische Kultursektor mit dem europäischen durchaus vergleichbar. Mehr noch: Durch den geringeren Anteil öffentlicher Gelder zeigt er die gesellschaftliche Dynamik deutlicher. Sie ist in der ganzen westlichen Hemisphäre erkennbar.

In Deutschland wurde eine der ersten bundesweiten Bevölkerungsumfragen 1973 vom »Zentrum für Kulturforschung« (ZfKf), damals noch unter der Bezeichnung »Institut für Projektstudien«, im Rahmen des Künstlerreports[32] zu Einstellung und Kunstinteresse durchgeführt. Es folgten noch weitere punktuelle Erhebungen zum Besuch von Musikkonzerten und Musiktheateraufführungen[33], die dann 1990 in der Reihe »KulturBarometer« systematisiert wurden – bundesweite repräsentative Bevölkerungsumfragen in Ost- und Westdeutschland zu wechselnden Themen der Kulturnutzung und Einstellung, die Zeitvergleiche ermöglichen. Ergänzend wurden bisher zwei Spezialbarometer erhoben, das 1. Jugend-KulturBarometer 2004[34] und das KulturBarometer 50+[35] 2008. Dabei wurden ähnliche Beobachtungen gemacht wie in den Studien der anderen Länder, so beispielsweise, dass Schulbildung und Kulturnutzung deutlich zusammenhängen. Die Zeitvergleiche zeigen, dass Kultur als Statussymbol immer weniger relevant ist.

Vereinzelt liegen aus Deutschland regionale Bevölkerungsumfragen zur Kulturnutzung vor, beispielsweise 2001 aus Bremen[36], 2003 aus der Rheinschiene[37], 2010 aus der Kulturhauptstadt Essen und dem Ruhrgebiet und 2011 aus Südniedersachsen. Dabei wurde wie in den Schweizer Bevölkerungsumfragen deutlich, dass das Angebot die Nachfrage im regionalen Einzugsgebiet stark beeinflusst. Auch konnte anhand der Bevölkerungsumfragen an Rhein und Ruhr erstmals eine Kulturpublikumstypologie erstellt werden, die die Bevölkerung nach ähnlichen Sparteninteressen gruppiert und in einem zweiten Schritt auf ihre soziodemografischen Merkmale untersucht.

Neben den Bevölkerungsumfragen existieren in Deutschland Kulturstatistiken der Fachverbände, die Auskunft über Nutzung und deren Entwicklung geben. Zu nennen sind hier die Theaterstatistik des Deutschen Bühnenvereins[38], die Museumsstatistik[39] und die Bibliotheksstatistik[40], die lange Zeitreihen ermöglichen.

Seit Jahrzehnten weist die Mainzer Stiftung Lesen darauf hin, dass die Deutschen immer weniger lesen. Die letzte Studie aus dem Jahr 2008, die mehr als 2500 Menschen über 14 Jahre nach ihren Lesegewohnheiten befragte, stellte fest, dass die Lust am Lesen bei Jugendlichen und Erwachsenen in Deutschland immer weiter erodiert. Während im Jahr 2000 noch fast jeder Dritte zwischen elf und 50 Bücher im Jahr las, schaffte dieses Pensum 2008 nur noch jeder Vierte; die Stiftung spricht deshalb vom »Verschwinden des klassischen Gelegenheitsleser«. Nahezu unverändert blieb dagegen die

Zahl der Nichtleser. 25 Prozent der Befragten gaben an, nie zu einem Buch zu greifen. Als Vielleser, die mehr als 50 Bücher pro Jahr lesen, bezeichneten sich dagegen nur 3 Prozent. 2008 gaben 45 Prozent der 14- bis 19-Jährigen an, dass sie als Kind nie ein Buch geschenkt bekamen, 1992 hatten noch 72 Prozent dieser Altersgruppe von häufigen Buchpräsenten berichtet. Ganz ähnliche Ergebnisse liefert eine französische Langzeitstudie. Im Arbeiter- und Angestelltenmilieu ist die Zahl der Nichtleser in zehn Jahren von 33 auf 43 Prozent gestiegen, jene der Intensivleser (dort definiert mit zehn Büchern oder mehr im Jahr) von 26 auf 18 Prozent gefallen. Auch bei den französischen Führungskräften und Freiberuflern ist ein Wandel vom Intensivlesen hin zum Gelegenheitslesen (35 Prozent gegenüber 24 Prozent vor zehn Jahren) feststellbar.[41]

Angelesene Bildung gilt heute als Ballast. Und das nicht nur bei den sozial Benachteiligten, sondern auch bei den Hedonisten, der tonangebenden Bevölkerungsgruppe zwischen 18 und 30 Jahren. Sie liebäugeln zwar mit dem E-Book, aber von Lesen im Sinne der siebziger und achtziger Jahre halten sie nichts. Es kostet zu viel Lebenszeit. Es ist ein Hindernis auf dem Weg zum Selbst. Dieses Fazit stammt aus der Marktstudie des Börsenvereins des deutschen Buchhandels, erschienen 2008.[42]

Die genetische Disposition:
Zwei fragwürdige Mythen und eine Falle

Eine Erkrankung wird bei entsprechender genetischer Disposition und beim Vorliegen aktueller Risikofaktoren wahrscheinlicher. Die ausgeprägte Orientierung des deutschen Kulturbetriebs am Staat ist diese genetische Disposition. Im vorigen Kapitel wurden die gegenwärtige Staatsnähe und die Sehnsucht nach dem Staat in der Kultur besichtigt – doch woher kommt das? Jede kulturpolitische Diskussion in Deutschland hat zwei Mythen als Dreh- und Angelpunkte und ist in Gefahr, in eine üble Falle zu geraten. Die Mythen werden nicht hinterfragt, analysiert, beobachtet. Wer in der Falle sitzt, merkt es oft nicht einmal. Die Mythen sind die vom »Kulturstaat« und von der »Kulturhoheit«. Die Falle nennen wir im Gedenken an den Sozialphilosophen »Adorno-Falle«. Alle drei Faktoren blockieren eine zukunftsorientierte kulturpolitische Diskussion.

Der Kulturstaat – eine Ersatzveranstaltung

Die Geschichte des »Kulturstaates« in Deutschland ist die Geschichte einer permanenten politischen und gesellschaftlichen Kompensation. Wofür musste der Kulturstaat in den letzten Jahrhunderten nicht alles herhalten. Im 18. Jahrhundert sollte er die politisch nicht vorhandene Einheit der Nation in der »Kulturnation« simulieren und dem politisch machtlosen Bürgertum seinen Platz in der Gesellschaft sichern; und sei es auch nur auf der Bühne des wahrhaft »bürgerlichen Trauerspiels«. Seit Mitte des 20. Jahrhunderts sollte mithilfe der Kultur der Zivilisationsbruch des Nationalsozialismus vergessen gemacht, den Städten ihre »Unwirtlichkeit« ausgetrieben, sollten die Folgen der Einheit gemildert und die Migranten integriert werden. Und aktuell sollen Kultur- und Kreativwirtschaft ein »softes« Wachstum der Wirtschaft herstellen, das anders offensichtlich nicht mehr zu haben ist. Und damit das auch alles wirklich klappt, wird kulturpolitisches Handeln des Staates unter der Hand in »hoheitliches« Agieren umgedeutet – als könne nur der Staat die entsprechenden Aufgaben erfüllen.

Die geistesgeschichtlichen und gesellschaftspolitischen Wurzeln dieses Mythos reichen tief. Fragt man einen Franzosen nach seinem Staatsverständnis, so wird er sich ziemlich sicher über die »Nation« beziehungsweise »République« definieren, ein Engländer sehr wahrscheinlich über das »Commonwealth« oder das »Empire«, und ein Schweizer über die »Eidgenossenschaft« als Bund von 26 Kleinstaaten. Deutschland und Österreich reden vom Kulturstaat, für den schon das Habsburgerreich warb.

Ausdrücklich spricht der Einigungsvertrag zwischen BRD und DDR vom 31. August 1990 im Artikel 35 im Kontext von Deutschlands Bedeutung in der Welt vom »Kulturstaat«. Mehrfach hat das Bundesverfassungsgericht in Karlsruhe in seinen Urteilen auf die Bestimmung von »Deutschland als Kulturstaat« verwiesen. Gar nicht zu reden von den zahllosen Verlautbarungen durch Politiker jeder Couleur. Die Rede vom »Kulturstaat« geht leicht über die Lippen.

Die Unterschiede im Selbstverständnis hängen mit verschiedenen historischen Erfahrungen zusammen. Diese beziehen sich auf zwei Fragen: erstens der nach der nationalen Einheit, der Nationwerdung (Wie konstituiert sich der Nationalstaat?), zweitens der nach der politischen Rolle des Bürgertums (Wie kann das ökonomisch immer stärker werdende Bürgertum an den politischen Entscheidungen beteiligt werden?).

Während in Großbritannien diese Fragen unblutig mit der »Glorious Revolution« von 1688 geklärt waren, folgte Frankreich ein Jahrhundert später mit der nicht so friedlichen Revolution von 1789. Die Schweizer pflegten bis ins 18. Jahrhundert ihre »Tagsatzung« als wanderndes Parlament und hielten ein System der kulturellen Differenz hoch, dem Napoleon erfolglos ein Ende zu bereiten versuchte; es lebte mit der ersten Bundesverfassung 1848 wieder auf. Deutschland war zur gleichen Zeit noch eine bunter Flickenteppich von zersplitterten Fürstentümern, deren schiere Größe schon Schiller bespöttelte: »Fällt das Fass voll Wasser um / Ersäuft das ganze Fürstentum.« Und auch mit einer bürgerlichen Revolution klappte es weder 1848/49 noch 1918/19 so richtig, sodass 1989 die Volkserhebung in der DDR dankbar als die so lang vermisste Revolution der politisch »verspäteten Nation« (Helmuth Plessner) gefeiert wurde und wird.

Man vergleiche nur das englische Parlament im 18. Jahrhundert als Ort, an dem die Geschicke der Nation öffentlich verhandelt wurden, die Pariser Salons, in denen mit der Enzyklopädie eines Diderot, Voltaire, Rousseau und vieler anderer der Bauplan für eine neue Gesellschaft entwickelt wurde, man stelle die Landsgemeinde der Helvetier daneben, wo unter freiem Himmel mit allen Bürgern politische Fragen diskutiert und Notabeln gewählt wurden, und halte ihnen die politische Enge jenes Salons der Anna Amalia in Weimar entgegen, wo sich der deutsche Geist im ausgehenden 18. Jahrhundert versammelte. Den Verzicht auf ökonomisches Engagement und politische Partizipation des Bürgertums und die Kompensation der Unmöglichkeit zur öffentlichen, »politischen« Existenz durch die angestrebte Karriere im Theater lässt Goethe beispielhaft den jungen Wilhelm Meister in seinem berühmten Brief an seinen Schwager Werner formulieren: »Auf den Brettern erscheint der gebildete Mensch so gut persönlich in seinem Glanz als in den oberen Klassen; Geist und Körper müssen bei jeder Bemühung gleichen Schritt gehen, und ich werde da so gut sein und scheinen können als irgend anderswo.«

Das Theater wurde zur Ersatzbühne, wo sich das Bürgertum in einer Lage politischer Ohnmacht fand. Kein Wunder, dass es nach wie vor der Deutschen liebstes Kind im Kulturbetrieb ist. Weil es sonst keine Plätze für öffentliche Rede gab, wurde eine weitere zentrale Form öffentlichen Sprechens die protestantische Predigt. Ganz so, wie sie später in der DDR als intermediärer Raum zwischen dem jede Rede überwachenden Staat und der Privatheit der Datsche funktionierte. Bühne und Kanzel ersetzten notdürftig das, wonach man sich sehnte: den Nationalstaat. »Die stark religiöse Färbung des deutschen Kulturbegriffs hängt mit der eigentümlichen Säkularisierung Deutschlands im 18. Jahrhundert zusammen. Religiöse Energien, die sich in der lutherischen Staatskirche innergemeindlich nicht entfalten konnten, wie dies in katholischen und calvinistischen Ländern möglich war, wurden gestaut und suchten nach Ausdruck in innerweltlicher Geistigkeit.« Seitdem beschwört der deutsche empathische Kulturbegriff, so Helmuth Plessner, einen »Gottesdienst ohne Gott«[43]. Die kulturelle Leistung der Weimarer Klassik und ihres Umfelds, auch im europäischen Vergleich, verdient jeden intellektuellen Respekt, Empathie und kulturelle Hochachtung; dies aber keinesfalls als Grundlage zielorientierter und pragmatischer Kulturpolitik in einer Demokratie.

Dieser kulturgeschichtliche Hintergrund erklärt, warum in Deutschland über Kultur so selten nüchtern diskutiert wird, warum Debatten über Sparzwänge sofort die Apokalypse evozieren, warum eilfertig das Bild vom »Untergang des Kulturstaates Deutschland« gepinselt oder das einer »Kultur ohne Hüter«[44] beschworen wird. Denn merke: Sparen heißt in der Kultur immer: »Kaputtsparen.«

Nationale Einheit in Deutschland? Das bedeutete und realisierte sich als gemeinsame Sprache und Kultur. Die Kunst und vor allem das Theater sollten leisten, was die Politik nicht zuwege brachte: die vereinte Nation. Kultur und Bildung (und hier vor allem Literatur und Theater) waren der bevorzugte Ort des deutschen Bürgertums. Während Jean-Jacques Rousseau 1762 sein Schlüsselwerk *Du contrat social* vorlegte, veröffentlichte Friedrich Gottlieb Klopstock 1774 *Die deutsche Gelehrtenrepublik,* ein Buch getragen von demokratiefeindlicher Arroganz. Ein stärkerer Kontrast ist schwer vorstellbar. Anders als in England und Frankreich seinerzeit blieben den Kindern des Bürgertums in Deutschland Karrieren in Politik und Wirtschaft verbaut. »Kultur war in Deutschland lange Zeit ein Ort der Kompensation für vorenthaltene politische Partizipation.«[45] Und so musste sich das »bürgerliche Trauerspiel« des ausgehenden 18. Jahrhunderts eben auf den Brettern abspielen, die die Welt bedeuten sollten.

Das republikanische »tua res agitur« fand in Deutschland nicht in Parlamenten und einer politischen Presse statt. Es wurde auf der Bühne gespielt. Zwar geraten hoher und niederer Adel und Bürger in den Stücken von Lessing und Schiller bis hin zu Lenz und Hebbel durchaus in Konflikt miteinander: Dieser wird aber stets erstens moralisch und zweitens politisch zulasten des Bürgers gelöst, der sich auf unterschiedliche Weise selbst entleibt oder – wie in Lenz' »Hofmeister« – durch Selbstkastrierung seine Machtlosigkeit demonstriert, eine Lösung, mit der der Adel gut leben konnte. Nach der endgültigen Entmachtung des Adels gingen die Theater aus Fürstenhand in die staatliche Verwaltung über – aus der Allianz mit dem Adel entstand jene mit dem Staat, der bis heute seine »Staats«-Theater hegt und pflegt.

Man nehme die Situation eines Theater-Unternehmers wie Shakespeare, der fernab königlicher Unterstützung seine Company am Leben halten musste, und vergleiche sie mit der Situation in Deutschland. Als Carl Graf von Brühl 1815 als Nachfolger Ifflands zum Intendanten des Königlichen Schauspiels bestellt wurde, soll ihn seinerzeit Kanzler Hardenberg generös beschieden haben: »Machen Sie das beste Theater in Deutschland, und danach sagen Sie mir, was es kostet.« Einmal in die Welt gesetzt, lässt sich so etwas nie mehr einfangen!

Von Wilhelm Meisters (noch stolz verbrämtem) Ausweichen auf die Bühne als Lebensort bis zu Schillers völlig überspanntem Ansatz der »Schaubühne als eine moralische Anstalt betrachtet« ist es nur ein Schritt. Schiller bestimmt in dieser Schrift die herausragende Bedeutung des Theaters für die bürgerliche Gesellschaft. Sie gipfelt in dem Satz: »Die Schaubühne ist mehr als jede andere öffentliche Anstalt des Staates eine Schule der praktischen Weisheit, ein Wegweiser durch das bürgerliche Leben, ein Schlüssel zu den geheimsten Zugängen der menschlichen Seele.« Die »Bühne«, das »Theater« dient als die Schlüsselinstitution, um eine bürgerliche Öffentlichkeit herauszubilden. Schiller spricht gar von der »Gerichtsbarkeit der Bühne«, die anfängt, »wo das

Gebiet der weltlichen Gesetze sich endigt«. An anderer Stelle schreibt er über »deutsche Größe«: »Abgesondert von dem Politischen hat der Deutsche sich einen eigenen Wert gegründet, und wenn auch das Imperium unterginge, so bliebe die deutsche Würde unangefochten … Sie ist eine sittliche Größe, sie wohnt in der Kultur und im Charakter der Nation, die von ihren politischen Schicksalen unabhängig ist.«[46] Eine ähnliche, durch reale Machtlosigkeit begründete Abkehr von der Tagespolitik wie in der Weimarer Klassik findet sich über 100 Jahre später bei Thomas Mann. In seinen »Gedanken im Kriege« nennt Mann die Politik »eine Sache der Vernunft, der Demokratie und der Zivilisation« – und damit eine undeutsche Sache, denn das deutsche Volk, »dies Volk der Metaphysik, der Pädagogik und der Musik« sei »ein nicht politisch, sondern moralisch orientiertes Volk«[47]. Der Kulturbürger ist an Sittlichkeit als Selbstzähmung, nicht an Politik interessiert, die nur Macht verteilt, ihn aber auslässt. In den *Betrachtungen eines Unpolitischen* von 1915 vertieft Mann einen begrifflichen Gegensatz von Kultur und Zivilisation noch weiter: »Deutschtum, das ist Kultur, Seele, Freiheit, Kunst und nicht Zivilisation, Gesellschaft, Stimmrecht, Literatur.«[48] Von dieser Politikferne, dieser Selbstüberhöhung und Selbstüberschätzung lebt Kulturpolitik in Deutschland bis heute.

Überall hier und seitdem durchgehend in der Kultur erscheint der Bürger nicht als ein Handelnder, der selbstbewusst die Geschicke der Gesellschaft in die Hand nimmt (wie in England, der Schweiz oder wie in Frankreich im 17. und 18. Jahrhundert), sondern als jemand, der durch Kunst und Kultur gerettet werden muss, der durch sie befreit und mit ihr ästhetisch erzogen wird. Diese Haltung war auch die Grundlinie jenes so erfolgreichen Programms einer »Kultur für alle«. Im Kern autoritär und etatistisch, auf den Staat bezogen, angereichert durch gut traditionelle sozialdemokratische Verteilungsrhetorik, als folge Kultur der Logik von »Brot für die Welt«, als müsse sie gegeben werden und als gäbe es keine »Kultur von allen«. Diese Haltung überlebt bis heute in der »Kulturvermittlung«. Die Sache kommt dialogorientiert daher, der ewige Traum, alle, aber auch wirklich noch alle zu Kulturmenschen zu machen, steht dahinter.

Kulturhoheit – Wer übt sie aus und warum?

Kulturpolitik heißt in diesem Kontext in Deutschland und auch im östlichen Europa, wenn dort auch lange unter anderem Vorzeichen, dass »die Politik«, also »der Staat«, für Gedeih und Verderb von Kunst und Kultur zuständig ist. Damit das auch in voller Tragweite und von allen begriffen wird, plustert sich diese Haltung in dem Begriff der »Kulturhoheit« auf. Als wäre kulturpolitisches Handeln hoheitliches Handeln.

Die Enquete-Kommission »Kultur in Deutschland« – eine temporäre Einrichtung, die während der 15. und 16. Wahlperiode des Deutschen Bundestages arbeitete und im Dezember 2007 ihren umfangreichen Abschlussbericht vorlegte; eine vergleichbare Einrichtung gab es (jedenfalls bisher) weder in Österreich noch in der Schweiz – scheiterte mit dem Vorschlag, das »Staatsziel Kultur« im Grundgesetz festzuschreiben. Die Kommission war fraktionsübergreifend, sogar einstimmig dafür, doch der Beschluss überstand den politischen Praxistest im Parlament nicht und wurde nicht weiter verfolgt. Dass dieses Ziel aber trotzdem richtig sei und unverändert gelte, wird quasi augenzwinkernd stets und allerorts, am liebsten in Sonntagsreden, beschworen. So schreibt etwa der Deutsche Kulturrat in einer aktuellen Stellungnahme unter dem schönen Titel »Kunst und Kultur als Lebensnerv«: »Die Aufrechterhaltung und Weiterentwicklung der kulturellen Infrastruktur gehört zu den Pflichten von Bund, Ländern und Kommunen.«[49]

Debatten zur Kultur können in Deutschland nur in sehr hohem Ton geführt werden. In Österreich klingt er nicht weniger schrill. In der Schweiz herrscht dank sprudelnder Steuern derzeit noch Ruhe an der Sparfront. Der Praxistest steht, was Kürzungen angeht, noch aus. Bisher stimmten die Schweizer nur über neue Subventionen oder deren Erhöhung ab. Eine Kürzung oder gar Streichung müsste erst von einem Parlament beschlossen und dann mit einem Referendum bekämpft werden, damit sie vors Volk käme.

Wer sich in Deutschland auf einen kulturpolitischen Diskurs einlässt, wird rasch mit der Rechtsfigur der »Hoheitsverwaltung«, des »hoheitlichen Aktes« konfrontiert. Das wird mit dem Begriff der »Kulturhoheit der Länder« schnell klar. Das Prinzip der Hoheitlichkeit prägt das kulturelle und soziokulturelle Denken. Auf das Risiko hin, dass sich die Idee in der Konfrontation mit der Realität einen blutigen Kopf holt: Was ist hier schiere Rhetorik und was die Realität?

Gehen wir dem Begriff nach, zunächst systematisch, dann historisch. »Hoheit« als staatsrechtlicher oder politikwissenschaftlicher Begriff ist Ausfluss der Staatsgewalt. Die aus der Hoheit folgenden Einzelbefugnisse werden als »Hoheitsrechte« bezeichnet. Hoheitsrechte sind also Befugnisse, die dem Staat zur Ausübung seiner inneren Souveränität (die durch Verfassung und Gesetze legitimiert ist) und seiner äußeren Souveränität (die durch völkerrechtliche Verträge begrenzt ist) zustehen. Hoheitsrechte zum Erreichen der Staatsziele und zur Ausübung der Staatsgewalt sind vor allem die Rechtsetzungsbefugnis, die Polizeigewalt, die Finanzhoheit und schließlich die Gerichtsbarkeit. Die öffentliche Verwaltung lässt sich dabei begreifen »als Inbegriff aller Einrichtungen und organisierter Wirkungszusammenhänge, die vom Staat, den Gemeinden und den von ihnen geschaffenen öffentlich-rechtlichen Körperschaften zur Erledigung öffentlicher Aufgaben unterhalten werden und für die es einen Rechtsrahmen gibt, der über das für alle Bürger geltende Recht hinausgeht«[50].

Die öffentliche Verwaltung ist gegenüber dem Bürger entweder hoheitlich tätig und vollzieht Gebote des öffentlichen Rechts oder sie steht mit dem Bürger gemeinsam unter dem privaten Recht. Funktional lässt sich dieses Verhältnis zwischen Staat und Bürger in verschiedene Formen der Verwaltung differenzieren:

- Die *Ordnungsverwaltung* vollzieht Gesetze und vergleichbare Vorschriften und kontrolliert, ob solche Vorschriften von den Betroffenen auch eingehalten werden. Sie dient der bestehenden, also der ihr vorgegebenen Ordnung, sorgt für deren Bestand. Zu ihr gehören all jene Aufgaben, die der Einzelne nicht erfüllen kann, etwa die Aufrechterhaltung der inneren Sicherheit. Hier hat der Staat nach der berühmten Definition von Max Weber das Recht der legitimen Gewaltanwendung. Dem einzelnen Bürger ist es verwehrt, sein Recht mit Gewalt durchzusetzen.
- Die *Dienstleistungsverwaltung* erbringt technische oder personale Dienstleistungen auf Basis gesetzlicher Vorschriften und politischer Weisungen, wie etwa die Sozialverwaltung oder (wenn sie nicht privat erledigt wird) die Müllabfuhr.

- Die *wirtschaftende Verwaltung* hat es mit dem Vermögen und den Einnahmen der öffentlichen Hand zu tun und in spezifischer Weise auch mit ihren Ausgaben.
- Die *Organisationsverwaltung* schließlich, also die »Verwaltung der Verwaltung selbst«, umfasst diejenigen Verwaltungstätigkeiten, durch die erst die Einrichtungen der öffentlichen Verwaltung geschaffen werden und durch die das Personal eingestellt, betreut und im Organisationssinne beaufsichtigt wird.[51]

Wovon genau ist die Rede, wenn von »Kulturhoheit« gesprochen wird? Geht es tatsächlich um Ordnungsverwaltung im Kulturbereich, um den Vollzug von Gesetzen? Von welchen Gesetzen? Das betrifft nur ganz wenige Fälle, dort nämlich, wo es um das »kulturelle Erbe«, um Denkmalschutz und Archivwesen geht.[52] Hier liegen Gesetze vor, denn der Staat kann kein Interesse daran haben, dass jedermann darüber entscheiden kann, welches Denkmal über oder unter der Erde, welche Handschrift oder welcher Druck, welche Akte oder welches Dokument zu erhalten sei oder nicht. Im Bereich des »kulturellen Erbes« ist hoheitliches Handeln sinnvoll.

Was aber kann das Gerede von »Kulturhoheit« in seiner umfassenden Form meinen? Woher kommt dieses gerade in Deutschland so weitverbreitete »hoheitliche« Denken? Dies ausgerechnet im Kulturbereich, der sonst auf seine Autonomie und Freiheit pocht?

»Kulturhoheit« meint in der politischen Praxis die Zuständigkeit der Bundesländer für Bildung und für Kultur, für Schule und Hochschule, aber eben auch für kulturelle Belange. Diese Zuständigkeit bildet sich in einer Dauerdebatte in den und zwischen den Bundesländern über Schularten, Lehrpläne, Hochschulfinanzierung, Studiengebühren und -pläne ab, die den Eindruck hinterlässt, die größte Volkswirtschaft Europas sei nicht in der Lage, sich darüber zu verständigen, wo, wann und wie schnell Kinder lesen, schreiben, rechnen, singen können sollen, in wie vielen Fremdsprachen dies bei welcher individuellen Eignung passieren soll und ob man auf der Grundlage eines Abschlusses an einer weiterführenden Schule einen freien Zugang zu Universitäten und Fachhochschulen haben oder ob man für ein Studium bezahlen soll. Weiter, ob man hierzulande öffentlich getragene Schulen und Hochschulen oder private bevorzugen soll, ob man eine flächendeckende, öffentlich gesicherte Bildungsstruktur mit gleichen Zugangsmöglichkeiten für alle Bürgerinnen und Bürger haben möchte oder nicht.

Kulturhoheit bezieht sich in der politischen Praxis und administrativen Wirklichkeit dann darauf, Kunst und Kultur zu pflegen und zu fördern. Auf Bundesebene, grundgesetzlich ist die Zuständigkeit nicht festgelegt. In den Länderverfassungen finden sich allgemein gehaltene Verpflichtungen ohne nachgeordnete Durchführungsbestimmungen zur Förderung von Kunst und Kultur oder Teilbereichen davon. Die Kulturhoheit im gemeinten Sinn bezieht sich weiterhin auf die öffentlich-rechtlichen Medien ARD und ZDF. Allerdings: Ordnungsverwaltung ist dies nicht, wenn deren zentrales Kriterium ist, dass es um den Vollzug von Gesetzen geht. Genau darum geht es hier nicht.

Man kann die Kulturhoheit der Länder als einen Rechtsraum verstehen, der durch eine »verfassungsgebende Lücke« entstanden ist, welche die Väter und erschütternd wenigen Mütter des Grundgesetzes hinterließen oder hinterlassen wollten. Die Kompetenzregelung des Grundgesetzes (Artikel 30 GG) besagt lediglich, dass für staatliches Handeln, das nicht ausdrücklich als Kompetenz dem Bund zugewiesen ist, die Länder zuständig seien. Daraus wird die Kulturhoheit in der Praxis abgeleitet. Der Begriff selbst kommt im Grundgesetz nicht vor, sorgt gleichwohl immer wieder für erhebliche Wallungen in der politischen Debatte und wird von den Bundesländern als sehr hohes rechtliches Gut gehandelt. Der mit der Wahl Gerhard Schröders zum Bundeskanzler erstmals installierte Staatsminister für Kultur und Medien der Bundesrepublik, Michael Naumann, nannte die Kulturhoheit, nachdem er sie als administrative Wirklichkeit kennengelernt hatte, schlicht und treffend »Verfassungsfolklore«.

In nur vier Zusammenhängen kommt das Wort »Kultur« im Grundgesetz vor. In Artikel 23 wird die Zuständigkeit des Bundesrats auf europäischer Ebene neben anderen Feldern auch in Sachen Kultur genannt. Artikel 29 legt fest, dass die Bundesländer auch neu geordnet werden könnten, um Sorge dafür zu treffen, dass sie ihre Aufgaben vernünftig erfüllen können. Dabei sollen sowohl landsmannschaftliche wie kulturelle Gegebenheiten beachtet werden. Was im kulturellen Leben dann einen kleinen Widerspruch zur grundgesetzlichen Forderung nach Gleichheit der Lebensverhältnisse darstellt: Der Umstand, dass Bayern ein Musikschulgesetz hat, Hessen aber keines, wäre als landsmannschaftliche Eigenart zu interpretieren. In Artikel 73 geht es um den Schutz vor Abwanderung deutschen Kulturgutes ins Ausland als gesetzgebende Zuständigkeit des Bundes. Artikel 89 regelt die Verhältnisse um die bisherigen Reichswasserstraßen, deren Eigentümer der Bund ist und bei deren Aus- und Umbau die Bedürfnisse der Landeskultur und der Wasserwirtschaft im Einvernehmen mit den Ländern zu berücksichtigen sind. Dies ist ein schöner Rekurs auf den alten, in der Land- und Forstwirtschaft verhafteten Kulturbegriff.

Die bundesgesetzliche Regelung zur Abwanderung deutschen Kulturgutes ins Ausland bezieht sich auf das kulturelle Erbe und ist damit die einzige nachweisbare hoheitlich-kulturpolitische Ableitung aus dem Grundgesetz. Die grundgesetzliche Freiheit der Kunst dagegen, neben der Freiheit von Lehre, Wissenschaft und Forschung durch Artikel 5 garantiert, ist ein kulturpolitisch höchstes und in seiner lakonischen Formulierung wunderbar eindeutig gesichertes Rechtsgut – das vor allem für eines genutzt werden kann und muss: zur Wahrung der Kunstfreiheit in möglicher Opposition zu hoheitlichem Handeln in Bezug auf die Kunst. Die Erfahrungen, welche die Kunst von 1933 bis 1945 zu machen hatte, sind in diesem Freiheitsrecht aufgehoben.

Wo also ist der Ort für die viel beschworene »Kulturhoheit« im »wirklichen Leben«? Hoheitliche Verwaltungsakte sind im öffentlichen Rechtsverständnis all diejenigen Handlungen, die in Ausführung eines öffentlichen Amtes getätigt werden. Was ein öffentliches Amt genau ist oder zu sein hat, ist nicht eben scharf definiert. In den Artikeln 33 und 34 GG ist davon die Rede, alle deutschen Staatsbürger sollen nach Eignung, Befähigung und fachlicher Leistung Zugang zu öffentlichen Ämtern haben. Und wenn jemand seine Pflichten in Ausübung eines öffentlichen Amtes verletzt, dann trifft die Schuld bei nicht vorsätzlicher Handlung den Staat, bei vorsätzlichem Handeln möglicherweise auch denjenigen, der gehandelt hat.

Diese kurze Erörterung des Verfassungsrechts zeigt: Der Begriff »hoheitlichen Handelns« ist nur im Bereich der Ordnungsverwaltung sinnvoll, dort, wo der Staat Rechtsverhältnisse einseitig durch Verwaltungsakte regelt. Auf privatrechtliche Handlungen ist er nicht anzuwenden. Diese Abgrenzung mag bei öffentlichen Einrichtungen, einem nicht ganz kleinen Teil der Leistungsverwaltung, manchmal schwierig sein. Doch auch dort liegt hoheitliches Handeln nur dann vor, wenn die Nutzung der Leistung öffentlich-rechtlich bedingt ist, also auf Gesetz oder zumindest einer Satzung öffentlichen Rechts beruht. Dies ist etwa in allen öffentlichen Schulen der Fall. In der Kultur allemal, auch sonst in den weitaus meisten Fällen wird man privatrechtliche Benutzungsverhältnisse anzunehmen haben – ob im Schwimmbad oder Krankenhaus, in der Stadthalle oder im Museum, im Theater oder in der Sozialstation.

Der Begriff »Kulturhoheit« ist allenfalls in einem übertragenen, symbolischen Sinn zu konstruieren. Die Kultur wäre als die wahre Kraft zu verstehen, die Hoheit ausübt. Wenn man das so sehen will, wäre der Begriff Kultur aber sehr weit zu fassen, als gesamtes regulatives System des Gemeinwesens. Das hätte mit den Fragen der Kulturförderung, der Kunstförderung im engeren Sinne, nicht mehr viel zu tun. Staatliche Möglichkeiten, über die Kultur Hoheit auszuüben und sie dergestalt öffentlichen Handlungen auszusetzen, sind sehr beschränkt, wenn man einmal vom Kulturgutschutz und dem Umgang mit dem kulturellen Erbe absieht. Und das ist gut so.

Die leichtfertige Rede von Kulturstaat wie auch von der Kulturhoheit führt in der Praxis zur Zementierung des Status quo. Dieser ist historisch. Er passt nicht auf alle Zukunft, er ist nicht geschichtsfähig. Er verstellt den Blick auf ziemlich dringliche Anforderungen der Gegenwart wie der Zukunft.

Die »Adorno-Falle«:
Massenkultur und Kulturindustrie

»Kulturstaat« und »Kulturhoheit« sind Mythen, die die Kulturpolitik in Deutschland seit Langem begleiten. Mitte des 20. Jahrhunderts kam etwas dazu, das wir als »Adorno-Falle« bezeichnen. Generationen von Kulturpolitikern wurden hierdurch geprägt.

Die Barbarei des Nationalsozialismus war ein Zivilisationsbruch und eine Selbstverstümmelung des Kulturstaates Deutschland ohnegleichen. Nicht nur konnten deutsche Kunst und Kultur nicht verhindern, dass sich mitten im 20. Jahrhundert ein Staat in Europa daranmachte, Millionen seiner Bürger und die seiner Nachbarstaaten mit Präzision und Systematik zu vernichten. Sondern die Nationalsozialisten machten sich darüber hinaus sehr erfolgreich daran, Kunst und Kultur gleichzuschalten und in den Dienst völkischer Massenkultur zu stellen, nachdem sie die meisten Künstler und Intellektuellen ins äußere oder innere Exil vertrieben oder umgebracht hatten. Volksempfänger für alle, monumentale Filme, Kraft durch Freude, inszenierte Massenaufmärsche, dies waren höchst moderne Ausdrucksmittel nationalsozialistischer Machtdemonstration und Massenbeeinflussung. Es sollte bis Mitte der sechziger Jahre dauern, bis diese Phänomene einer genaueren Analyse unterzogen wurden. Bis dahin mied man in Deutschland die Auseinandersetzung mit der jüngsten Vergangenheit und behalf sich mit einem Konzept der »Kulturpflege«, das direkt an die Weimarer Klassik anknüpfte.

Die beiden Frankfurter Philosophen und Soziologen Max Horkheimer und Theodor W. Adorno waren bereits in den frühen dreißiger Jahren nach Nordamerika emigriert. 1947 erschien bei Querido in Amsterdam die Aufsatzsammlung *Dialektik der Aufklärung,* die in den Jahren 1944 bis 1947 in den USA entstanden war. Absicht dieses Buches war es, so die beiden Autoren in der Vorrede von 1947, der Frage nachzugehen, »warum die Menschheit, anstatt in einen wahrhaft menschlichen Zustand einzutreten, in eine neue Art von Barbarei versinkt«.

In diesem Buch findet sich ein knapp 50 Seiten starker Aufsatz zur »Kulturindustrie«. Gegenstand war nicht die Analyse der drängenden Frage, wie es in dem auf seine Leistungen so stolzen Kulturstaat Deutschland zu jenem Zivilisationsbruch ohnegleichen kommen konnte. Zur Verblüffung des Lesers trifft die volle Wucht der Kritik vielmehr die von den beiden Autoren sogenannte Kulturindustrie in den USA. Ihr widmen sie ein eigenes Kapitel mit dem Untertitel »Aufklärung als Massenbetrug«, der die argumentative Stoßrichtung vorgibt. Die These des Textes lässt sich auf einen Satz verknappen: »Was gefällt, hat schon verloren!« Für die Kulturpolitik in Deutschland war diese These bis heute folgenreich.

Die beiden Autoren sind durch und durch von europäischen Kulturnormen geprägt. Das beeinflusst ihre Kritik an der Kulturindustrie. Sie zeigen – wie es im Vorwort zur Erstausgabe heißt – »die Regression der Aufklärung an der Ideologie, die in Film und Radio ihren maßgebenden Ausdruck findet. Aufklärung besteht dabei vor allem aus dem Kalkül der Wirkung und der Technik von Herstellung und Verbreitung; ihrem eigentlichen Gehalt nach erschöpft sich die Ideologie in der Vergötzung des Daseienden und der Macht, von der die Technik kontrolliert wird.«

Der zentrale Vorwurf lautet: »Kultur heute schlägt alles mit Ähnlichkeit.« Film, Radio, Populärmusik und Magazine, ja sogar Jazz machten ein System aus. Kunst und Kultur, das Wahre, werde in der Kulturindustrie zur Ware degradiert. Adorno betonte in seinen theoretischen Schriften wie auch in seinen literarischen Interpretationen stets diesen »Doppelcharakter der Kunst: der von Autonomie und fait social«. Als ein »fait social« ist das Kunstwerk das Produkt gesellschaftlicher geistiger Arbeit und wird dadurch zur Ware, während es in seiner Autonomie gleichzeitig den Warencharakter abstreift.

Diesen engen Zusammenhang zeigt Adorno beispielhaft in seinem Versuch, Samuel Becketts »Endspiel« zu verstehen. Zunächst stellt er fest: »Die Irrationalität der bürgerlichen Gesellschaft in ihrer Spätphase ist widerspenstig dagegen, sich begreifen zu lassen.« Daher scheitern auch alle Versuche, das Endspiel »verstehen« zu wollen: »Die Interpretation darf darum nicht der Schimäre nachjagen, seinen Sinn philosophisch vermittelt auszusprechen. Es verstehen kann nichts anderes heißen, als seine Unverständlichkeit verstehen, konkret den Sinnzusammenhang dessen nachkonstruieren, dass es keinen hat.«

Gegenüber solch gedrehten Gedankengängen »bleibt die Kulturindustrie der Amüsierbetrieb ... Amusement ist die Verlängerung der Arbeit unterm Spätkapitalismus. Es wird von dem gesucht, der dem mechanisierten Arbeitsprozess ausweichen will.« In entlarvend elitärer Arroganz und Verachtung der »Massen« konstatieren die beiden Frankfurter den engen Zusammenhang von wahrer Kunst und Geld: »Wer im 19. und beginnenden 20. Jahrhundert Geld ausgab, um ein Drama zu sehen oder ein Konzert zu hören, zollte der Darbietung so viel Achtung wie dem ausgegebenen Geld ... Kunst hat den Bürger so lange noch in einigen Schranken gehalten, wie sie teuer war.« Jedoch: »Damit ist es aus. Ihre schrankenlose, durch kein Geld mehr vermittelte Nähe zu den ihr Ausgesetzten vollendet die Entfremdung und ähnelt beide einander an im Zeichen triumphaler Dringlichkeit. In der Kulturindustrie verschwindet wie die Kritik so der Respekt ... Den Konsumenten ist nichts mehr teuer.« Und die Nachfrager? »Schon heute werden von der Kulturindustrie die Kunstwerke, wie politische Losungen, entsprechend aufgemacht, zu reduzierten Preisen einem widerstrebenden Publikum eingeflößt.« Man stelle sich das bildhaft vor. In »der Kulturindustrie ist das Individuum illusionär«. Da ist sie wieder, die deutsche »ästhetische Erziehung des Menschengeschlechts«.

Der wahre Feind ist also nicht Faschismus und Nationalsozialismus? Nein: Der Feind der Kultur ist der Markt, weil er alles, sogar die Kultur, zur Ware macht. Und wer soll es richten? Man reibt sich konsterniert die Augen: In der Tradition des Kulturstaats begrüßen Horkheimer und Adorno ausdrücklich, dass in Deutschland vieles »von jenem Marktmechanismus ausgenommen (blieb), der in den westlichen Ländern entfesselt wurde. Das deutsche Erziehungswesen samt den Universitäten, die künstlerisch maßgebenden Theater, die Museen standen unter Protektion. Die politischen Mächte, Staat und Kommunen, denen solche Institutionen als Erbe vom Absolutismus zufielen, hatten ihnen ein Stück jener Unabhängigkeit von den auf dem Markt deklarierten Herrschaftsverhältnissen bewahrt, die ihnen bis ins 19. Jahrhundert hinein die Fürsten und Feudalherren schließlich noch gelassen hatten. Das stärkte der späten Kunst den Rücken gegen das Verdikt von Angebot und Nachfrage und steigerte ihre Resistenz weit über die tatsächliche Protektion hinaus.« Eine solche Passage ist höchst verwunderlich, sie wurde angesichts des gerade eben überstandenen totalitären

Zugriffs des Staates auf Kunst und Kultur durch die Nationalsozialisten geschrieben.

Paradox ist die Rezeptionsgeschichte dieses elitären Textes. Geschrieben Mitte der vierziger Jahre, ausdrücklich als »philosophische Fragmente« deklariert und ursprünglich gedacht als »Flaschenpost«, die vielleicht in ferner Zeit gefunden und dann als brauchbar erkannt werden würde, entfaltete das Werk tatsächlich seine volle Wirkung rund 20 Jahre später in der 1968er-Bewegung. Die Schrift kursierte zunächst als Raubdruck in studentischen Kreisen, bis die Autoren, eher widerwillig, 1969 einer Neuausgabe bei S. Fischer zustimmten. Paradox ist die Rezeptionsgeschichte vor allem deshalb, weil die beiden Autoren sich darin explizit gegen alle Produkte der vor allem US-amerikanischen Kulturindustrie wenden. Sogar am Jazz, der von vielen als »Befreiungsmusik« der Farbigen und auch als Freiheitsmusik in Deutschland nach 1945 gefeiert wurde, ließ Adorno kein gutes Haar. Die Rezipienten ihrer Schrift genossen aber zur gleichen Zeit voller Begeisterung und völlig ungeniert gerade jene Erzeugnisse: Rock- und Popmusik, Comics und Popart, Italo-Western und Underground-Magazine und was die Kulturindustrie sonst noch hergab. Wie lässt sich das erklären?

Wenn nicht alles täuscht, hatte die »Dialektik der Aufklärung« und mit ihr die »Kritische Theorie« mindestens zwei Funktionen. Zum einen fand man hier ein Analyseinstrument, um sich – mittlerweile gesellschaftlich dringend notwendig – mit dem Nationalsozialismus, aber auch gleichermaßen mit dem Kapitalismus kritisch auseinanderzusetzen, gemäß dem viel zitierten Diktum Max Horkheimers: »Wer aber vom Kapitalismus nicht reden will, sollte auch vom Faschismus schweigen.« Faschismuskritik und Kritik des Kapitalismus gingen hier problemlos Hand in Hand.

Zum anderen »durchschaute« man mithilfe der Kritischen Theorie den »Verblendungszusammenhang« der Massenkultur. Man »wusste«, dass es sich bei den Produkten der Massenkultur nicht um Kunst handelte, konnte sie daher umso ungenierter genießen. Zumal die zeitgenössische »wahre« Kunst gegen solchen Genuss sperrig blieb – wer hatte wirklich Spaß an John Cages Musik, an Beuys' Fettecken oder an seriellen Schreibweisen? Anders als Adorno glaubte, gab es also durchaus ein munteres »richtiges Leben im valschen« (wie es Robert Gernhardt in einer grandiosen Karikatur darstellte). Die Kritische Theorie erlaubte, einen elitären Standpunkt zu behaupten und sich gleichzeitig links zu fühlen – und trotzdem die Produkte von Kulturindustrie und Massenkultur als Befreiung zu genießen.

Man konnte also mit ihrer Hilfe einerseits den autoritären Charakter »des Staates« kritisieren und ihn andererseits – quasi zur ewigen Wiedergutmachung seines Versagens während der Naziherrschaft – verpflichten, dass sich solches nicht wiederhole. Man konnte ihn in dauernde Subventionshaft nehmen. Und so kam es, dass der moderne Staat das von Adorno und Horkheimer kritisierte Prinzip der Entwertung der Kultur durch ihre Überbewertung auf die Spitze trieb. Mit immer weiter reduzierten Preisen flößt er die wahre Kultur einem widerstrebenden Publikum ein.

Was wird aus »Kultur für alle«?

Die »neue« Kulturpolitik der siebziger Jahre hat ihre Ziele erreicht. Kunst ist den Ruf des verstaubten Lustkillers los. Sie steht allen zur Verfügung, zu anständigem Preis und in erreichbarer Nähe. Das ist alles geschafft, man wird es nicht bestreiten können. Doch wie jede Politik hat auch die damalige Kulturpolitik Folgen gezeitigt, die so nicht geplant waren. Das 68er-Projekt war die Abschaffung der Autorität. Der endlich zum richtigen Bewusstsein erwachte Mensch sollte künftig seiner eigenen Eingebung folgen. Dieses mit zahlreichen Demonstrationen und nachgeschobener amtlicher Autorität durchgesetzte Projekt zur Emanzipation des Individuums führte in die bewegliche, fragmentierte Gesellschaft von heute und in die ästhetische Postmoderne. Die Unruhe ist seither ständige Begleiterin der Politik, weil die Befreiung des Individuums ein Projekt ist, das in sich kein Ende findet. Individuen befreien sich ständig weiter. Die »neue Kulturpolitik« hat ein Lebensmodell für diese Befreiung hervorgebracht: den Künstler. Er ist der Mensch, der in Freiheit die Welt aus sich selbst schöpft, nur sich selbst rechenschaftspflichtig ist. Der Künstler steht im Lichte. Er ist der neue Forscher, der den verborgenen Sinn an die Oberfläche holt, er meldet Anspruch auf die Ressourcen der Wissenschaft an. Die Postmoderne baut auf dieser Art Individualismus auf. »In der Postmoderne bildet sich allgemein ein ästhetisierendes oder ästhetisches Modell von Subjektivität aus, das in der vollen Entfaltung individueller Potenziale und ihrer Sichtbarkeit, also in ihrer Präsentation am Individuum seine Erfüllung findet. Man kann darin eine Verallgemeinerung von Narzissmus, aber auch eine Demokratisierung von Künstlertum, wenn auch in sehr anderer Weise als in der naiv wohlmeinenden Utopie ›Jeder ein Künstler‹ sehen.«[53] Die ästhetische Ökonomie bietet ihm ein stimulierendes Umfeld. »Auf dem Weg in die Kulturgesellschaft« betitelte die SPD 1986 das letzte Kapitel des Entwurfs ihres Grundsatzprogramms.

Der Umschwung ist bedenklich. Die siebziger Jahre

brauchten zwar viel und neue Kunst für die erwachenden Massen. Doch dass die Vielen sich zu Künstlern erheben würden, war nicht mitgedacht. Begonnen hat die Geschichte, die wir hier polemisch nacherzählen, mit der Vision einer Rekultivierung der Gesellschaft nach den Schrecken des Faschismus. Sie mündete in die expansive Kulturpolitik. Bloß, »Kultur für alle« meinte nicht jene Kultur, die allen gefällt, also nicht Breitenkultur, sondern bestenfalls eine Hochkultur nach dem Muster der kommunistischen Länder. Oder die neue Hochkultur der Achtziger (getreu der Einsicht, dass die Weltrevolution sich doch nicht im Theater ereigne!): eine kritische Kunst, die den politischen in einen ästhetischen Umbruch verwandelt. Hinzu kommt all jene Kunst, die sich durch Anpassung an den Zeitgeist aus dem bürgerlich-humanistischen Kanon herüberretten konnte.

Im Zeichen der neuen Kulturpolitik ging es um das bekannte bürgerliche Anliegen: die Menschen ästhetisch zu erziehen, zu formen, in ihnen das wahre Bewusstsein heranzubilden. Nur dass das wahre Bewusstsein jetzt einen roten Mantel trug. Auf der politischen Agenda der achtziger Jahre rückte Kultur als Medium der sozialen Formatierung ganz nach oben. Kunst konnte sich von der konservativen Gesinnungsästhetik losmachen. Überall war ihre Freiheit in den Verfassungen festgeschrieben. All dies, verbunden mit dem kräftigen Subventionsfluss, führte zu einem Hochkulturbetrieb, der rasch wuchs und sich ebenso rasch von den vielen entfernte. Die Demokratisierung der Hochkultur als Kultur von vielen, Kernstück der Kulturpolitik, erfüllte sich nicht. Insbesondere das Interesse der jüngeren Generation an den subventionierten Angeboten der Hochkultur, das zeigen die Nutzerstatistiken seit Jahrzehnten, wollte nach den unruhigen Jahren nicht wachsen.

Wenn die Kulturnutzer und die Wirkung, welche Kultur auf sie haben soll, in den Blick genommen werden, dann nicht als mündige und entscheidungsfähige Subjekte, sondern als in der Mehrheit kulturferne Individuen, geprägt von Bildungsdefiziten, falschem Bewusstsein und mit einer fatalen Schwäche für die Barbarei seichter Unterhaltung. Der Funken der allgegenwärtigen »Kultur für alle« ist nicht übergesprungen. Die Mehrheit verharrt im Barbarentum.

Wirkungsforschung wurde nicht betrieben, sie steckt noch heute in den Kinderschuhen. Die Mehrheit, für die Kulturpolitik sich einzusetzen vorgab, nutzte das Angebot vor der Haustür spärlich, die kulturfernen Schichten blieben trotz aller Mühen der Kultur fern, trotz eines als öffentlich finanzierte Fürsorge zu Dumpingpreisen daherkommenden Kulturangebots.

Deshalb zündete man in den nuller Jahren des 21. Jahrhunderts die zweite Stufe von »Kultur für alle«: Die Kultur musste nicht nur geschaffen, sie musste auch mit Sonderprogrammen vermittelt, zugänglich, verständlich gemacht werden. Kulturelle Bildung »für alle« wurde nun zum Ansatz, um »Kultur für alle« zum Erfolg zu führen. Sofort wurden neue Berufsfelder geboren, es entstanden zusätzliche Stellen im öffentlichen Dienst und bei den Kultureinrichtungen, an den Kunsthochschulen neue Studiengänge rund um den Begriff »Vermittlung«. Deswegen ist kulturelle Bildung so populär unter den kulturellen Verbandsfunktionären. In der Schweiz hat die »Kunstvermittlung« sogar Eingang in das neue Kulturförderungsgesetz auf Bundesebene gefunden. Wie man sich an einem Messestand über die Vorteile eines Bratpfannenreinigers aufklären lässt, lässt man sich heute die Kunst von professionellen »Übersetzern« erklären, bevor man sie genießt. Sie kann offenbar nicht mehr selbst und über sich selbst sprechen – auch das ist eine Aussage über ihren Zustand.

Dass das ausgebaute Angebot im Verbund mit verstärkter Vermittlung kaum mehr Nachfrager erreicht als das schmalere Angebot früherer Zeiten, bleibt gut versteckt. Die ständig wachsenden Angebots- und Auslastungsziffern beziehen sich auf immer mehr kleinere Säle, die rascher voll sind. Ein Blick auf die öffentlichen Theater zeigt dies. In der Spielzeit 1991/92 wurde erstmals eine gemeinsame Theaterstatistik für die alten und neuen Bundesländer aufgelegt. In Deutschland gab es 154 öffentliche Theater. Bis zur Spielzeit 2007/08 reduzierte sich diese Zahl, vor allem durch Fusionen in den neuen Bundesländern, auf 141. So viel immerhin hat Kulturpolitik vermocht. Dem stehen eine wundersame Vermehrung der Spielstätten von 462 auf 824 im selben Zeitraum gegenüber, ein Zuwachs um 78 Prozent, sowie ein Anstieg der Veranstaltungszahl von 52 638 auf 58 277, also um elf Prozent.

Und die Nachfrager, die Zuschauer? Nennt die Statistik in der Spielzeit 1991/92 22 044 216 Besuche, so waren es 16 Jahre später 20 963 054, ein Rückgang um fünf Prozent. Erreichte 1991/92 eine Theaterveranstaltung im Durchschnitt 419 Besucher, so waren dies 2007/08 noch 360. Gab es in der Spielzeit 1991/92 rund 47 710 Zuschauer pro Spielstätte, so waren dies 2007/08 nur noch 25 440. Eine immer weiter ausdifferenzierte Produktionsmaschine zieht mit immer mehr Produktionen immer weniger Zuschauer an. Da es im Theater keine nennenswerte Produktivitätssteigerung gibt und da jede Inszenierung einmalig ist, kann der Schluss nur lauten: Auf jeden einzelnen Besuch entfallen immer mehr Produktionsressourcen. Er wird teurer.

Hier liegt das große Paradox des subventionierten Kulturbetriebs: Selbst dort, wo er im Blick auf die Nachfrage erfolgreich operiert, wird er immer defizitärer. In den von jeder Wirtschaftlichkeitsrechnung abgekoppelten Einrichtungen des öffentlichen Theater- und Konzertbetriebs wachsen die Kosten in astronomische Höhen. Die Eintrittspreise bleiben um der niederen Zugangsschwelle willen unten. Eine ausgeglichene Rechnung ist selbst bei einem Großerfolg unmöglich. Wenn die Preise so eingestellt sind, dass noch nicht einmal mehr die Kosten einer Vorführung durch die Erlöse gedeckt werden, dann wird das Loch in der Kasse umso größer, je häufiger eine Vorstellung gespielt wird. Das staatliche Monopol hat seinen Preis. Wie beim öffentlichen Verkehr: Je mehr Passagiere er befördert, umso defizitärer wird er. Oder bei der Landwirtschaft: Je mehr Kühe in den Ställen stehen, umso roter die Zahlen und umso ärmer die Landwirte.

Als gutes Beispiel für die Verabsolutierung der Angebotspolitik kann die öffentliche Literaturförderung dienen. Deutschland ist das Land der Literaturpreise. Das *Handbuch der Kulturpreise* kennt Anfang 2011 nicht weniger als 788 Preise im Bereich der Literatur. Dazu kommen noch einmal 881 im Bereich Medien/Publizistik. Im Durchschnitt werden so zwei bis drei Preise pro Tag vergeben: Von A bis Z, vom Adelbert-von-Chamisso-Preis bis zum Zwickauer Literaturpreis, von bedeutenden wie dem Georg-Büchner-Preis bis hin zu eher kuriosen wie dem Wildweibchenpreis (der heißt wirklich so!) der Gemeinde Reichelsheim im Odenwald. Es gab sogar einmal einen kulinarischen Literaturpreis. Dazu kommen Stipendien, Stadtschreiberresidenzen und Werkförderung auf Antrag. Wir fördern, was es schwer hat. Und deswegen gibt es auch für die Literatur tausendundein mit Steuermitteln geförderte Instrumente, welche das prestigeträchtige Schreiben/Verfassen von Büchern fördern. Nichts ist selbstbestimmter als eine Autorenexistenz, klar.

Das meiste, was dabei verfasst wird, geht ein in die jährlich 24 000 deutschsprachigen Neuerscheinungen allein im Bereich der Belletristik. Die Produktion von Literatur ist in Deutschland wahrlich nicht das Problem, so wenig wie in Österreich oder in der Schweiz, wo die Buchbranche angesichts des Strukturwandels nach Staatshilfe ruft und die literarische Wüste prophezeit. 1980 wurden in der Schweiz 7791 Titel verlegt, 2004 waren es 11 061, Tendenz weiterhin steigend. Das sind Dimensionen, die auch Österreich, Tschechien, Dänemark, die Niederlande teilen.

Die mit Steuermitteln gestützte Produktion kämpft dauerhaft mit einem Grundproblem: dem ungenügenden Absatz. Das Produkt allein schafft sich eben noch keine Abnehmer. Käufer finden sich, wenn ein Produkt einen individuellen Nutzen verspricht, soziale Anerkennung, Aufstieg, Beziehungskapital, außergewöhnliche Empfindungen. Das funktioniert, solange die soziale Wertigkeit der einzelnen Produkte erkennbar ist. Kunstkonsum ist Distinktion und Positionierung. Für die wenigsten ist Kunst ein nur nach innen gekehrtes Vergnügen. Im allgemeinen Überangebot jedoch geht die Wertigkeit der einzelnen Produkte verloren, und prompt schwindet das Nutzenversprechen. Menschen als soziale Wesen suchen gemeinsame Orientierungspunkte. Kulturell finden die konservativ Veranlagten sie im Lichtstrahl der kulturellen Leuchttürme, die Zukunftsorientierten in der Avantgarde des Tages. Aber Zukunft mag auch in den Hits der Populärkultur liegen.

Solche Orientierungspunkte vermitteln mit einiger Sicherheit jenen Mehrwert, den der Konsument sucht: Anerkennung von Gleichgesinnten, Prestigegewinn, Demonstration von Genussfähigkeit, manchmal sogar wirklichen Genuss. Das erklärt, weshalb die großen Festivals und die international bekannten Museen an Besuchern zulegen, während die Besucherzahlen des alltäglichen Kultursystems stagnieren. Je zahlreicher die Optionen, umso wichtiger werden jene, die von vielen geteilt werden. Mit Fragen kultureller Qualität, mit Differenziertheit und Tiefe hat das nicht viel zu tun, vielmehr mit Fragen der sozialen Eingliederung.

Ein Hersteller, der seine Produkte nicht absetzen kann, unterbietet die Preise der Konkurrenz. Wenn die Erträge nicht mehr reichen und die Reserven aufgebraucht sind, wird die Produktion eingestellt. Ersteres machen auch die geförderten Kultureinrichtungen, immer häufiger auf Geheiß der Politik; Letzteres ist nach wie vor ein Tabu. Die jährliche Förderung ist bereits eine Rabattierung, die den Markt verzerrt. Jede Karte des Opernhauses Zürich müsste um 150 Euro teurer sein, würde es nicht mit 55 Millionen Euro pro Jahr subventioniert. Beim Zürcher Schauspielhaus ist es dasselbe, die Jahressubvention liegt hier bei 26 Millionen Euro. Bei österreichischen und deutschen Theatern ist die Zuwendung ähnlich hoch. Bei einem Jazzclub sind es vielleicht 15 Euro pro Karte. Die verschärfte Konkurrenz führt zu weiteren Preissenkungen. Die kulturellen Superdiscounter konkurrieren mit politisch befohlenen Preisen. Der Wettkampf der Standorte ist in vollem Gange, eine niedrige Zutrittsschwelle für »Kulturferne« soll mit »extra billig« in der Kultur erreicht werden. Das reicht von Gratiseintritten in die Museen (in Frankreich für Jugendliche unter 26 Jahren im Jahr 2009 vom Kulturministerium angeordnet, ähnlich in Großbritannien, von den zahlreichen Gratisfestivals in der Westschweiz und in Frankreich nicht zu reden, übrigens auch in den USA), vom Preisdumping der alternativen Kulturzentren, welche dieselben Gruppen wie private Veranstalter anbieten, über die Unterstützung von Verlagen zur Verbilligung von

Büchern bis zur Familienvorstellung mit Familienticket, bis hin zu Rabattkarten für Leute mit professionellem Interesse und großzügiger Freikartenpolitik. Die administrative und politische Klasse ist in den Tempeln der Hochkultur ohnehin umsonst unterwegs. Steuermittel schließen die Lücke.

Kunst, der die Gesellschaft höchsten Wert zugesteht, sichtbar gemacht in der Förderung, kommt als permanenter Winterschlussverkauf oder als kulturpolitisch gestützte Schnäppchenorgie daher. Diese Entwertung schlägt auf den symbolischen Wert durch. Einer Gratiszeitung, die in der S-Bahn liegt, kann man nicht denselben Wert und Anspruch zugestehen wie einer Tageszeitung, die man am Kiosk für Geld ersteht. Auch Biokost darf ungefragt mehr kosten, schließlich verspricht sie mehr Qualität. In der Kultur liegen die Verhältnisse umgekehrt: Für Popkultur und Musicals werden horrende Eintrittspreise verlangt, die ganz offensichtlich bezahlt werden.

Wenn man den Umfragen glauben will, senkt die wachsende Rabattierung die Zugangsschwellen: Hohe Preise für Kultur werden häufig als Gründe für Kulturabstinenz genannt. Wenn man Menschen fragt, ob sie niedrigere Preise hohen vorziehen, braucht es nicht viel soziologische Vorstellungskraft, um die Antwort vorauszusagen. Doch die kulturelle Schnäppchenjagd ist nicht handlungsprägend bei den Kulturnutzern. Die in Deutschland und Österreich, aber auch in der Schweiz so populären sommerlichen Freilichtspiele, welche häufig lokale Stoffe aufwändig aufarbeiten, verlangen ohne Zögern bis zu 100 Euro pro Platz. Und sie sind ausverkauft, ausverkauft an jene Individuen, um die sich die Kulturinstitutionen auch bemühen: die ›Normalos‹ zwischen 30 und 60, erwerbstätig, mit Familie. Das Museum nebenan für fünf Euro steht derweil leer. Auch die Ticketpreise für Popkonzerte sind kräftig gestiegen. Jeder Teenager macht für seine Popgötter leicht 50 oder mehr Euro locker. Die Besuche haben nicht gelitten, im Gegenteil.

Die massive, meritorisch motivierte Verbilligung der Nutzung öffentlicher Kulturangebote trägt kaum mehr dazu bei, dass »Kultur für alle« Wirklichkeit wird. Sie erstickt unternehmerische Initiative im Kulturbereich. Weshalb soll jemand eigenes Kapital riskieren, wenn der Staat anderswo dasselbe Produkt auf Kosten der Allgemeinheit herstellt? Wieso soll jemand ein unternehmerisches Risiko eingehen, wenn sein Nachbar dasselbe Risiko vom Staat abgenommen bekommt?

Je weiter sich diese Spirale dreht, umso mehr sieht sich der Staat gefragt, neue Bedürfnisse aufzufangen. Das freut die aktuelle Kulturpolitik, welche sich als antikommerziell versteht. Wie ein schwarzes Loch zieht sie immer weitere Bereiche aus der Rentabilität in die Subvention. Die letzte Stufe könnte sein, dass die Besucher für den Besuch einer Vorstellung oder Ausstellung bezahlt werden, so wie das bei den Griechen war – immerhin verloren sie beim Besuch der Tragödien einen Arbeitstag.

Das ganz große Dach

Die Logik einer »Kultur für alle« verlangte danach, die kulturellen Einrichtungen zu diversifizieren, um neuen kulturellen Kräften ihren Platz zuzuweisen. Wer subventioniert ist, rebelliert nicht mehr. »Kultur für alle« wurde ab den achtziger Jahren durch den volkserzieherischen Emanzipationsansatz »Kultur von allen« ergänzt, der ursprünglich aus Selbstverwaltungsexperimenten und politisch-kultureller Opposition (Gegenkultur, bald »Soziokultur«) hervorging. Denn nicht nur die Kultur der Elite verfüge über zivilisierende Kräfte, sondern auch die Populärkultur, solange sie nicht zu populär ist.

Die definitorische Erweiterung ließ Kultur auf der Skala der politischen Prioritäten weiter nach oben rutschen und generierte neue Mittel. Sie wurde als Treibstoff zahlreicher gesellschaftlicher Prozesse erkannt. Kultur beanspruchte, außerkulturelle Probleme zu bearbeiten, gar lösen zu können.

Kultur verfüge, so der Tenor ihrer Promotoren, über die große Erzählung, welche der Welt, der Nation, dem Leben Sinn gebe. Sie würde dem sozialen Zusammenhalt dienen, der Versöhnung, der Integration von Immigranten, der Entwicklungshilfe, sei hilfreich für nationale Anliegen im internationalen wirtschaftlichen Konkurrenzkampf, für die nationale Selbstdarstellung im Ausland, und sie leiste, so die jüngste Erkenntnis, einen substanziellen Beitrag zum Bruttosozialprodukt. Clive Gray, Professor für Kulturpolitik in Leicester, hat das als Strategie der »politischen Anbindung« bezeichnet.[54] Das kulturelle Feld machte sich zum Dienstleister anderer Politikfelder, am deutlichsten sichtbar in Großbritannien, wo sich die soziale Nutzbarmachung von Kultur zu einem Dogma entwickelte und wo Subventionsverträge mit Klauseln über soziales Engagement und zu erreichende soziale Wirkungen gespickt sind.

Das war vorteilhaft für die öffentliche Finanzierung von Kultur, wie die Politikwissenschaftlerin Eleonora Belfiore festhält: »Die ›Anbindung‹ hat sich, zumindest in Großbritannien, in vielerlei Hinsicht als erfolgreiche Strategie erwiesen. Die Kultur stand auf der Insel noch nie so stark im Fokus der politischen Debatte (wenn auch nicht immer im positiven Sinn), wie dies heute der Fall ist. Kultur bekam Zugang zu beträchtlichen Mitteln aus anderen Etats – durch ihre Bereitschaft, soziale und ökonomische Ziele zu verfolgen. Es ging und geht um Stadtentwicklung, Gesundheitsförderung, Bildung oder Verbrechensprävention. Allerdings hatte die Anbindungsstrategie auch nachteilige Auswirkungen, wie die Tendenz zu ›evidenzbasierter Politikgestaltung‹ und die Einführung des Mantras ›Was zählt, ist, was funktioniert‹ als Richtschnur für die Politikgestaltung und die Verteilung der öffentlichen Mittel.«[55] Die Orientierung an Wirkungsfragen ist kein britisches Phänomen allein, sie ist auf die anderen europäischen Länder übergeschwappt. »Evidenzbasierte Politik« ist in aller Munde. Inzwischen sind Begründungen für eine Kulturpolitik, die sich an nicht kunstspezifischen Werten orientiert, auch international durchsetzbar: Die UNESCO rückte 1996 mit dem Bericht »Our Creative Diversity«, der Europarat 1997 mit »In from the Margins« soziale Integration in den Fokus von Kulturpolitik.

Argumentiert man mit Blick auf soziale Evidenz, so werden zwecks Erfolgskontrolle Wirkungsanalysen immer wichtiger. Kultur will sich messbar machen. Die Messkriterien werden schärfer, die Mittel knapper. Das Einklinken von Kultur in die Bildungs-, Erziehungs- und Sozialagenden kann sich als Pferdefuß erweisen: Nicht nur fällt es schwer, die besonderen sozialen und wirtschaftlichen Leistungen des Kultursektors tatsächlich nachzuweisen, sich darum zu bemühen absorbiert zusätzliche Ressourcen. Mit dem Messen ist es außerdem eine schwierige Sache. Messen kann man nur, was messbar ist. Manches, was uns an Kultur wichtig ist, mag aber gar nicht messbar sein. Wird Kulturpolitik über Messwerte gesteuert, dann wird sie nicht in dem gesteuert, was ihr eigen ist, sondern in dem, was einer zahlenmäßigen Bewertung zugänglich ist. Messen heißt vergleichen. Wenn

Kultur soziale und wirtschaftliche Ziele erfüllen soll, so muss sich ihre Effizienz mit anderen sozialen und wirtschaftlichen Interventionsformen vergleichen lassen. Da kann Kultur auch verlieren, ohne dass der eigene Wert berücksichtigt worden wäre. Möglicherweise kann ja Bildungspolitik Bildungsfragen besser lösen als Kulturpolitik, hat Kunst viel weniger mit Daseinsvorsorge zu tun als Beschäftigungspolitik. Selbst die ambitionierten Evaluationsprojekte zur sozialen Leistung von Kultur unter der Leitung von François Matarasso[56] bestätigen zwar den positiven Integrationseffekt kollektiver kultureller Aktivitäten, lassen aber vollkommen offen, ob dieser Effekt sich auch mit anderen gemeinschaftlichen Aktionen erreichen ließe und ob dieselben Mittel anderswo eingesetzt nicht ähnliche, möglicherweise sogar stärkere Effekte hätten bewirken können.

Kultur ließ sich nicht nur vor den Karren der Sozial- und der Wirtschaftspolitik spannen; auch die Außenpolitik meldete Bedürfnisse an und stellte im Gegenzug Mittel bereit. Goethe-Institut, British Council, Institut Français, Pro Helvetia, die österreichischen Kulturinstitute im Ausland und vergleichbare Einrichtungen anderer Länder waren von ihrer ersten Stunde an Instrumente der Politik, egal wie lang der Arm war, an dem sie geführt wurden. Die Autonomie, derer die Einrichtungen sich rühmen, ist eine auf der Basis von Wohlwollen, und das steigt mit der außenpolitischen Brauchbarkeit. Eine diffuse Symbiose von Kunst und Außenpolitik hat sich entwickelt, in der die gemäßigte Moderne und die domestizierte Avantgarde gedeihen. Künstler können noch so sehr auf ihre Freiheit pochen; längst sind alle in ein System kontrollierter Abweichung eingebunden. Kultur erscheint immer häufiger im Kontext außenpolitischer Aktivitäten. Deutschlandjahre, Années croisées auf Französisch, helvetische Nachbarschaftsprogramme. Das staatlich beschützte Kulturmodell tritt als Erfolgsmodell auf und beschleunigt unter dem Titel »Kulturaustausch« mittels kooperativer Kontamination genau jene Globalisierung eines universellen Mix, welche die Kulturpolitik zu Hause unter dem Titel »kulturelle Vielfalt« und »kulturelle Identität« bekämpft.

Heute ist alles Kultur. Dieter E. Zimmer glossierte diese Entwicklung 1992 in der Wochenzeitung *Die Zeit* unter dem Titel »Kultur ist alles. Alles ist Kultur«: »Die Kunst-Kultur war Kultur, die ›Subkultur‹ aber auch oder erst recht. Dann kam die ›Stadtteilkultur‹ auf, die heute zur ›dezentralen Kultur‹ verallgemeinert, also dorftauglich gemacht ist. Und überall sprossen separate Kulturen, teilweise neu erfunden, teilweise aus dem Ruhestand reaktiviert: objektbezogene wie die ›Musikkultur‹, die ›Sprachkultur‹; gruppenbezogene wie die ›Jugendkultur‹, die ›Angestelltenkultur‹; gastronomische wie die ›Esskultur‹ oder die ›Bierkultur‹ oder die ›Butterkultur‹ im Unterschied zur ›Olivenölkultur‹ …« Eckhard Henscheid legte 2001 *Alle 756 Kulturen. Eine Bilanz* vor, der Kulturbetrieb wurde Objekt der Satire.[57]

Diese Entwicklung blieb nicht folgenlos für die öffentliche Kulturförderung. Zitiert sei noch einmal Dieter E. Zimmer: »Für die Kulturverwaltungen hat sich sozusagen das Nachfragespektrum parallel zu dem Begriff gewaltig verbreitert. Jeder, der seiner Tätigkeit irgendwie das Wort ›Kultur‹ anhängen kann, steht heute Schlange und beansprucht öffentliche Förderung. Das ist das eine. Das andere ist, dass im subventionierten Kulturbetrieb Qualität kein Thema mehr ist. Der Administrator, der die öffentlichen Mittel verteilt, muss sich verbieten, je die Frage nach der Qualität der geförderten Kulturarbeit zu stellen. Seit Langem besteht Einigkeit, dass Kulturpolitik nur den Rahmen bereitzustellen, sich aber um die Inhalte nicht zu kümmern hat. Dieses so weit vernünftige Prinzip wurde erweitert: Es soll möglichst auch nicht mehr gefragt werden, welchen Dingen da der Rahmen hingestellt wird. Wer trotzdem fragte, müsste sich vorhalten lassen, er sei kein Demokrat; denn wenn jemand behauptet, er mache ›Kultur‹, wenn er gar noch einige Zeugen beibringen kann, die sagen, es gefalle ihnen (›find ich echt geil‹) – wer dürfte es ihm dann bestreiten?«

Wir erleben die Kulturpolitik des »und« statt des »ob«. Wurden in den siebziger Jahren Debatten darüber geführt, ob die Freien Theatergruppen die verstaubte Ästhetik der Stadttheater ersetzen könnten, so fand man sich sehr bald gemeinsam unter dem Dach einer allseits gebenden Kulturpolitik: Es wurde nicht mehr debattiert, Geld war genug da. Trat eine engagierte Generation junger Filmemacher lautstark gegen »Opas Kino« an, so fanden sie sich bald mit allen anderen hinreichend befriedet unter dem Dach der Filmförderung. Die Gießkanne als Förderprinzip ersetzte in Zeiten voller Kassen die harte kulturpolitische Diskussion, ob eine Förderentscheidung sinnvoll oder unsinnig sei. Deutlich wird zumindest, dass die alles umfassende und nicht diskriminierende Förderung unter einem »weiten« Kulturbegriff ihre wahre Leistungsfähigkeit dort zeigt, wo Gegenpositionen zu integrieren sind, wo es um ein Containment von Subkulturen und Gegenkulturen geht. Alle können aus den Fördertöpfen schöpfen. Manche mehr, manche weniger.

Mehr und mehr bildete sich eine Einstellung heraus, die der Kultursoziologe Gerhard Schulze zu Beginn der neunziger Jahre als »Rechtfertigungskonsens«[58] kritisierte: Dass öffentliche Kulturförderung immer nur gut sein könne, dass die Kulturetats zu steigern immer nur wünschenswert, dass jedes kulturelle Angebot immer nur eine Bereicherung sei.

Die viel grundsätzlichere Frage nach der Berechtigung kulturpolitischer Eingriffe überhaupt, was nämlich mit dieser Förderung auf Dauer angerichtet wird, wurde nicht nur nicht gestellt: Sie darf bis heute nicht gestellt werden.

Alles ist Kultur und jeder Mensch ein Künstler

Irgendwann wird in unserer Gesellschaft Kunst Arbeit ersetzen; das ist ganz einfach. Die Befreiung des Proletariats erfolgt nicht mehr im Zeichen der Kollektivierung der Produktionsmittel, sondern in dem der Individualisierung des schöpferischen Aktes. Jeder ist Künstler, und das am liebsten dort, wo früher Tausende malochten. Berlin ist womöglich die prototypische Stadt dazu, eine Anhäufung von Kreativen, die sich selbst verwirklichen, aber kaum etwas zum Lebensunterhalt verdienen.

Deswegen hat man das Projekt des Bürgereinkommens ins Leben gerufen. Das bedingungslose Grundeinkommen ermöglicht es dem Individuum, ohne wirtschaftlichen Druck kreativ zu sein, und befreit es von Unterstützungsanträgen. Die Befreiung des Individuums wird generalisiert, alle können ihr kreatives Potenzial frei leben. Es stellt sich nur noch die Frage, wer dieses Bürgereinkommen bereitstellt, wer für die kreative Klasse arbeitet. Die Chinesen? Die Griechen?

In der ersten Hälfte des letzten Jahrhunderts musste schon eine Schraube locker haben, wer Künstler werden wollte. Als Paul Klee 1933 in die Schweiz floh, wollten ihm die Berner das Bürgerrecht nicht ausstellen. Künstler, so ihre Wahrnehmung, seien potenzielle Sozialfälle, und sie dachten natürlich an Robert Walser und Adolf Wölfli. Heute ist Künstler das Lebensideal einer ganzen Generation.

Die Zahl der Künstler eines Landes lässt sich immer nur näherungsweise erfassen. An einer 2008 vom österreichischen Bundesministerium für Unterricht, Kunst und Kultur durchgeführten Untersuchung nahmen insgesamt 1850 Künstlerinnen und Künstler aus allen Gattungen teil; dies dürfte indes nur ein grober Wert sein. In Deutschland zeigen die jährlich steigenden Versichertenzahlen der Künstlersozialkasse, wie dynamisch sich die Beschäftigung in den Künsten entwickelt. Und dies, obwohl die Zugangsbedingungen immer restriktiver werden. Und nicht nur der Künstlerberuf verzeichnet ein stetiges Wachstum. Auch die kunstvermittelnden Berufe vermehren sich. Eine Untersuchung der Kulturpolitischen Gesellschaft förderte mehr als 300 kulturvermittelnde Studiengänge in Deutschland zutage. An den Kunsthochschulen der Schweiz studierten im Schuljahr 2000/01 3485 junge Menschen Design, Film, Kunst, Musik, Theater oder Ähnliches. Neun Jahre später waren es bereits 7733. Der National Arts Index hält denselben Trend für die USA fest und konstatiert ein Wachstum bei Künstlern und Kunstorganisationen um sieben Prozent von 2003 bis 2007; die Zahl der Arbeitsplätze im Kultursektor ist in den USA im selben Zeitraum um über fünf Prozent auf 2,1 Millionen gestiegen. Um 25 Prozent hat die Mitgliederzahl der Künstlergewerkschaften in den USA von 2000 bis 2008 zugenommen, nämlich von 435 000 auf 546 000, die Zahl der unabhängigen Künstler, Schriftsteller und Bühnenkünstler um 34 Prozent von 507 000 auf 680 000. Um 52 Prozent, nämlich von 79 000 auf 120 000, ist die Zahl der jährlichen Bildungsabschlüsse in den Künsten gewachsen.

Damit die Expansion nicht stoppt, muss Druck erzeugt werden. Tatsächlich sieht sich eine Gesellschaft, welche das Lebensmodell Künstler und die anverwandten Berufsbilder wie Kulturmanager, Kurator und Kulturvermittler so begehrenswert darstellt, mit einer wachsenden Nachfrage nach Hilfe und Unterstützung aus dem Kunstsektor konfrontiert.

In der Logik der derzeitigen Kulturpolitik generieren die wachsenden Künstler- und Kulturvermittlerzahlen eine Wachstumsdynamik eigener Art. Müssen Absolventen anderer Fächer sich auf freien Märkten durchschlagen, steigt mit der wachsenden Zahl der Künstler und Kulturvermittler der Druck auf die öffentliche Hand, dieses kreative Potenzial nicht verfallen zu lassen. Solange das gelingt, stimmt wenigstens hier das Gesetz, dass sich ein Angebot schon seine eigene Nachfrage schafft.

Der Erhalt des Potenzials ist der eigentliche Zweck, unbesehen der Kosten. Neue Förder- oder Ankaufprogramme werden aufgelegt, mit denen – meist mehr schlecht als recht – die entsprechenden Berufsfelder ausgeweitet werden. So liegt es nahe, Absolventen künstlerischer Studien zumindest den Berufseinstieg durch öffentliche Programme zu erleichtern. Damit wird die berufliche Basis verbreitert, was – falls der Markt nicht wächst – die Beschäftigungsmöglichkeiten nach dem Berufseinstieg nicht erleichtert. Was wiederum seine öffentliche Antwort darin findet, dass Programme für Kreative in der Mitte der Karriere aufgelegt werden.

Öffentliche Nachfrage hält so im Verbund mit unterschiedlichen politischen Agenden das Programm am Laufen, weit über die Fähigkeit des Publikums hinaus, es zu goutieren. Staatliche Hilfe expandiert und perpetuiert Künstlermärkte. Niemand, auch die Künstler in den Förderprogrammen nicht, kann noch Marktsignale erkennen. Wenn der Markt kein Grund ist, dann gibt es keine Gründe mehr, eine Karriere als Künstler aus eigenem Antrieb zu beenden.

Allein, der Staat kann nicht alle auffangen. Auch wo er

das Risiko für die Künstler übernimmt, wird selektiert. So öffnet die produktionsorientierte Kulturpolitik eine Schere zwischen Kapazitätswachstum und Nachfrage nach Unterstützungsleistungen im außerinstitutionellen Bereich. Dies spiegelt sich in der wirtschaftlichen Situation von Künstlerinnen und Künstlern – wenigstens dort, wo sie nicht besoldet sind. Die Einkommen von Freiberuflern in der Kultur sind niedrig. Für den Standort Berlin fand das Wirtschaftsforschungsinstitut DIW heraus, dass sechs Prozent der bildenden Künstler in Berlin ganz ohne Einkommen überleben, 31 Prozent unter 12 000 Euro im Jahr verdienen, 78 Prozent jener Künstler, die sich selbst als professionell bezeichnen, unter der Armutsgrenze leben. Nur sieben Prozent haben eine Bindung zu einer Produzentengalerie, zehn Prozent haben eine Galerie, die sie vertritt. Die restlichen betreiben Selbstmarketing. Solche Untersuchungen sind mit Vorsicht zu bewerten, denn die Datengrundlage ist nicht sehr fest und die Begriffe sind schwierig abzugrenzen. Tendenzen werden gleichwohl deutlich. Die Unterstützung von Künstlern ist ein mehr als weites Feld. Sie grenzt an Sozialhilfe, welche sich als Förderung tarnt. »Der künstlerische Genius will Freude machen, aber wenn er auf einer sehr hohen Stufe steht, so fehlen ihm leicht die Genießenden, er bietet Speisen, aber man will sie nicht. Das gibt ihm ein unter Umständen lächerlich rührendes Pathos, denn im Grunde hat er kein Recht, die Menschen zum Vergnügen zu zwingen.« So Friedrich Nietzsche.[59] Allzu viel hat sich nicht geändert. Je größer die Zahl der am staatlichen Tropf überlebenden Künstler, umso größer die Zahl jener, die nach einem Zustand der Selbstverwirklichung, zur Not auf Antrag, streben.

Ebenfalls gewachsen, bloß weniger schnell, ist die Zahl jener, die selbst eine künstlerische Tätigkeit ausüben, ohne sich deswegen als Künstler zu bezeichnen – der Amateure. In den Vereinigten Staaten stieg deren Zahl von 54 Millionen im Jahr 2003 auf 60 Millionen im Jahre 2008. Frankreich untersucht die Frage der individuellen Kunstpraxis (Amateure) etwas genauer. Das Wachstum der künstlerisch Aktiven verdankt sich dort ausschließlich der digitalen Revolution. Digitale Foto- und Videokameras, mehr noch Computer und Mobiltelefon, haben die Schwelle gesenkt. 70 Prozent der Franzosen betreiben heute Fotografie (1997 waren es noch 66 Prozent), 27 Prozent machen Videos (1997 bloß 14 Prozent). Alle übrigen Amateurpraktiken stagnieren.

Der Hinweis auf Amateurkunst steht hier nicht ohne Grund. Der »erweiterte« Kulturbegriff, unter dem »Kultur für alle« sich verstand, machte die vormalige Grenze von Hochkultur und Breitenkultur obsolet, er öffnete so Raum auch für den Amateurbereich als Feld der Kunst. Die Kunst der Amateure gilt noch immer als Brücke in die Hochkultur, Soziokultur als Vorstufe des wahren Kulturgenusses. Der Frankfurter Kulturdezernent Hilmar Hoffmann, Namensgeber für das Programm »Kultur für alle«, definierte Kultur als Ausdruck und Mittel der spezifischen Evolution des Menschen, seiner kontinuierlichen Höherentwicklung und Selbstverwirklichung. Seiner Auffassung nach orientierte sich ein solch weiter Kulturbegriff an dem Kulturbegriff der Kulturanthropologie. Er habe eine enge Beziehung zum praktischen Leben.[60]

Unter den erweiterten Kulturbegriff wurde folgerichtig nun auch gefasst, wie der »ganze« Mensch lebt und arbeitet, wie er wohnt, wie er seine körperlichen und geistigen Fähigkeiten entwickeln kann, welche Kunst ihm zugänglich ist und welche er sich selbst schafft, wie er seine freie Zeit verbringt und wie er seine Beziehungen zu anderen Menschen gestalten kann. Die Phänomene der Massenkultur, denen gegenüber sich der »affirmative« Kulturbegriff reichlich ablehnend verhalten hatte, rückten nun – gemeinsam mit der aus den USA und England einwandernden Popkultur – in den Mittelpunkt des Interesses. Alles wurde Kultur.

Endlich leben wir im Zeitalter der Erfüllung. Ein breites Angebot bis in die hintersten Winkel, vielfältigste Institutionen, fallende Preise, breite Rezeption. Die neue Kulturpolitik ist Wirklichkeit geworden. Dass nicht jede Bürgerin und jeder Bürger über Museen, Konzerte oder Bücher in Entzücken ausbricht, ist Bestandteil individueller Freiheit. Dass die Nutzungszahlen absolut stagnieren, relativ sogar zurückgehen, gibt allerdings Anlass zum Nachdenken. Nicht oder nur halbwegs Überzeugte mit ausgeklügelten Maßnahmen zum Kunstkonsum zu bewegen hieße, Karl Valentins »Theaterzwang« zum Programm zu machen. Kunst ist frei, und das gilt auch für den Umgang mit ihr. Frei bedeutet freiwillig. Selbst wenn Kunst nicht nur ihre Erzeuger, sondern auch die Konsumenten glücklich machen würde, ließe sich daraus kein Zwang zum Glück ableiten.

Der Soziologe Gerhard Schulze[61] unterscheidet zwischen Glück 1 – Fortuna – und Glück 2 – Felicitas. Glück 1 ist Sache der Politik, Glück 2 persönliche Angelegenheit, im öffentlichen Raum bestenfalls Sache der Kritik. Glück 1 ist jetzt reichlich vorhanden: Wir haben Opernhäuser, Theater, Museen, Bücher, Musikensembles; solche Dichte ist Alleinstellungsmerkmal, eine europäische Besonderheit. Glück 2 ist paradoxerweise Glücksache, ein ständiges Suchen nach dem Erlebnis. Erlebnis ist attraktiv wie nie, nur hält es sich immer weniger an die staatlich sanktionierten Kanäle, ja zieht der Kunst ganz andere Bereiche vor, welche sich professionalisieren: Medien, Showbusiness, Urlaub, Körperpflege,

Yoga, Esoterik. Also braucht es Kunst- und Kulturvermittlung. Der Bürger und die Bürgerin sollen, verdammt noch mal, das Glückspotenzial der Kunst genießen.

Kunst hat ihre Schuldigkeit getan, hat ihre Mission des gesellschaftlichen Wandels erfüllt. Hartmut John, Museumsberater, schreibt:»Politik wird den Museen keine gesellschaftliche Rolle zuweisen wie zu Zeiten der Neuen Kulturpolitik. Sie hält kein ›Projekt‹ mehr für sie bereit. Seit sich der Konsens über Bedeutung und Stellenwert des Museums in der Gesellschaft verflüchtigt hat, müssen die Häuser selbst ihre Raison d'être begründen – ihr Vermögen, ihre Kompetenzen und Qualitäten für Öffentlichkeit und Gesellschaft offensiv, plausibel und nachdrücklich heraus- und unter Beweis stellen.«[62] Was John über die Museen schreibt, gilt für die anderen Sparten und Einrichtungen genauso. Es gibt einen schwächelnden Konsens, dass wir sie uns leisten, weil sie Teil des großen Kulturprojekts sind, aber ihr Auftrag ist schleierhafter denn je. Die Defizite, die wir mit der Vermehrung von Kultureinrichtungen beheben wollten, sind behoben. Andere Defizite in der Gesellschaft werden mit den Kultureinrichtungen nicht beseitigt. Oder sie werden in anderen Handlungsfeldern besser bearbeitet. Es ist wie mit der Objektkunst. Ihre Urheber wollen sie erklären. Da sie aber eigentlich Maler oder Bildhauer sind, können sie nicht so gut schreiben oder sprechen, wie es andere können. Also bleibt es beim Defizit – Kunst, die einen komplizierten Aufkleber braucht, aus dem hervorgeht, dass es sich beim unter dem Aufkleber Befindlichen um Kunst handele, hinkt ständig hinterher. Das ist kein Argument dafür, unterkomplexe Kunst zu schaffen. Es ist nur ein Argument dafür, die Apfelernte nicht dauernd an der Birnenernte zu messen.

Unversehens hält der Katzenjammer Einzug ins Paradies.

Die Klasse der Kreativen, ihrer Verwalter, Vermittler und Förderer, über Jahrzehnte – wenn wir das humanistische Kulturmodell dazunehmen, über zwei Jahrhunderte – an die Macht als Gestalter des Morgen gewöhnt, sieht sich infrage gestellt. Kunst ist angesichts neuer planetarer Probleme auf der Politik- wie der Sozialagenda nach unten gerutscht. Die Schrumpfung der Welt zum globalen Dorf hat andere Fragen hervorgebracht: Überbevölkerung, Überalterung, Wirtschaftsmigration, Umweltzerstörung, Gesundheit, Ernährung. Die Wirtschaftskrise seit 2008 unterstützte den Kultursektor einzig in der Täuschung, beim Bedeutungsverlust des Kulturellen handle es sich um ein Geldproblem. Die Rede vom »Kürzungs-Tsunami«, von Kahlschlag, von Beschädigung der kulturellen Infrastruktur, vom drohenden Gedächtnisverlust, in Deutschland noch heftiger geführt als in Österreich und der Schweiz, erklärt sich aus der Alarmstimmung unter den Akteuren. Sie haben viel zu verlieren.

Es gibt keinen linearen Fortschritt im Sinne des »ständig mehr«, auch nicht für die Kunst. Die Gleichung »Mehr Kunst, mehr Kultur, mehr Angebot, mehr Kunstvermittlung = bessere Welt« geht nicht auf. Quantität erzeugt keine höhere Qualität. Jede Neuerung führt zu einer Erstarrung, die durch ein gegenläufiges Prinzip gebrochen werden muss. Wie es genau aussieht, wissen wir noch nicht, aber dass das Neue mit der umfassenden Digitalisierung des Lebens gestartet hat, daran gibt es kaum Zweifel. Digitalisierung führt zu Veränderungen, die in einem bisher nicht vorstellbaren Ausmaß jede und jeden zu einem Produzenten und Teilhaber des kulturellen Lebens machen könnten. Das, was Bertolt Brecht 1932 in seiner Radiotheorie antizipierte, ist Wirklichkeit geworden: »Der Rundfunk ist aus einem Distributionsapparat in einen Kommunikationsapparat zu verwandeln. Der Rund-

funk wäre der denkbar großartigste Kommunikationsapparat des öffentlichen Lebens, ein ungeheures Kanalsystem, das
heißt, er wäre es, wenn er es verstünde, nicht nur auszusen-
den, sondern auch zu empfangen, also den Zuhörer nicht nur
zu hören, sondern auch sprechen zu machen und ihn nicht zu
isolieren, sondern ihn auch in Beziehung zu setzen.«[63] Eine
solche Entwicklung wird den kulturellen Institutionen eine
neue – oder vielleicht auch: keine – Rolle zuweisen.

Das Modell des »Kulturstaats«, die Vorstellung eines
wohlmeinenden staatlichen Monopols auf Kunst und ihre
Produktion, erscheint im Hinblick auf eine solche Zukunft
absurd, erst recht mit Blick auf andere Modelle der Kulturproduktion wie jenes der USA, wo Kultur als Industrie funktioniert und das kollektive Bewusstsein vieler Generationen
gestaltet. Natürlich ist es verständlich, dass Menschen an ihren Konzepten und Errungenschaften festhalten. Es ist auch
verständlich, dass die Steuermänner und Nutznießer der gegenwärtigen Gestalt von Kultur zwar Bedarf für Feinjustie-
rungen sehen, aber nicht für große Veränderungen. Sie möchten auf ihrem individuellen Glückskurs weiterfahren, den sie
als Rezept fürs Kollektiv schätzen. So kippt die Quantität, in
den Siebzigern das große Anliegen, in eine ungewollte Qualität: Was einst Lösung war, wird zum Problem. Aus dem Erfolg – »Kultur für alle« – erwächst das Hindernis: Beliebigkeit. Aus der Vision – freie Kunst – wächst der Albtraum:
Bedeutungslosigkeit. Die gute Absicht – aufgeklärte Bürger –
bringt Übersättigung hervor: hastigen Konsum.

Gibt es also, der Vollendung zum Trotz, Gründe für ein
Leiden (an) der Kultur? Nicht, wenn man bedenkt, dass die
Rolle der Kunst von jeder Gesellschaft neu ausgehandelt
werden muss. Die Zahl der kulturellen Einrichtungen mag
höher oder niedriger liegen, es mag mehr oder weniger öf-

fentliche Gelder geben, eine mehr oder weniger mächtige Kulturpolitik: Kunst und die mit ihr verbundenen kulturellen Phänomene wird es immer geben. Die Sphäre der Kunst ist eine Sphäre sozialer Verständigung. Keine Gesellschaft verzichtet darauf. Kunst lehrt uns nicht Geschichte und sie macht uns auch nicht besser oder glücklicher. Sie lehrt uns hingegen, wie Emotionen sich in Bedeutung verwandeln, wie Bedeutung sich verändert, wie sie der sozialen Positionierung dient. Ihre Vorführung ist anstrengend, da sie Beteiligung erheischt. Sie ist doppelt anstrengend, weil sie sich als Modell ebenfalls ständig wandelt, derzeit sehr rasch. Optimisten, die wir sind, sehen wir in diesem Wandel Vorteile. Für die Künstler wie für die Konsumenten, allerdings nicht für die Verwalter des Jetzt.

Der Gedanke, dass Kunst sich keiner politischen Agenda mehr anschließen muss, um im Austausch für geistige Werte mit Subventionen genährt zu werden, ist verführerisch. Die Erkenntnis, dass es der Kunst nie gut oder schlecht geht, sondern dass sie sich bloß wandelt, erleichtert. Der Kampf um die Produktionsbedingungen im kulturellen Sektor ist leicht zu entschlüsseln. Es geht wie bei jedem Verteilungskampf um gesellschaftliche Ressourcen. Auch Arbeit, Umwelt, Bildung, Verkehr, Gesundheit kennen ihn. Das ist völlig normal.

Es dürfen fundamentale Fragen gestellt werden. Untergangsstimmung hat keine Berechtigung. Man muss nur die Begriffe und die Interessen klar auseinanderhalten. Reden wir von Kunst, von Kultur, von Wirtschaft, von Migration, von Glück 1 oder von Glück 2? Es liegt an der Gesellschaft, die jeweiligen Sektoren mit so viel Mitteln auszustatten, wie sie richtig findet. Und dass auf die Überbetonung des Kulturellen in den letzten 40 Jahren eine dialektische Wende zur Kulturskepsis folgt, könnte ja auch normal sein.

Die kulturelle Disposition:
Geld ist gut, aber der Markt ist schlecht

Politik für Glückspilze

Kunst macht glücklich. Aus diesem Glauben entsteht Kulturpolitik. Sie, die Kunst, macht das unglückliche Individuum glücklich, das glückliche intelligent. Sie macht die Lehrer glücklich, weil sie fröhlicheren Unterricht verspricht und soziale Kompetenz steigert. Sie macht die Politiker glücklich, weil sie gefahrlos Gutes tun können, indem sie Kultur ermöglichen oder bewahren. Sie macht die Wirtschaftsstatistiker glücklich, weil sie Wachstum verspricht und zum Bruttosozialprodukt beiträgt. Sie macht die Touristiker glücklich, weil sie Menschen zum Reisen verführt oder Reisen einen zivilisatorischen Sinn verleiht und die Klimaerwärmung mit humanistischer Bildung aufwiegt. Und sie macht die Integrationspolitiker glücklich, weil sich dank Kultur jeder soziale Konflikt in Minne wandelt.

Wie die Nukleartechnologie sich in den letzten 40 Jahren zum Inbegriff bösartiger Technologie entwickelt hat, ist es gelungen, Kunst und Kultur in derselben Zeit alle Attribute von Befreiung und Humanität zuzuordnen, obwohl sie Jahrhunderte im selben Maß als gefährlich und moralzersetzend gegolten hatte. Mit der Verbreitung des Wohlstands in Europa entziehen sich seine Grundlagen dem Blick, ins Zentrum rücken die Phänomene des sozialen Überbaus. Nukleartechnologie war ein Produkt naturwissenschaftlicher Forschung der zweiten Hälfte des 20. Jahrhunderts. Sie entstand aus dem Glauben, der Mensch könne die Urkräfte der Welt zähmen und gestalten. Es ist ihm nicht zweifelsfrei gelungen, also bietet sich die Atomkraft geradezu an als Überdruckventil für die Ängste der Gegenwart – für die Dämonisierung. Die Erfindung des Computers, die letzte große und für jeden greifbare Erneuerung, ist auch schon 40 Jahre her; seine Popularisierung geht übrigens einher mit der neuen Kulturpolitik, die ohne die Entmaterialisierung (Digitalisierung) zahlreicher Alltagsprozesse die Gesellschaft gar nie in diesem Maße durchdrungen hätte. Die Nobelpreise für Physik und Chemie beziehen sich auf immer abstraktere Leistungen. Wer aber will unter diesen Umständen noch Naturwissenschaften studieren? Wen reizt Forschung? Welcher Lohn erwartet jene, die die ausdauernde Arbeit im Ungewissen leisten, die so wenig Aufmerksamkeit erntet, obwohl nur sie es möglich macht, dass die Weltgestaltung heute als ästhetische Frage erscheint, die am solarenergiebetriebenen Computer entschieden werden kann? Der Staat ist nicht der einzige Treiber dieser Entwicklung hin zu den weichen Wissenschaften und zur Dominanz ästhetischer Fragen. Aber er ist ein wichtiger, weil er Entwicklungen offizialisiert, aus Trends Programme gestaltet. Ihm haben wir es zu verdanken, dass Kultur heute als Universalmedizin gilt, die abgerechnet wird über die Krankenkasse »öffentliche Förderung«.

Förderung macht frei, der Markt versklavt

Wenn Einrichtungen sich einmal auf der Couch öffentlicher Förderung niedergelassen haben, bleiben sie. Die Lieblingsvokabel der Kulturpolitiker und der kulturellen Verbandsvertreter ist »unverzichtbar«: Alles, was ist, ist unverzichtbar. Geändert werden soll nichts, auf jeden Fall nicht an den bestehenden Förderverträgen, und wenn doch, dann einzig in Richtung Wachstum. So wurde vorgeschlagen, die öffentlichen Theater in Deutschland insgesamt unter Schutz zu stellen, zum UNESCO-Weltkulturerbe zu erklären. Der Vorschlag wurde noch nicht einmal als lächerlich empfunden. In einer westdeutschen Großstadt, in der auch die Kultur einen Beitrag zur Haushaltskonsolidierung leisten sollte, war der Tenor in Kulturverwaltung und Stadtrat, dass eigentlich alles gut sei, so wie es ist, und dass sich an der Kultur in der Stadt nichts ändern müsse. Auf der Fördercouch ist noch Platz für weitere Patienten, dazusetzen kann man sich gern, wenn man ein genügend großes Glücksversprechen mitbringt.

Kultur war auch schon beweglicher. Sie war dies immer dann, wenn öffentliche Kultur sich auf dem Markt an anderen Kulturangeboten messen lassen musste. Wenn sie sich bemühen musste, ihr Publikum zu finden. Solche Beweglichkeit ist auf der Couch der geförderten Kultur nicht notwendig. Die Förderung schirmt die Geförderten vom Markt ab. Wenn man den Gedanken anders formuliert, wirkt er wie ein Programmsatz von Kulturpolitik heute. Wirklich frei, frei vom Zwang, auf den Geschmack und die Wünsche des Publikums einzugehen, ist Kultur erst, wenn sie staatlich gefördert wird. Der Programmsatz heißt dann: »Förderung befreit die Kunst, der Markt versklavt sie.«

Das ist gemütlich. Wenn auch vielleicht nicht wirklich gesund. Kulturpolitik fördert Bewegungsmangel bei den Geförderten. Sie setzt keine Anreize, dass Kulturbetriebe sich an der frischen Luft betätigen und sich dem Publikum und seinen Interessen aussetzen. Vielmehr wird Kultur durch Kulturpolitik vor Märkten geschützt und dem Wind, der ihr dort um die Ohren blasen kann.

Man kann das auch abstrakter und positiv formulieren. Kunst und Kultur sehen sich als Gegenprinzip zum Markt. Der Markt fordert Verwertung und Gewinnorientierung, die Kunst aber steht außerhalb jedes Verwertungszusammenhangs und stellt reine Inhalte her. Sie operiert also jenseits wirtschaftlicher Logik. Deswegen bietet Kunst Lösungen für alle gesellschaftlichen Probleme. Aus ihr wachsen Alternativen zur herrschenden Gesellschaft. Ohne Kunst schließt sich die Marktwirtschaft zum alternativlosen Verhängniszusammenhang, in dem die Nachfrage der Massen das Neue erdrückt.

Kulturförderung schafft also ein Gegengewicht zum reinen Verwertungszusammenhang. Allein, in der Kombination mit der in die Verfassungen eingeschriebenen Freiheit der Kunst hat sich daraus ein Gegensystem zum Markt entwickelt. Das geht so weit, dass der Staat die Freiheit des Künstlers heutzutage als Freiheit von der Nachfrage auslegt und Kultur im denkbar breitesten Sinne unter finanziellen Schutz stellt. Wirtschaft erscheint plötzlich als System von Zwängen, das den Kreativen keine Freiheit lässt. Der Staat stellt dagegen sicher, dass weder die Kunst kompromittiert noch die Massen durch den Kommerz manipuliert werden. Obwohl es also bereits eine Kultur für alle gibt, nämlich jene, die sich ohne Beihilfen auf dem Markt behauptet, entwickelt sich im Schutz des Staates eine andere »Kultur für alle«. Während Massenkultur mit »Profit für wenige« gleichgesetzt wird, sozialisiert die neue Kultur für alle die Verluste.

Sicher, das ist überspitzt. Aber doch ist hier das Verhältnis von Kunst und Markt beschrieben, wie es sich in den Köpfen vieler kulturpolitischer Protagonisten darstellt. Hinter der derzeitigen Kulturpolitik steht das Bild, dass (gute, wahre, schöne) Kultur auf einem Markt aus eigener Kraft keinesfalls existieren könne. Dass Kultur nicht sicher ist, wenn nicht eine parlamentarische Mehrheit sich darüber einig ist, dass wir in einer Kulturnation leben und leben wollen. Und viel Geld für Kultur bewilligt. Kultur kann nur leben, wo sie dauerhaft von einem wohlmeinenden Staat geschützt wird. Märkte sind ihr Tod. Von den Wächtern der Kultur ist dauernde Anstrengung gefordert, um sie vor Veränderungen zu schützen. – Also: Nur auf der Fördercouch ist Kultur sicher und segensreich.

Öffentliche Kultur und ihre Kundschaft

Kulturpolitik, die Kultur fördert, um sie vor dem Urteil der Konsumenten zu bewahren, hat kein hohes Bild von der Kundschaft. Das liegt nicht nur an ihrer Marktskepsis: Die Produktion von Kunst und Kultur steckt in einem Dilemma, das Walter Benjamin in seinem Kunstwerk-Aufsatz auf den Punkt gebracht hat: »Es ist von jeher eine der wichtigsten Aufgaben der Kunst gewesen, eine Nachfrage zu erzeugen, für deren volle Befriedigung die Zeit noch nicht gekommen ist.«[64] Aus dieser Feststellung leiten zahlreiche öffentliche Kulturbetriebe ab, in der mit öffentlichen Mitteln geförderten Kultur schlössen sich Besucherorientierung und künstlerische Qualität, Wirtschaftlichkeit und ästhetische Spitzenleistung gegenseitig aus. Die Autonomie der Kunst, so die traditionsreiche These, sei im Kern gefährdet, einer unheilvollen Kommerzialisierung werde automatisch Tür und Tor geöffnet, würden die Besucher und ihre Erwartungen in die künstlerischen Überlegungen mit einbezogen.

Eine tatsächliche Orientierung am Nutzer von Kultureinrichtungen wird im öffentlichen Kulturbetrieb aus tiefstem

Herzen – trotz aller oberflächlichen Lippenbekenntnisse – abgelehnt. Behauptet wird ein Gegensatz zwischen künstlerischer Qualität und Publikumsgeschmack: Veranstaltungen, die ihr Publikum finden, können eigentlich gar nicht gut sein! Dabei wird geflissentlich übersehen, dass Erfolg im Kulturbetrieb nach Gerhard Schulze eine selbst konstruierte Größe ist nach dem Motto: Ist der Saal voll, spricht das für sich – ist er halb leer, dann ist das Publikum noch nicht reif für das ihm Gebotene. Diese Logik kann nie schiefgehen! In solchen Behauptungen steckt allerdings – man sollte sich dies durchaus einmal deutlich bewusst machen – ein gehöriges Stück Publikumsverachtung.

Es ist ein vor allem von erfolglosen Kunstschaffenden gern verbreiteter und auf den Kulturförderebenen der öffentlichen Hände gern und oft nachgeplapperter Unfug, dass künstlerische Höchstleistung und Publikumsnachfrage einander ausschlössen. Keiner wusste das besser als Goethe, der am 1. Mai 1825 in einem Gespräch mit Eckermann feststellt: »Shakespeare und Molière ... wollten auch vor allen Dingen mit ihren Theatern Geld verdienen. Damit sie aber diesen ihren Hauptzweck erreichten, mussten sie dahin trachten, dass fortwährend alles im besten Stande, und neben dem alten Guten immer von Zeit zu Zeit etwas tüchtiges Neues da sei, das reize und anlocke.«[65] Der Zusammenhang von Ökonomie, Besucherorientierung und künstlerischer Leistung stellte sich für Goethe ganz direkt her: »Will ein Theater nicht bloß zu seinen Kosten kommen, sondern obendrein noch Geld erübrigen und Geld verdienen, so muss eben alles durchaus ganz vortrefflich sein. Es muss die beste Leitung an der Spitze haben, die Schauspieler müssen durchweg zu den Besten gehören, und man muss fortwährend so gute Stücke geben, dass nie die Anziehungskraft ausgehe, welche dazugehört, um jeden Abend ein volles Haus zu machen. Das ist aber mit wenigen Worten sehr viel gesagt und fast das Unmögliche.«

Und Goethe sah ebenfalls sehr hellsichtig die künstlerischen Gefahren, die aus einer Abkoppelung von der Nachfrage durch öffentliche Subventionen erwachsen: »Nichts«, sagte er, »ist für das Wohl eines Theaters gefährlicher, als wenn die Direktion so gestellt ist, dass eine größere oder geringere Einnahme der Kasse sie persönlich nicht weiter berührt und sie so in der sorglosen Gewissheit hinleben kann, dass dasjenige, was im Laufe des Jahres an der Einnahme der Theaterkasse gefehlt hat, am Ende desselben aus irgendeiner anderen Quelle ersetzt wird. Es liegt einmal in der menschlichen Natur, dass sie leicht erschlafft, wenn persönliche Vorteile oder Nachteile sie nicht nötigen.« Besucherorientierung und künstlerische Qualität sind für Goethe also nicht nur kein Gegensatz, sondern bedingen einander vielmehr – und umgekehrt! Als hätte er heutige Entwicklungen vorausgeahnt, beklagt er, dass »einige tausend Taler jährlich mehr oder weniger ... doch keineswegs eine gleichgültige Sache [sind], besonders da die geringere Einnahme und das Schlechterwerden des Theaters natürlich Gefährten sind, und also nicht bloß das Geld verloren geht, sondern die Ehre zugleich«.

Wenn heute im öffentlichen Kulturbetrieb vom »kulturpolitischen Auftrag« gesprochen wird, dann dreht sich der Diskurs meist nur um das Angebot und die Produzenten, die Organisationsseite. Das kann nicht so bleiben. Die Fragen werden immer lauter zu hören sein, weniger vom Feuilleton, aber vom Publikum und von der Kulturpolitik: Wer besucht das reichhaltige Kulturangebot? Wer ist bereit, es zu finanzieren? Antworten darauf müssen von den Geldempfängern nicht nur aus finanziellen Gründen, sondern vor allem auch deshalb gegeben werden, weil jenes »Kulturbürgertum« schrumpft, in dessen Selbstverständnis Kunst und Kultur sowie ihre öffentliche Unterstützung lange außer Frage standen.

In Zukunft gehört die Frage nach den Nutzern von Kunst und Kultur in den Mittelpunkt. Das wäre eine konsequente Orientierung an Besucherin und Besucher. Peter Drucker definiert den tatsächlichen »Zweck« eines Unternehmens nicht im Gewinn, sondern darin, Kunden zu finden, denn das ist die Voraussetzung dafür, dass ein Betrieb überhaupt Gewinn machen kann. Das muss auch für den öffentlichen Kulturbetrieb gelten. Gibt es zu wenige Nutzer, die seine Leistungen und Angebote in Anspruch nehmen, wird der viel beschworene kulturpolitische Auftrag sinnlos. Es wäre ein Auftrag, der seine Adressaten nicht findet. Es muss Menschen geben, die ins Theater, ins Museum, ins Konzert gehen, die die Angebote der Musikschule nutzen, die Bücher in der Stadtbibliothek ausleihen. Das entwertet die Aufgabe der künstlerischen Leitung nicht, im Gegenteil: Ein kluges Programm entwickelt sich an der Schnittstelle zwischen Nachfrage und künstlerischer Ambition. Doch je mehr Förderung, umso geringer das Gewicht der Nachfrage. Die Erwartungen an den Zulauf werden mit jeder neuen Direktion weiter heruntergeschraubt.

Folgt man der Rezeptionsästhetik, so vollendet sich jedes künstlerische Werk aufgrund seiner »fundamentalen Ambiguität« überhaupt erst in der Rezeption durch den jeweiligen Betrachter. In diesem Sinne produziere jeder Künstler eine in sich geschlossene Form und möchte, dass diese Form, so wie er sie hervorgebracht hat, verstanden und genossen werde; andererseits bringe jeder Konsument bei der Reaktion auf das Gewebe der Reize und dem Verstehen ihrer Beziehungen eine konkrete existenzielle Situation mit, eine bestimmte Bildung, Geschmacksrichtungen, Neigungen, persönliche Vorurteile, dergestalt, dass das Verstehen der ursprünglichen Form gemäß einer bestimmten individuellen Perspektive erfolgt. Daher ist Rezeption nicht nur Interpretation, sondern auch Realisation, da jedes Mal das Werk in einer neuen Perspektive neu auflebt. Erst durch Rezipienten vollendet sich also das Werk. Sich an Besuchern zu orientieren, um einen Markt zu kämpfen bedeutet, dass die jeweilige Kultureinrichtung tatsächlich alle Anstrengungen unternimmt, die Bedürfnisse des Publikums in ihre künstlerisch-ästhetische Produktion einzubauen. Das ist weit mehr, als was heute unter Kulturvermittlung beschworen wird. Pädagogisch ausgerichtete Kulturvermittlung verfestigt erst recht das Prinzip, dass nur der Anbieter recht habe und das Publikum ihm nur aus Feigheit oder Bequemlichkeit den Rücken kehre. Sie setzt – ganz freundlich – das Nicht-Publikum ins Unrecht.

Kunst versus Wirtschaft

Kunst und Kultur nur als Gegensphäre zum Markt und zur Welt der Wirtschaft zu betrachten heißt, die schöpferischen Effekte des Marktes zu verkennen. Das Verhältnis von Kunst und Wirtschaft ist komplexer als die bloße Opposition »hier hehre Kunst, dort böse Wirtschaft«.

Seit Beginn des 20. Jahrhunderts, intensiv seit den neunziger Jahren, wird das Verhältnis zwischen Kultur und Wirtschaft diskutiert. In der Frage ist schon entschieden, dass nur in einer Richtung gesucht wird. Um Dinge in ein Verhältnis zu setzen, müssen sie unterschiedlich sein. Das Verhältnis von Kultur und Wirtschaft wäre eines zwischen zwei unterschiedlichen Gesamtheiten. Als ob Kultur nicht in Betrieben oder Einrichtungen stattfände, die wirtschaften. Und als ob Wirtschaft nicht in einem kulturellen Zusammenhang stattfände und vermutlich mehr kulturelle Substanz bewegt, als wir uns vorstellen können. Das Wort »Kulturwirtschaft« hat die Diskussion weiter verkompliziert.

Wo Kulturpolitik sich im Verhältnis zur »Wirtschaft« programmatisch gibt, geht es heute meist konservativ zu. Kultur wird als eine bewahrende Kraft gegen die ökonomistische Zerstörung der Lebenswelt gepriesen, sie sei ein Gegenkonzept zu Globalisierung und alles andere Böse, was uns die Wirtschaft beschert. Kultur sei, was wir sind; Wirtschaft, was wir nicht werden möchten. Kein Wunder, dass Kultur mit Vorliebe in alte Industriehallen zieht und die Befreiung von der Arbeit zelebriert.

Kunst, eigentlich das Schlachtross der Aufklärung, wird plötzlich zu ihrem Widerpart. Die frühe Aufklärung sah vor allem das Nützliche, Karl Philipp Moritz hat die Haltung erstmals formuliert: »Die herrschende Idee des nützlichen hat nach und nach das Edle und Schöne verdrängt – man betrachtet selbst die große erhabne Natur nur noch mit kameralistischen Augen und findet ihren Anblick nur interessant, in so fern man den Ertrag ihrer Produkte überrechnet.«[66] In wirtschaftlichen Krisen gewinnen solche Ansätze an Dringlichkeit und Glaubwürdigkeit. Konservatismus ist der kulturelle Versuch, in Zeiten, in denen Tradition schon verloren ist, aber noch erinnert wird, diese durch politische Intervention zu retten. Konservative stehen insofern an der Spitze des Fortschritts, sie haben aber eine eigene Vorstellung von der Richtung, in die weitergegangen werden soll. Können aus einer konservativen Gestimmtheit und aus der Opposition zur Wirtschaft kulturpolitische Herausforderungen bewältigt werden?

Wir sind überzeugt, dass das Verhältnis von Kultur und Wirtschaft, vor allem mit Blick auf das Wirtschaftliche in der Kultur, sehr viel facettenreicher beschrieben werden kann als in jener von der Kulturpolitik instrumentalisierten fundamentalen Gegnerschaft. Welchen Einfluss hat öffentliche Förderung, haben öffentliche Regelungen auf Kultur und Wirtschaft, auf Kulturwirtschaft, auf das Wirtschaften in der Kultur?

»Die Wirtschaft« in Abgrenzung zum öffentlichen Sektor und dem intermediären Sektor bezeichnet einen gesellschaftlichen Bereich, in dem – meist mit der Absicht der Gewinnerzielung oder zumindest der Existenzsicherung – von Privatpersonen oder Firmen, die in privatem Eigentum stehen, Güter hergestellt und gehandelt sowie Dienste geleistet werden. Solange dieses Ziel erreicht wird, ist es gleichgültig, was hergestellt oder geleistet wird. In knappster Form wird dies von Karl Marx am Beispiel einer Handelsbeziehung gefasst: »Die vollständige Form dieses Prozesses ist daher G – W – G', wo G' = G + ΔG, d. h. gleich der ursprünglich vorgeschossenen Geldsumme plus einem Inkrement.« W steht hier für eine gehandelte Ware, könnte aber auch für Produktionsprozesse stehen, G für Geld. Was passiert, ist gleichgültig, solange aus dem Prozess nur mehr Geld herauskommt, als hineingesteckt wird. Wenn das Delta, der »Mehrwert« entsteht, war der Prozess erfolgreich. Nun ist kein Produzent allein, er steht immer in Konkurrenz zu anderen. Die Konkurrenz nun stülpt über die Mechanik der Gewinnerzeugung eine kulturelle Steuerung: Marxens Gleichung geht nur für Produzenten auf, die auf die kulturelle Variabilität eingehen und adäquate Produkte hervorbringen. Das ist die Innovationskraft des Marktes, die ihn zu einem treibenden Faktor der Kultur macht, weil laufend Unterschiedliches erfunden werden muss, um Mehrwert zu schaffen. Und umgekehrt erwachsen nur aus dem Mehrwert die Mittel, um laufend Neues zu gestalten. Manchmal schafft der Markt sogar Kunst. Die Unkultur, die sich genau dann breitmacht, sobald Märkte ausgeschaltet sind, konnten wir im 20. Jahrhundert mehrfach aus der Nähe beobachten.

Von dieser Logik der Wirtschaft, von der Gewinnerzeugung als Prozesszweck, grenzt Kunst sich ab – hieraus entspringt die Skepsis, die die Kulturwelt der Wirtschaft entgegenbringt. Kultur beansprucht, nicht durch materiellen Gewinn angetrieben zu sein. Der künstlerische Akt werde nicht wegen des Mehrwerts oder des Geldes vollzogen, sondern er findet seinen Sinn in sich selbst. Kulturelle Hervorbringungen bezögen sich auf andere künstlerische Akte oder Kunstwerke. Ist der Inhalt des Prozesses dem Wirtschaftsunternehmen gleichgültig, so komme es in der Kultur auf die Sache an, sie sei Zweck und Ziel des Handelns. Das ist eine Idealisierung, die mit der neuen Kulturpolitik ihren Anfang genommen hat. Das doppelte Motiv, nämlich erfolgreich zu wirtschaften und gute Kunst hervorzubringen, wurde auf den zweiten Aspekt verkürzt. Seither sind Kulturbetriebe Tendenzbetriebe. Es geht ihnen gar nicht mehr ums Geldverdienen, sondern ausschließlich um andere Ziele. Damit haben Kulturbetriebe zu Kirchen und Glaubensgemeinschaften aufgeschlossen und grenzen sich maximal von Wirtschaftsbetrieben ab.

Natürlich ist die Realität reicher an Schattierungen als solche begrifflichen Abstraktionen. Dort, wo Inhaber und Mitarbeiter von Betrieben an ihre Produkte und Prozesse glauben, wo Tradition, Werkstolz, Versunkenheit in die Sache oder Identifikation mit dem Produkt in »der Wirtschaft« eine Rolle spielen, wo ein Unternehmen auch eine soziale Struktur ist, motiviert nicht der Gewinn allein die Handlungen der Wirtschaftenden. Arbeiten, als Unternehmer wie als Arbeitnehmer, hat auch etwas mit Sinn zu tun. Umgekehrt gibt es in Kunst und Kultur Betriebe und Personen, die vor allem anderen vom Gewinnstreben motiviert sind. Spitzengagen zeugen nicht von künstlerischem Altruismus. Aber die grundsätzliche Unterscheidung zwischen gewinnorientiertem Betrieb und kulturellem Tendenzbetrieb markiert recht gut, wo »Kultur« ihre Sorgen mit »der Wirtschaft« hat: Sie lehnt sich gegen deren Gleichgültigkeit den Inhalten gegenüber auf.

Es gibt noch einen anderen Begriff von Wirtschaft, der für Kultur relevant ist. Der liberale Ökonom Franz Oppenheimer schrieb: »Wirtschaften heißt: mit kostenden Dingen (oder Wertdingen) nach dem ökonomischen Prinzip verfahren.« Ökonomisches Prinzip heißt, »mit dem kleinsten möglichen Aufwand« den »größte(n) Erfolg der erstrebten Bedürfnissättigung« zu erzielen. Der Begriff »Wirtschaften« bezieht sich hier auf einen Modus menschlichen Handelns. Wirtschaften heißt, im Handeln der – für menschliche Gesellschaften grundlegenden – Bedingung der Knappheit von »Wertdingen« gerecht zu werden. Was nicht knapp ist, hat keinen Wert. Dieser Begriff des Wirtschaftens geht tiefer als die Unterscheidung von Wirtschaft und Kultur. Er betrifft, gleichgültig ob das Ziel im Gewinn oder in der Sache liegt, einen Modus menschlichen Handelns, der aus dem Umgang mit der Endlichkeit der Welt und ihrer Güter erwächst oder erwachsen sollte.

Als Alltagserfahrung ist die Knappheit allen verfügbar. Auch in Kulturbetrieben ist das nicht ganz unbekannt. Immer fehlt es an Geld, an Mitarbeitern, an Dingen, um alles noch besser zu machen, trotz aller Kulturförderung. Für kulturelle Einrichtungen gilt überall, dass sie alle Mittel brauchen und verbrauchen, die ihnen zur Verfügung stehen. Und immer noch mehr brauchen könnten. Das ist ein sprechender Beleg für das handlungsleitende Wirken von Knappheit.

Fassen wir die beiden Begriffe aus Sicht eines Wirtschaftsbetriebs zusammen. Ihm geht es darum, dass der Ertrag auf Dauer höher ist als der Aufwand. Hieraus entsteht der Gewinn. In der öffentlich finanzierten Kultur dagegen spielt nicht der Gewinn eine Rolle, sondern der Inhalt dessen, was im Prozess entsteht. Entstehen ökonomische Gewinne, ist das natürlich erfreulich und wird in Kauf genommen. Entstehen aber Verluste, muss dafür jemand anderes einstehen. Wo künstlerische Tätigkeit privat finanziert wird, können Verluste durch den Künstler selbst abgedeckt werden, der seine Kunst durch einen Brotberuf subventioniert. Die Subvention kann aus dem Umfeld des Künstlers kommen, von der Familie, aus sozialen Netzwerken. Oder die öffentlichen Hände stehen für Verluste ein, finanzieren Projekte oder Institutionen. Verlustbringende Kulturbetriebe leben vom Altruismus anderer, ein durchaus vernünftiges Prinzip, das in vielen Bereichen der Gesellschaft angewendet wird. Wirtschaften muss aber auch die Kultur: Öffentliche Taschen sind nicht unendlich tief, der Altruismus der Individuen ist begrenzt.

Man könnte nun aus einem Theater einwenden, dass es Ziel einer Inszenierung sein mag, Reichtum und Opulenz darzustellen, und dass es dann doch nicht möglich sei, sich am Modus der Knappheit zu orientieren. Es geht aber nur darum, jene Opulenz mit den geringstmöglichen Mitteln darzustellen, wie das Globe-Theater in London. Sein Erfolg liegt in der Simplizität der Inszenierung. Die Dinge sind, was sie scheinen: Stellvertreter, Symbole, sie simulieren nicht, sie verweisen. Doch heutiges Theater, heutige Installationskunst, der Film wollen den Erlebnisraum als realen inszenieren. Opulenz darzustellen verlangt, verschwenderisch zu handeln. Dabei gestattet exakt die kunstvolle Differenz zwischen tatsächlichen Verhältnissen und ihrer Abbildung, dass dem nicht so sein muss. Wenn ein goldenes Kalb aus Gold gefertigt sein muss, so ist dies selbst Teil der künstlerischen Botschaft. Dass die zeitgenössische Kunst versucht, die Differenz aufzuheben, ändert daran nichts. Der Versuch kann nicht gelingen, weil für Kunst konstitutiv bleibt, dass sie aus dem Alltag herausgehoben ist. Und sei es nur durch einen Glasrahmen für fünf Euro aus dem Supermarkt.

Natürlich gibt es Verlage und Konzerne, die ihr Geld mit Büchern, sogar literarischen Büchern, verdienen. Natürlich gibt es Tonträgerproduzenten, die Filmindustrie, Musikagenturen, Künstler mit einem Interesse, reich zu werden. Die Berührung mit künstlerischen Motiven nimmt nicht alle kommerziellen Bezüge aus einem sozialen Vorgang. Aber künstlerisches Arbeiten hat in seinem Kern nicht ein kommerzielles Motiv, sondern ein künstlerisches. Der Unterschied besteht immerhin. Aber Kultur hat mit Wirtschaften zu tun. Und deswegen ist es nicht nur gerechtfertigt, sondern gehört zu einem vollständigen Bild kultureller Realitäten, Kunst und Kultur auch in wirtschaftlichen Kategorien zu reflektieren. Geld zu verdienen mit Kunst ist nicht gegen Kunst gerichtet.

Meritorische Kulturförderung verzerrt die Märkte

Die staatliche Zuteilung von Geld an die Kultur betrifft meist meritorische Güter, manchmal schafft sie sie erst. Im markanten Unterschied zu öffentlichen Gütern und Dienstleistungen existieren meritorische wie »normale« Wirtschaftsgüter auf dem Markt von Angebot und Nachfrage – sie sind nutzerorientiert, suchen sich ihr Publikum, ihre Kunden, sie konkurrieren womöglich mit Gütern und Leistungen privater Anbieter.

Um welche Güter oder Dienstleistungen handelt es sich? Dies liegt keineswegs fest, sondern ergibt sich aus mehr oder weniger geordneten, mehr oder weniger klugen politischen Diskussionen. Man denke etwa an die Debatte über das Gesundheitssystem in den USA, an die Hotelmehrwertsteuer in FDP-Deutschland oder die Abwrackprämie für PKWs. Ein meritorisches Gut war über Jahrzehnte die Bildung von Hauseigentum, es wurde entsprechend mit einer »Eigenheimzulage« oder dem Bausparen gefördert. Oder die Kilometerpauschale zur Fahrt zum Arbeitsplatz – der Gesetzgeber wünscht sich, dass Arbeitnehmer mobil sind: je weiter die Anreise, desto größer die öffentliche Förderung. Eine Flächenzersiedelungsprämie mit ökologischer Kontraindikation. Die Leistungen der Bahn sind in Deutschland Wirtschaftsgut, sie werden aber bei den allfälligen Krisen wie ein meritorisches Gut verhandelt, das gemeinschaftlichen Schutz verdient. Bei der Post muss die Gesellschaft sich über die Anzahl und Erreichbarkeit von Briefkästen verständigen, um dann ein privatwirtschaftliches Unternehmen für deren Leerung zu zahlen. Dies mag genügen, um darzulegen, dass nicht nur die Kultur Probleme hat, meritorische Güter zu definieren.

Der Staat hat verschiedene Möglichkeiten, Produktion und Konsumtion meritorischer Güter zu fördern. In Teilbereichen der Bildung tut er es mittels Zwang, nämlich der Schulpflicht. Er kann es auch nur durch Information, Steuerung der Information, Inwertsetzung oder Inszenierung versuchen (kein Staatsempfang ohne kulturelle Hintergrundmusik). Er kann Marktparameter beeinflussen. Er kann mit Direkthilfen zusätzliche Angebote schaffen – zum Beispiel zum Einbau eines Katalysators bei PKWs. Preise können mithilfe von Subventionen gesenkt werden. Die öffentlichen Hände tragen rund 85 Prozent der Kosten öffentlicher Theaterbetriebe. Wenn diese beim Verkauf der Eintrittskarten erlöst werden müssten, würden mit Sicherheit weniger Theaterkarten verkauft. Nicht jeder würde 130 Euro für einen Platz im Stadttheater oder 250 Euro für einen in der Oper bezahlen wollen. Boulevardtheatern, Musicals und Kabaretts auf der anderen Seite gelingt es, mit ihren Eintrittsgeldern auszukommen. Der verminderte Mehrwertsteuersatz auf Bücher führt in Deutschland zu zehn Prozent niedrigeren Buchpreisen als ohne, in Österreich ist die Subvention des Buchmarkts mit einem zehnprozentigen Steuersatz (gegen 20 Prozent Normalsatz) etwas kleiner. Auch die Schweiz kennt ein solches Modell, wenn auch mit insgesamt niedrigeren Steuersätzen. Umgekehrt garantiert die Buchpreisbindung in Deutschland und Österreich höhere Margen und vermindert den Konzentrationsdruck im Handel. In der Schweiz gibt es sie seit 2007 nicht mehr, ohne dass der Buchhandel deswegen zusammengebrochen wäre. Zusätzlich können Verlage auch direkt staatlich gefördert werden, das ist eher eine österreichische und in Teilen schweizerische Praxis. Mit den Fördermaßnahmen, so hoffen die Gesetzgeber, werden Bücher günstiger und deshalb häufiger gekauft. Viel Sarrazin, noch mehr Lehrbücher für Yoga, vielleicht Belletristik!

Meritorische staatliche Eingriffe in einen Markt müssen politisch begründet werden. Mit welcher moralischen Autorität werden einige Güter für wertvoller erklärt als andere? Eine bestimmte kulturelle Äußerung meritorisch zu privilegieren entwertet andere kulturelle Ausdrucksformen. Es festigen sich Machtstrukturen. Entspricht das der Freiheitsvorstellung unserer Gesellschaft?

Der staatliche Eingriff bringt weitere Probleme mit sich. Da ist das Problem des Maßes. Im Guten selbst liegt keine Grenze. Kultur ist gut. Mehr Kultur ist besser. Noch mehr Kultur ist noch besser, oder doch mindestens auch gut. Das System der meritorischen Güter verselbstständigt sich leicht. Es werden dann immer mehr meritorische Güter und Leistungen produziert. Doch wie viele Theater braucht das Land? Wie viele Bibliotheken? Wie viele Museen? Schwieriger noch: Die Auswahl zwischen verschiedenen meritorischen Bereichen ist problematisch. Brauchen wir als Gemeinwesen eher mehr Kinderkrippen, mehr Eisenbahn oder mehr Kunstmuseen? Brauchen wir in der Kultur selbst mehr kulturelle Bildung, mehr Förderung von Stadtteilkultur oder mehr Konzerte? Mehr Jazz oder mehr Simon Rattle, mehr Experimentalvideo oder mehr Gerhard Richter?

Fest steht, dass die Kulturförderung, wo sie Güter und Dienstleistungen als meritorische nobilitiert, nicht nur Gutes tut, sondern sich dabei in Märkten bewegt und diese Märkte beeinflusst. Die Fördercouch steht nicht im Wohnzimmer vor dem Fernseher, sondern im öffentlichen Raum. Die Geförderten können es sich wohlgehen lassen, obwohl sie ständig klagen, die Couch sei unbequem. Wo andere in diesen Märkten agieren möchten, müssen sie gegen geförderte Konkurrenten antreten, die unter weitaus günstigeren wirtschaftlichen Bedingungen agieren können. Geld gibt es für die Geförderten ohnehin, deswegen müssen sie sich – wie gesehen – nicht so stark an den Kunden orientieren. Aber sie können andere Preise machen. Die Privaten müssen so ein kundenfreundliches Programm anbieten, sich im Preis aber an den Geförderten orientieren. Dass Hochkultur staatlich subventioniert angeboten wird, verdrängt sie aus den Programmen der privaten Anbieter, weil Letztere mit den niedrigen Preisen öffentlicher Kultureinrichtungen nicht mithalten können. So verschärft sich die Trennung zwischen E und U, obwohl alle darauf schwören, sie sei längst überwunden. Die Abkürzungen beschrieben mal Ansprüche, heute stehen sie für zwei unterschiedliche Wirtschaftsmodelle.

Ein Beispiel für die Spannung zwischen den beiden Modellen gibt der Musikunterricht in vielen Städten in Deutschland, Österreich und der Schweiz. Auf dem Markt bewegen sich private Anbieter und öffentliche Musikschulen. Die öffentlichen Schulen bekommen einen großen Teil ihrer Kosten erstattet. Für privaten Musikunterricht gilt fast überall der Preis, den die öffentlichen Musikschulen von ihren Schülern verlangen, als Obergrenze. Die privaten erhalten keine öffentlichen Zuschüsse, müssen aber denselben Preisrahmen beachten, weil sie sonst ihre Leistungen nur schwer verkaufen. Es muss an dieser Stelle nicht diskutiert werden, wie sich die Qualität des subventionierten öffentlichen Musikunterrichts zu der des privaten Unterrichts verhält. Zu demselben Ergebnis käme man beim Vergleich öffentlich subventionierter Musikveranstalter mit privat veranstaltenden Musikagenturen, bei der Konfrontation von öffentlichen Theatern mit dem Markt privater Theater oder von Musicalhäusern, dies vor allem, wenn die öffentlichen zur Auslastungserhöhung die erfolgreichen Formate der Privaten kopieren. Und die Liste ließe sich leicht verlängern. Es sollte deutlich geworden sein, wie öffentliche, meritorische Förderung die Märkte prägt, in die sie eingreift.

Das kann eine Gesellschaft alles so wollen. Aber sie sollte sich sorgfältiger klarmachen, was sie tut und wie die eingerichteten Systeme wirken. Wo diese Diskussion nicht geführt wird, stellt dies eine Einladung an die Nutznießer des Fördersystems dar, jede Kritik mit einer unwirschen Geste vom Couchtisch zu fegen. Kultur ist eben nicht Wirtschaft. Oder doch?

Die wundersame Selbstfinanzierung der Kultur

Bei aller Skepsis gegenüber der Wirtschaft, fremd ist es der Kulturpolitik nicht, Kunst und Kultur als einen Wirtschaftsfaktor zu sehen. Dies wird immer dann getan, wenn eine Chance besteht, mit solchen Argumenten mehr öffentliches Geld für die eigene Sache zu bekommen oder die schon zugesagte Förderung langfristig zu sichern. Dem Landesverband der Volkshochschulen in Schleswig-Holstein gehört das Verdienst, die Dinge auf den Punkt gebracht zu haben. Am 7. Juli 2011 meldete er stolz, es sei nun erwiesen, dass die Volkshochschulen ein starker Wirtschaftsfaktor in Schleswig-Holstein seien: »Jeder Euro, der an kommunalen Investitionen in die Volkshochschulen des Landes fließt, ist 5,70 Euro für die lokale Wirtschaft wert. Darüber hinaus generieren Land und Bund erhebliche Umsatzsteuereinnahmen.« Das habe eine Untersuchung ergeben, die der Karlsruher Ökonom Peter Leiberich im Auftrag des Landesverbandes erstellt hat. Die Studie gibt es auf der Seite des Verbandes im Netz.

An einem Rechenbeispiel sei verdeutlicht, welche Brisanz in der Sache liegt. Sagen wir, die Kommunen in Schleswig-Holstein nutzen die Erkenntnis, »investieren« 2013 100 Millionen Euro in die Volkshochschulen. 570 Millionen müssten dann in die lokale Wirtschaft fließen. Grob geschätzt, sind darin zehn Prozent Umsatzsteuer enthalten, sonstige Steuern und Abgaben fließen noch einmal in derselben Höhe an den Staat zurück. Obendrauf gibt es Sekundär- und Tertiäreffekte, die diese Summen erhöhen. So fließen in die Staatskassen (Bund, Länder und Kommunen) mehr als die ursprünglich eingesetzten 100 Millionen. Es müssten sich Bund, das Land Schleswig-Holstein und die Kommunen nur darauf einigen, dass das Geld tatsächlich an die Kommunen zurückfließt. Es wären dann die Volkshochschulen für die Kommunen recht profitabel. Vielleicht könnte man das Schwungrad vergrößern, den Volkshochschulen 2014 eine »Investition« von einer Milliarde Euro erlauben. Vielleicht könnte dann der Rest der Kultureinrichtungen Schleswig-Holsteins aus dieser Quelle mitfinanziert werden? Falls das überhaupt nötig ist: Denn es ist ja möglich, dass der Ökonom Professor Leiberich auch in den »Investitionen« hier ähnlich profitable Geldquellen ansticht? Wenn man ein wenig weiterdenkt, ist sicherlich vorstellbar, dass allein aus der Kultur die kommunalen und die Landesfinanzen Schleswig-Holsteins saniert werden. Dann noch Sport und Soziales! Vielleicht ein paar Steuersenkungen. Weiter gedacht ist es nicht abwegig, aus der Kultur auch die Probleme des Bundeshaushalts anzugehen. Vielleicht öffnen sich auch im Euroraum insgesamt neue Perspektiven? Vielleicht sollte die European Financial Stability Facility ganz auf Kultur setzen?

Kunst ist eine Quelle der Inspiration. Inspiriert Kultur auch fiskalische Lösungen? Kommt aus den Volkshochschulen die Rettung der Staatsfinanzen? Betrachten wir das Argument genauer.

Zunächst: Es sind nicht Investitionen, von denen beim Verband die Rede ist, gemeint sind vielmehr die kommunalen Zuschüsse an die Volkshochschulen. Professor Leiberich muss gegen seine Auftraggeber in Schutz genommen werden. Er beschreibt seine Ergebnisse vorsichtiger als der Verband: Die »Mehrzahl der Befragten« nutze »den vhs-Besuch für Aktivitäten, für die Ausgaben getätigt werden«. Also: Kulturell Bildungsbeflissener geht einkaufen und dann zur VHS. Oder umgekehrt. In der Verbandserklärung werden diese Ausgaben dem »vhs-Besuch« als dessen wirtschaftliche Wirkung zugeschlagen. Könnte aber auch sein, dass Einkaufen, Restaurantbesuch oder kulturelle Aktivität nicht wegen des Besuchs der Volkshochschule stattfanden, sondern weil der Kühlschrank oder der Magen leer waren oder weil trotz Volkshochschule noch Platz für kulturelle Höhepunkte war. Schade eigentlich! Als durchschlagendes Argument zur Kulturfinanzierung wäre die Version des Verbands weitaus eleganter.

Ein wenig unbeholfen bemühte der schleswig-holsteinische Verband hier ein Argument, das in den vergangenen Jahrzehnten auch woanders populär war und manchmal sogar überzeugte. Kultur, auch die öffentlich finanzierte, zeitigt wirtschaftliche Effekte, selbst wo sie nicht rentabel ist. Diese können begründen helfen, warum eine Kultureinrichtung öffentliche Förderung verdient. Auf diesem Feld allerdings geht es nicht mehr um das Gute, um die Entwicklung von Menschen und gesellschaftlichem Zusammenleben, sondern um genau das, als dessen Gegenbild sich Kunst und Kultur so gern sehen: Um Rentabilität und um »return on investment«.

Seit Anfang der achtziger Jahre wird seitens der Kulturpolitik immer wieder versucht, wirtschaftliche Argumente zu finden, die öffentliche Förderung von Kultur in ein positives Licht setzen. Wenn belegt werden könnte, dass öffentliche Ausgaben für die Kultur wirtschaftlich vorteilhaft sind, dann würde sich das Füllhorn öffentlicher Förderung weiter öffnen. Kulturmenschen bemühen sich jedenfalls bei jeder Gelegenheit, die wirtschaftlich vorteilhaften Folgen kultureller Förderung herauszustreichen. Deswegen hört man allerorten, dass Subventionen in Kultur »Investitionen« darstellen. Und dass die Kulturwirtschaft – gemeint ist die Summe aller irgendwie kulturbezogenen Arbeitsplätze – einen Wachstumssektor darstelle, der die Industrie überflügle. Kann sein. Nur liegt die Wirtschaft nicht auf der Couch. Sie verdient das Geld, das die Kultur als Antrieb benötigt.

Das Bild von Kulturförderung als Investition wird immer wieder bemüht. Kulturstaatsminister Neumann argumentierte bei der Einbringung seines Haushalts in den Bundestag 2010: »Kulturförderung ist keine Subvention, sondern eine unverzichtbare Investition in die Zukunft unserer Gesellschaft! Deshalb ist es aus gesellschaftspolitischer Sicht gesehen kontraproduktiv, mit Streichungen im Bereich der Kultur die Haushalte sanieren zu wollen.« – Einem wirtschaftswissenschaftlichen Investitionsbegriff entspricht dies nicht. Investitionen sind etwas anderes als in der ewig wiederholten Deklaration, Kulturausgaben seien Investitionen. Aus betrieblicher Sicht sind Investitionen Ausgaben, die dazu führen sollen, dass zukünftig größere Einnahmen dem Betrieb zufließen. Volkswirtschaftlich ist der Begriff nicht ganz so eng: Hier kann der Rückfluss von Geldmitteln sich auch woanders im Wirtschaftskreislauf darstellen. Allen Investitionen ist gemeinsam, dass sie sich in Geld rechnen sollen. Allen Investitionen ist gemeinsam, dass sie immer das Risiko mit sich bringen, dass die Investoren sich irren und dass nicht mehr Geld zurückfließt, als investiv eingesetzt wurde. Nur dies haben Investitionen mit Kultur gemeinsam. Wenn der Vorhang im Theater zugeht, ist das Geld für die Aufführung ausgegeben, die Zuschauer sind erbaut oder erbost und verlassen das Theater.

Das Argument von der »Umwegrentabilität der Kultur« wurde schon vorgestellt. Es ist noch einmal systematisch zu betrachten. Auf volkswirtschaftlicher Ebene spricht einiges für diesen Ansatz. Schon 1982 hatte das Zentrum für Kulturforschung in der »Musikstatistik«[67] das Feld zwischen Kultur und Musikwirtschaft vermessen. 1988 legten Hummel und Berger eine Studie zur volkswirtschaftlichen Bedeutung von Kunst und Kultur[68] vor. Diese Studien bezeichnen den Beginn einer explizit kulturwirtschaftlichen Diskussion in Deutschland. These der Studien war, dass Kultur in der Gesamtbetrachtung, unter Einschluss der öffentlich finanzierten Bereiche, einen eigenen Beitrag zur Volkswirtschaft leiste.

Das Argument ist recht einfach. Selbstverständlich wirkt das Wirtschaften kultureller Einrichtungen in andere Bereiche der Volkswirtschaft hinein. Mittel, die aus der öffentlichen Hand kulturellen Institutionen zugewandt werden, und Mittel, die diese Institutionen selbst einnehmen, werden in Form von Gehältern, für den Kauf von Waren und Dienstleistungen wieder ausgegeben, erzeugen also Nachfrage bei anderen Wirtschaftssubjekten. Umwegrentabilität entsteht, wenn die von Kulturinstitutionen oder Events ausgelöste volkswirtschaftliche Nachfrage einen Rückfluss an Steuern an den Staat auslöst, der größer ist als die anfangs eingesetzten öffentlichen Mittel. Oder wenn sie andere Ausgaben kompensieren, die sonst von den öffentlichen Händen getätigt werden müssten. Bewirkt Kultur so große volkswirtschaftliche Effekte, dass die aus ihren Aktivitäten erwachsenden Steuern die anfangs gezahlte Subvention refinanzieren? Wäre dies so, dann wären die ursprünglichen Ausgaben für Kultur aus der Sicht der öffentlichen Hände rentabel. Gesellschaftlich betrachtet wäre Marx' ΔG positiv.

Es ist nicht möglich, Umwegrentabilität für die Kultur

in einem Rechengang darzustellen: Dazu sind die Abläufe in den Kultursparten zu unterschiedlich. Umwegrentabilität von Kulturförderung muss sich bei einzelnen Maßnahmen erweisen. Und hier wäre dann zu messen, wie groß diese Rentabilität tatsächlich ist. Eine weitere argumentative Falle lauert hier. Überzeugend wird ein Argument zur Rentabilität – es ist ein Argument in der Logik der Gewinnerzielung, ein subventionstechnisches Perpetuum mobile – erst dann, wenn das Delta größer ist als bei anderen öffentlichen Ausgaben (etwa im Sport, der Bildung, dem Sozialbereich, der Arbeitsförderung oder im Eisenbahnbau). Die rentablere öffentliche Ausgabe ist besser als die weniger rentable. Das Bessere ist der Feind des Guten. Oder man gibt sich hier damit zufrieden, dass die Kultur wenigstens weniger kostet als gedacht, ohne mit anderen Bereichen zu vergleichen.

Ende 2010 schrieb das Bundesfinanzministerium eine Studie aus, in der das Thema der Umwegrentabilität wissenschaftlich und abschließend behandelt werden soll. Schon der Ausschreibungstext zeigt, dass zumindest dieses Haus eine gewisse Skepsis gegenüber der nicht nur in der Kultur so geliebten Vorstellung hat, öffentliche Ausgaben könnten sich in einer höheren Sphäre »rechnen«, würden sich selbst erwirtschaften. Solche Vorstellungen passen nur schlecht in die Rhetorik der Austerität, die seit den Exzessen der Wirtschaftskrise 2008/09 die Fiskalpolitik dominiert: »In verschiedenen wissenschaftlichen Studien wird behauptet, dass sich Fördermaßnahmen der öffentlichen Hand selbst finanzierten oder sogar eine Selbstfinanzierungsquote von über 100 Prozent aufweisen würden.« Die Behörde zweifelt: »Auch wenn eine gewisse Selbstfinanzierungsquote z.B. aufgrund induzierter Steuermehreinnahmen und verminderter Kosten von Arbeitslosigkeit durchaus wahrscheinlich ist, erscheinen Selbstfinanzierungsquoten von nahe 100 Prozent unrealistisch …« Gutachter sollen die Frage beantworten, ob eine vollständige Selbstfinanzierung von Förderung überhaupt theoretisch möglich sei und ob Beispiele hierfür existieren. Es wird zu beobachten sein, wie die laufende »Investition« in Kultur in dieser Studie bestehen wird.

Umwegrentabilität öffentlicher Kulturförderung nachzuweisen kann nur in Einzelfällen gelingen. So konnte vor einigen Jahren eine Studie für die Semperoper zeigen, dass sie durch ihre kulturtouristische Attraktivität für die regionale Wirtschaft einen positiven wirtschaftlichen Effekt ausübt, der größer ist als die Belastung durch die Subvention der Oper. Dresden ist stark vom Tourismus geprägt, und der Semperoper gelang es, sich als Teil des Pflichtprogramms für touristische Besucher zu profilieren. Und ein wenig wird in der Studie schöngerechnet: Bei den Berechnungen wurde unterstellt, dass der Opernbesuch jeweils Anlass touristischer Aufenthalte in Dresden sei, nicht willkommener Nebennutzen eines ohnehin stattfindenden Besuchs. Vielleicht kommen Besucher nicht primär wegen der Semperoper, sondern um über die Waldschlösschenbrücke zu flanieren. Und nicht nur: Die Frage bleibt offen, wie die Besucher ihr Geld ausgäben, wenn sie nicht nach Dresden kämen, oder wie viel Geld die Besucher von Sportanlässen in Dresden ausgäben, würde Dresden auf Sport setzen.

Wirtschaftliche Effekte wie bei der Semperoper entstehen im Kulturtourismus. Städtetourismus ist häufig Kulturtourismus. Hier ist natürlich stets zu beachten, dass die Touristen das Geld, was sie für Kultur am Urlaubsort ausgeben, woanders nicht mehr zur Verfügung haben. Inländische Touristen bewirken mit ihrem offenen Geldbeutel eine regionale Umverteilung, aber keinen größeren gesellschaftlichen Reichtum. Selbst die Besucher aus dem Ausland verringern den Reichtum zu Hause, um das europäische Gesetz der selbstkompensierenden Subvention zu bestätigen. Das Perpetuum mobile der Dresdner bedeutet gleichzeitig die finanzielle Misere anderswo.

Viele Untersuchungen zur Umwegrentabilität von Kultur beziehen den wirtschaftlichen Wert der medialen Berichterstattung ein und kommen erst damit zu einem positiven Ergebnis. Es wird dann gerechnet, wie viel Geld es gekostet hätte, als Anzeigen zu bezahlen, was in redaktionellen Beiträgen zu einem Ereignis von den Medien selbst berichtet wurde. Hier sind bei großen Festivals schnell phantastische Zahlen zu erreichen. Umwegrentabilität allerdings wäre dies erst, wenn diese Anzeigenfläche tatsächlich auch ohne das Festival öffentlich finanziert worden wäre. Zudem: Auch die besten Festivals kommen an die Medienwirkung des wöchentlichen Bundesligafußballs kaum heran – Fußballförderung wäre aus dieser Sicht für öffentliche Hände rentabler.

Für viele durchschnittliche öffentlich geförderte Kulturbetriebe in einer durchschnittlichen Lage und mit durchschnittlicher Größe gilt wahrscheinlich, dass auch größte Rechenkünste keine Umwegrentabilität herstellen. Man denke an die Stadttheater in Graz oder Bielefeld, an die Musik- und Kunstschule einer mittelgroßen Stadt, an einen Stadthallenbetrieb mit Gastspielkonzerten großer Orchester. Umwegrentabilität ist – auch wo sie errechnet werden kann – immer schwerer zu erreichen, weil infolge der Angebotsausweitung im Kulturbetrieb Besuche immer mehr an öffentlichem Mitteleinsatz kosten. Die Statistik des deutschen Bühnenverbands zeigt, dass die durchschnittliche Besucherzahl pro Vorstellung deutlich gesunken ist, die Preise parallel dazu. Das macht Umwegrentabilität zu einem Luftschloss. Der Besucher rechnet ja genauso nach Rentabilitätskriterien. Er will möglichst viel herausholen für seinen Einsatz. Die Chance dafür ist dort am größten, wo schon viele hingehen.

Es gibt durchaus gute Gründe, Kultur zu fördern, die nicht selbst kulturell sind: Ein kulturell unterlegtes Standort- und Stadtimage ist kein direkter Beitrag zur Rentabilität öffentlicher Aufwände, sondern Marketing. Ein kulturelles Standortprofil muss nicht schaden. Allerdings sind solche Gründe kein Freibrief dafür, alles und jedes öffentlich zu fördern. Standortimage wie Profil haben immer etwas damit zu tun, dass sich Standorte unterscheiden. Wenn es überall dasselbe gibt, läuft eine Förderung in Leere, die sich das Ziel setzt, hervorzuheben. Wenn alle alles haben, dann entstehen weder Differenz noch Profil.

Kulturwirtschaft als Retter in der Not

In den letzten 20 Jahren wurde noch eine weitere Diskussion über Kultur und Wirtschaft begonnen. Nicht mehr nach einer Legitimation öffentlicher Kulturausgaben wird gesucht, sondern privatwirtschaftliche kulturelle Aktivität wird als ein Branchenfeld gesehen, das ökonomischen Mehrwert erzeugt.

Erstmals wurde das Feld Anfang der neunziger Jahre in mehreren Kulturwirtschaftsberichten für das Land Nordrhein-Westfalen vermessen. Konsequent wurde als »Kulturwirtschaft« ein Sektor identifiziert, der der Wirtschaft zugehört, also in der Logik der Wirtschaft arbeitet, der aber – das ist der Kern der Definition – mit künstlerischer Tätigkeit verknüpft ist. Von derselben Intention getrieben war 2003 der erste Kulturwirtschaftsbericht der Schweiz. Im selben Jahr erschien der erste österreichische Kulturwirtschaftsbericht mit einer breiteren Definition der Branche. Seitdem ist die Berichterstattung stark gewachsen, statistisch getragene Untersuchungen gibt es inzwischen für Staaten, Länder und Städte.

Zur Kulturwirtschaft gehören Geschäfte, die von einer künstlerischen Leistung ausgelöst werden oder die auf Künstler für ihre Tätigkeit angewiesen sind. Autoren brauchen den Buchmarkt, der Buchmarkt braucht Autoren. Während Autoren aus inhaltlichem Antrieb, oft eigensinnig und nicht aus Gewinnmotiven heraus schreiben, werden Verleger, Drucker und Buchbinder, werden Buchhändler an den Arbeitsergebnissen der Autoren ansetzen, um aus dem Rohstoff Autorentext ihr Geschäft zu entwickeln und es durch Gewinn in Gang halten. Musik ruft einen Musikmarkt hervor, in dem Konzerte wie Konserven entstehen. Der Kunstmarkt braucht Künstler, von dort kommen frische Kunstwerke als Handelsware. Aber der Kunstmarkt hat auch seine Besonderheiten: Er beschäftigt sich gern auch mit sich selbst und dem Recycling alter Waren.

Öffentlich getragene Projekte und Institutionen gehören nicht zur Kulturwirtschaft. Der Definition nach geht es um Betriebe, die der Logik der ökonomischen Wertschöpfung folgen. Die ersten Ergebnisse einer Vermessung der Kulturwirtschaft überraschten: Der Sektor erwies sich als weitaus größer als erwartet. Künstlerische Produktion erschien in einem neuen Licht. Durch sie werden Geschäfte angestoßen, es wird Geld verdient. Die Kulturwirtschaft ist nach Umsatz und Beschäftigung um ein Mehrfaches größer als der Bereich, den öffentliche Förderung und öffentliche Institutionen bearbeiten. In der Schweiz beträgt das Verhältnis etwa acht zu eins. In Deutschland sind es je nach Definition auch mehr als dies. Ähnliches gilt für Österreich.

Richtig Fahrt nahm die Diskussion über Kulturwirtschaft in Deutschland auf, nachdem sie ab 2002 mit den Thesen des US-Ökonomen Richard Florida[69] angereichert wurde. Florida meint, dass der wirtschaftliche Erfolg urbaner Regionen vor allem davon abhängt, ob es ihnen gelingt, dort Mitglieder einer kreativen Klasse (»creative class«) zu binden. Hinter Floridas Theorie steht die These, dass nicht Arbeitskräfte zu den Betrieben gehen, sondern vielmehr umgekehrt die Betriebe dorthin kommen, wo es ein interessantes Arbeitskräftepotenzial gibt. Florida nutzt unterschiedliche Indizes, mit denen er den Erfolg von Städten misst, Mitglieder der kreativen Klasse anzuziehen und am Ort zu halten. Er leitet daraus ab, wie eine städtische Politik aussehen müsste, um die kreative Klasse anzuziehen und zu binden. Er schlägt vor, Talente zu entwickeln, Toleranz zu fördern, moderne Technologien in den Städten bereitzustellen – sicherlich kein schlechtes Programm für kommunale Wirtschaftsförderung, unabhängig davon, ob Florida mit seinen Thesen recht hat.

Dass Kreativität eine wichtige wirtschaftliche Ressource darstellt, ist ein alter Hut. Seit Schumpeter ist man sich in der Wirtschaftswissenschaft einig darüber, dass Wirtschaftssubjekte in allen Branchen, die durch offene Märkte geprägt sind, nur dann erfolgreich sein können, wenn sie als Wirtschaftssubjekte kreativ sind: Die Wirtschaft wird vorangetrieben durch »neue Kombinationen« in den Produktionsfaktoren, durch »schöpferische Zerstörung« der alten.[70] Nach Schumpeter muss jedes Wirtschaftssubjekt in einer Marktwirtschaft – bei Strafe des wirtschaftlichen Scheiterns – kreativ sein.

Floridas Botschaft ist: »Wo die Kreativen sind, wird die

Wirtschaft wachsen.« Florida ist überzeugt, dass Städte, die ihre Politik an seinen Empfehlungen ausrichten und die kreative Klasse an sich binden, in der globalen Standortkonkurrenz besser als andere dastehen, die sich nicht um ihre Kreativen kümmern. Allein, schon einer ersten Plausibilitätsprüfung hält die These nicht stand, dass Betriebe vorzugsweise dorthin gehen, wo die kreative Klasse besonders zahlreich vertreten ist. Würden Floridas Thesen stimmen, müsste Berlin in Europa ein bedeutender und dynamischer Wirtschaftsstandort sein. Die Berliner Realität wird der sozialwissenschaftlichen Prognose aber bisher nicht gerecht. Es wimmelt zwar von Kreativen, aber nicht von Wirtschaft. Wahrscheinlich wird auch die Mobilität von »Kreativen« überschätzt, zumindest was Europa angeht.[71]

Trotz aller skeptischen Stimmen, der euphorische Geist Floridas durchweht die nüchterne branchenpolitische Debatte zur Kulturwirtschaft. Zu schön der Gedanke, dass mit mehr Kunst und Kultur das wirtschaftliche Wachstumsproblem gelöst werden könnte, dass die Arbeitsplatzverluste in der produzierenden Wirtschaft durch Arbeitsplätze in der Kultur kompensiert werden könnten. Die Ernüchterung lauert gleich um die Ecke. Die hohe Aufmerksamkeit, welche die Kulturwirtschaft in Europa derzeit erfährt, geht auf einen einfachen Kategorienfehler zurück. Sind schon die Ideen Floridas angreifbar, so führt die Gleichsetzung von »creative class« mit Kulturwirtschaft in die Irre. Die kreative Klasse, das war bei Florida das Arbeitskräftepotenzial der über den Durchschnitt Gebildeten, der Akademiker vom Bachelor aufwärts. Das ist – vor allem in Nordamerika – eine sehr große Gruppe und sicherlich eine wichtige Ressource für wirtschaftliches Wachstum. Die künstlerische Boheme ist eine Teilmenge von Floridas »creative class«. Werden die kleinen

Designbetriebe, die frei schaffenden Künstler, die freien Musiker oder die Journalisten aber zum Inbegriff dieser kreativen Klasse geadelt, dann erscheinen sie plötzlich als Treibsatz zur Entwicklung eines neuen urbanen Kapitalismus. Von ihnen wird erwartet, die Betriebe anzulocken, die nach Florida Appetit auf die knappe Arbeitskraft der kreativen Klasse haben. Der Kulturwirtschaft europäischen Typs wird eine gesamtwirtschaftliche Rolle zugerechnet, die sie nicht erfüllen kann. Gegen solche Interpretationen muss man selbst Florida in Schutz nehmen. Floridas »creative class« und die Kulturwirtschaft sind zwei Phänomene mit sehr geringen Überschneidungen. So, wie Florida den Begriff fasst, gehören zur kreativen Klasse viel mehr Menschen als nur die Künstler und »Kreativen« (etwa Rechtsanwälte, Lehrer und Unternehmensberater, Hauptsache, sie sind in irgendeiner Form »kreativ«).

Weiteres wäre gegen Florida vorzubringen. Ob tatsächlich Betriebe dorthin gehen, wo viele akademisch gebildete Menschen leben, ob diese Arbeitskräfte eher dorthin gehen, wo attraktive Arbeitsplätze zu haben sind, ob andere Faktoren die Wanderungsbewegungen von Betrieben und Arbeitskräften bewegen, das ist alles nicht so eindeutig und eindimensional, wie es bei Florida erscheint. So viel jedenfalls weiß man aus der wirtschaftsgeografischen Forschung: Wirtschaftsbetriebe machen ihre Standortentscheidungen in der Regel nicht davon abhängig, wo Künstler arbeiten und leben. Eher umgekehrt: Nicht selten bieten Künstler ihre Arbeitskraft dort an, wo sie attraktive Nebenjobs finden, um die künstlerische Tätigkeit querzufinanzieren. Und wo ein hohes kommunales Steueraufkommen auch in den Kulturbetrieb sickert.

Aus den angelsächsischen Ländern wurde eine weitere Unschärfe in die Debatte um Kulturwirtschaft getragen. Während in Deutschland – wie auch in den Kulturwirtschaftsberichten der Schweiz – der Begriff der »Kulturwirtschaft« um den Künstlerberuf herum konstruiert wurde, wurden dort der »creative economy« weitere Berufe zugeordnet, denen ein besonders hoher Anteil von Kreativität zuerkannt wird. Der Kreativwirtschaft werden so Felder wie Softwareentwicklung, Telekommunikation oder die Werbebranche zugerechnet. Diese Zuordnungen führen zu der schwierigen Frage, ob es tatsächlich Branchen oder Arbeitsfelder gibt, in denen Kreativität ganz besonders zum Einsatz kommt. Schumpeter hatte das anders gesehen. Weiter lässt sich fragen: Wie weit soll denn das Feld der Kulturwirtschaft gefasst werden? Sein großes Gewicht sowie das behauptete Wachstum könnten ja auch bloß die Folge einer erweiterten Definition sein. Die Frage, was Kreativität ist und ob sie richtig beschrieben wird, wenn sie allein in einigen Branchen- oder Berufsbezügen gesehen wird, muss hier nicht vertieft werden.

Kulturwirtschaft wie Kreativwirtschaft sind Gedankendinge, Konstrukte. Konkreter sind die spezifischen Branchen. Unter Musikwirtschaft, Buchmarkt, Kunstmarkt, Filmwirtschaft, Rundfunkwirtschaft, Darstellenden Künsten, Designwirtschaft, Architekturmarkt oder Pressemarkt kann man sich mehr vorstellen als unter »der« Kreativwirtschaft. Auch was Software oder Werbung als Wirtschaftszweige sind und tun, entzieht sich nicht dem Vorstellungsvermögen.

Gibt es einen Zusammenhang zwischen öffentlicher Kulturförderung und der Kulturwirtschaft? Er existiert sicherlich, aber er ist schwer zu fassen. Am ehesten noch, wenn man die kunstnahen Bereiche untersucht. In der Musikwirtschaft wird Geld verdient, aber es lässt sich im Detail nur schwer verfolgen, wie weit öffentlich geförderte Klänge dieses Geschäft fördern oder wie weit öffentliche Aktivitäten die Handlungsräume der Musikwirtschaft einschränken. Zwar können im Buchmarkt Gewinne gemacht werden, aber in welchem Zusammenhang stehen sie mit der öffentlichen Förderung von Autoren? So mag es sein, dass eine Versorgung mit künstlerischem Rohstoff, der mithilfe öffentlicher Förderung entsteht, die Kulturwirtschaft antreibt, es mag aber auch sein, dass öffentliche Kulturförderung Bereiche an die Wand drückt, die auch erwerbswirtschaftlich funktionieren würden. Dass sie also die Wertschöpfung reduziert. Wenn man mehr wissen will, muss man die kulturwirtschaftlichen Branchen einzeln darauf untersuchen, wie, wo und in welchem Ausmaß öffentliches Handeln in ihre Wertschöpfung eingreift – einen solchen Standard haben die Untersuchungen zur Kulturwirtschaft bisher nur ausnahmsweise.

Dass inzwischen nicht selten eine Förderung der Kulturwirtschaft als nächste Stufe der Kulturpolitik gesehen wird, lässt hingegen darauf schließen, dass Kulturpolitik sich für die kulturelle Nachfrage zu interessieren beginnt. Und dass sie einen Paradigmenwechsel vorbereitet. Denn wer Wirtschaft sagt, selbst in der Zusammensetzung mit Kultur, sagt auch Markt. Im Markt ist Erfolg genauso möglich wie Untergang. Es mag sein, dass Kulturpolitik staatlich finanziertes kulturelles Handeln näher an die privaten Modelle heranführen will. Mehr kulturelles Unternehmertum könnte dann einer der Auswege sein, das System durchzulüften, die geförderten Einrichtungen aus ihrer sedativen Lebensweise zu erlösen. Nur Zürich leistet sich den Luxus, mitten in der Krise ein Kulturleitbild zu verabschieden, das erfolgreiche Theaterproduktionen von Förderung ausschließt. Es treibt Theaterleute mithin dazu, die Nachfrage bewusst zu ignorieren. Denn Förderung, das lehrt die Praxis des Förderns, ist bei aller Mittelknappheit ein zuverlässigerer Strom an Mitteln als der Erfolg, der immer wieder erkämpft sein muss. Die Videastin Pipilotti Rist kommentierte diesen Mechanismus einmal so: »Künstler, die auf staatliche Unterstützung spekulieren, schlaffen ab.«[72] Impotenz muss also verbreitet sein.

Kulturwirtschaft ist vom Kulturinfarkt nicht gefährdet. Viele Menschen verdienen gutes Geld. Dazu müssen sie sich bewegen. Wie überall gibt es erfolgreiche und weniger erfolgreiche Unternehmen. Es wird hier nichts verschenkt. Veränderungen, falsche Entscheidungen, persönliche Umstände können jederzeit unternehmerische Erfolge gefährden. Die Digitalisierung etwa bringt im ganzen Feld, von der Musikwirtschaft bis zum Buchhandel, von der Werbebranche bis zur Filmwirtschaft, neue Risiken und neue Chancen mit sich. Nicht jeder Kulturunternehmer ist da erfolgreich.

Die Debatte um die Kulturwirtschaft hat neue Aufmerksamkeit auf die Einkommens- und Lebensbedingungen der Menschen gerichtet, die sich im künstlerischen oder kunstnahen Beruf in den kulturwirtschaftlichen Märkten bewegen. In der kleinen Kulturwirtschaft, wie sie genannt wird, gibt es neben strahlenden Erfolgsgeschichten auch viele »Kreative«, denen noch nicht gelang, ein neues Microsoft zu gründen, die am Anfang einer künstlerischen – »kreativen« – Karriere stehen, die trotz langer Erfahrung im Beruf nicht strahlend erfolgreich sind. Es sind dies Menschen meist mit großen Qualifikationen, aber kleinen Einkommen. Wir sprechen von der Mehrzahl der Selbstständigen in der Kreativwirtschaft. Die wirtschaftlichen Verhältnisse sind hier oft nicht einfach. Auf die Mischung von Selbstständigkeit und niedrigem Einkommen sind die Sozialstaaten nicht eingestellt. So etwas findet sich nicht nur bei den Kreativen. Aber dort überdurchschnittlich oft. Die kleine Kreativwirtschaft ist ein Pionier neuer Formen der Teilnahme am wirtschaftlichen Leben in Deutschland. Die Verhältnisse sind hier radikal anders als in der institutionellen, geförderten Kultur mit ihren Tarifgehältern, ihrem Kündigungsschutz, ihrer Bestandsgarantie.

Empirisch zureichend dokumentiert ist das Leben dieser »kleinen Kreativwirtschaft« nicht. Die amtliche Statistik hilft nicht weiter. Aber aus anderen Quellen wird deutlich: Bei aller Dynamik der Kulturwirtschaft, bei allen Wachstumshoffnungen für den Sektor gibt es unterhalb der schönen Zahlen ein – darf man das so sagen? – »kreatives Proletariat«, mit einer offenen Flanke zu einem »kreativen Prekariat«. Man trägt zwar keine Ketten mehr, hat aber doch viel zu verlieren: Für viele Kreative wird der biografische Preis hoch sein für die Freiheit, einige Jahre im kreativen Beruf und frei gearbeitet zu haben. Er ist zu zahlen, wenn in einer mittleren Lebensphase die Belastbarkeit und Energie nicht mehr reichen, um mit höchstem Aufwand in der ständigen Unsicherheit von Projekten zu arbeiten. Noch höher ist der Preis, wenn aus der Einkommensarmut in den Berufsjahren die Altersarmut am Lebensabend folgt.

Man kann so die öffentliche Debatte um Kulturwirtschaft auch andersherum lesen: An ihr wird deutlich, dass in den kulturnahen Berufsfeldern die Chancen sehr ungleich verteilt sind. Das, was durch öffentliche Förderung institutionell gesichert ist, bietet Anschluss und gutes Geld. Die Kulturinitiativen aus der heroischen Zeit von »Kultur für alle«, die soziokulturellen Initiativen und Zentren, haben ein deutlich niedrigeres Einkommensniveau, sind aber meist institutionell noch recht gut abgesichert. Eine neue Generation kommt an die Fördertöpfe der etablierten Kultur nicht mehr heran. Die »unverzichtbare« öffentlich geförderte kulturelle Infrastruktur ist am Ende ihrer Dynamik. Jüngere Generationen sind auf die Kulturwirtschaft verwiesen, sie sind im Markt schon angekommen, bevor sie begonnen haben. Es existiert eine Spannung zwischen den Generationen: wer sich mehr im Markt bewegen muss und wer es sich auf der Fördercouch gemütlich gemacht hat. Die frischen Kräfte tummeln sich also draußen. Dort, von wo einmal mehr die Erneuerung kommen wird. Die innen beschworen wird, aber gefürchtet ist.

Das Verhängnis der wirtschaftlichen Argumentation

Zieht man die Bilanz einer jahrzehntelangen Diskussion über Kultur und Wirtschaft, dann zeigt sich, dass es keine zwingenden ökonomischen Begründungen für meritorische Kulturförderung gibt. Das sagt zunächst nur, dass andere Gründe bemüht werden sollten. Ökonomische Argumente, die Kulturausgaben rentabel erscheinen lassen, sind von der Sache her schwierig. Fast nie lassen sie sich so weit konkretisieren, dass eine spezifische Begründung für eine einzelne Fördermaßnahme oder -absicht überzeugend formuliert werden könnte. Das gilt auch für kulturelle Bildung. Auch wenn kein Zweifel besteht, dass kulturelle Bildung ökonomisch sinnvoll ist, heißt das immer noch nicht, dass diese Institution oder jene Maßnahme auch schon die richtige Form ist, in der kulturelle Bildung stattzufinden hätte.

Die ökonomische Argumentation, um Kulturförderung zu rechtfertigen, ist auch kulturpolitisch problematisch. Kultur wird hier in den Kontext einer Brauchbarkeit gestellt, die der Besonderheit des Künstlerischen nicht entspricht. Wenn im Verteilungskampf um knappe öffentliche Gelder vor allem wirtschaftlich argumentiert wird, kann es leicht passieren, dass es bessere Argumente für andere Maßnahmen als die kulturellen gibt. Schon im Rahmen einer bildungsökonomischen Abwägung könnte sich ja herausstellen, dass Schachspiel besser ist als Flötenspiel oder dass Fußballtraining günstiger zu haben ist als Theaterpädagogik, bei ähnlich segensreicher Wirkung auf Jugendliche. Ist die Kunst damit entwertet?

Wenn Kultur sich auf die ökonomischen Begründungen zu tief einlässt, dann läuft sie Gefahr, sich selbst abzuschaffen. Die ökonomischen Argumente tragen nicht, sondern sie stellen Kultur in eine Konkurrenz, deren Kriterien sie nicht erfüllen kann.

Daraus folgt: Der Eigenwert von Kunst, Kultur und von kulturellem Lernen muss das Fundament von Kulturpolitik bilden. Kultur soll für sich werben mit dem, was sie kann. Wenn es dann – zusätzlich – noch Argumente gibt, die sich auf den Nutzen kultureller Betätigung beziehen, umso besser. Aber die Hauptbegründung für Kultur liegt in der Kunst und in ihrem Beharren auf den ihr eigenen Inhalten. »Der symbolische Handlungsraum der Kunst ist eine geschützte Werkstatt für den Laiendiskurs über Gott und die Welt. Die freie Kommunikation von Beobachtungen zu ermöglichen ist der Sinn der ganzen Veranstaltung und zugleich ihre nicht übersteigbare Grenze«, antwortet Beat Wyss[73] auf die Frage, wozu wir Kunst brauchen. Diesen Freiraum des unverstellten Austauschs zu haben ist Grund genug für Förderung. Anstelle aller ökonomischen Umwege plädieren wir dafür, dass Kultur selbstbewusst ihren Eigenwert begründet, um aus diesem heraus in die öffentliche Diskussion zu gehen.

Kulturpolitik muss – folgt sie diesem Credo – ihr Feld mit

kulturellen Argumenten verteidigen und eben nicht damit, dass Künste und kulturelle Betätigung einen Sekundärnutzen haben. Kunst ist gerade nicht Wirtschaft. Folgt Kultur Zielen, die mit ihrem Eigenwert zu tun haben, dann besteht auch nicht die Gefahr, dass sie sich der Logik der Wirtschaft zu sehr anschmiegt. Die Logik der Marktwirtschaft ist Wachstum. Das müssen die Künste nicht mitmachen. Wirtschaften müssen kulturelle Einrichtungen und Betriebe gleichwohl, das schon. Da gibt es zweifellos eine Menge Verbesserungspotenzial.

Kultur als der »große Problemlöser«?

Nicht nur wirtschaftliche Argumente hat die Kulturpolitik ausprobiert, um zwingende Gründe dafür zu finden, warum Förderung, so wie sie ist, »unverzichtbar« ist und so bleiben muss. Kultur hat sich auch als Problemlöser in anderen Feldern angeboten. Sie fühlt sich bei allen Krisen aufgerufen. Sie beansprucht eine Kompensationsfunktion für schwierige gesellschaftspolitische Diskurse. Das macht sie allzuständig. Wir haben das schon beschrieben. In Österreich steht der große traditionelle Kultursektor als Monument und Erinnerung an große imperiale Zeiten. Vor solchem Hintergrund erwächst das selbst erteilte Mandat zu richten, was politisch (und gesellschaftlich) falsch gelaufen ist und läuft. Mussten Kunst und Kultur im 18. Jahrhundert den fehlenden Nationalstaat ersetzen und dem Bürgertum ermöglichen, eine gewisse politische Rolle zu spielen, kompensierten sie nach 1918 verlorene Größe, so musste Kultur nach dem Zweiten Weltkrieg mit dem Konzept der »Kulturpflege« und dem direkten Rückgriff auf das Wahre, Schöne und Gute der Weimarer Klassik die nicht stattfindende Auseinandersetzung mit der Barbarei des Nationalsozialismus kaschieren und helfen, die Wunden zu lecken. In den siebziger Jahren reklamierte Kulturpolitik, sie sei in der Lage, eine falsch gelaufene Stadtentwicklung zu korrigieren. In der sozialliberalen Ära wollte sie gesellschaftliche Reformen vorantreiben (»Kulturpolitik ist Gesellschaftspolitik«). Am Ausgang des Jahrhunderts war sie gut dafür, Schwierigkeiten des deutschen Einigungsprozesses abzumildern (Deutschland als alles überwölbende »Kulturnation« beziehungsweise »Kulturstaat« im Einigungsvertrag). Nun soll sie Migranten integrieren, nachdem es Jahrzehnte an einer Integrationspolitik gefehlt hatte (»Deutschland ist kein Einwanderungsland«). Und in einer jüngsten Wendung ist sie dafür gut, das letzte Wachstumspotenzial im Wirtschaftsleben zu heben (»Kultur- und Kreativwirtschaft«). Dabei geht es immer wieder um dasselbe. Die Allzuständigkeit der Kultur ist die Folie, vor der Kulturpolitik ihren Einfluss aufrechterhalten und das geförderte Establishment weitere Beweise dafür liefern kann, dass alles, was ist, »unverzichtbar« ist. Angesichts globaler Bedrohungen können die an das Kultursystem Angeschlossenen gar nichts Besseres tun, als immer darauf hinzuweisen, dass sie überall schon Antworten haben, wo sonst noch Fragen gestellt werden. Natürlich stimmt, dass Kunst sich jedem Thema zuwenden darf. Aber das bedeutet noch lange nicht, dass der Kulturbetrieb die großen Leiden unserer Gesellschaften heilen kann. Er ist nicht selten auch Ursache dieser Leiden. Er wollte Arzt werden und ist doch selbst Patient.

Perspektiven: Paradigmen einer künftigen Kulturpolitik

Wie weiter? Über drei Kapitel hinweg haben wir den Perspektivenmangel einer Kulturpolitik markiert, die das Gesetz einer gut gemeinten Expansion lebt, ohne die Nachfrage im Auge zu behalten, und so die Kunstsphäre von der Sphäre des Wirtschaftens abgekoppelt hat. Dabei kritisieren wir weder Personen noch Projekte noch Institutionen als Einzelne; wir benutzen sie höchstens zur Illustration. Aus der Innensicht ist das meiste, was produziert und vermittelt wird, durchaus sinnvoll gedacht, ist das Engagement der Beteiligten beträchtlich, passen die Ergebnisse in den heutigen Bedeutungsrahmen. Jeder Künstler vergilt Förderung durch Einsatz, jede Institution weiß, wozu sie eine Subventionserhöhung nötig hat, jeder Politiker sieht den eigenen Nutzen, wenn er die Laudatio auf den Preisträger hält oder mit der Schere zur Eröffnung schreitet. An den paar schamlosen Gagen stören wir uns nicht. Je näher man herangeht, umso mehr verschwindet Politik aus dem Blickfeld.

Fest steht auch, dass Kunst sich keiner politischen Agenda mehr anschließen muss, um im Austausch für geistige Werte mit Subventionen genährt zu werden. Dass auf die Überhöhung von Kunst und Kultur in den letzten 40 Jahren eine dialektische Gegenbewegung in Richtung Kulturskepsis folgt, muss als normal gelten. Und das historisch begründete Wissen, dass es der Kunst selbst (so wir sie denn als Subjekt betrachten) nie gut oder schlecht geht, sondern dass sie sich bloß wandelt, schafft Raum für unerhörte Gedanken. Wer den Wandel akzeptiert, entschlüsselt den Kampf um staatliche Gelder und andere Privilegien im kulturellen Sektor wie jeden Verteilungskampf, wie jede Lobbyarbeit in den Bereichen Arbeit, Umwelt, Bildung, Verkehr, Gesundheit: als sehr vertraut.

Wie keine andere Politik ist Kulturpolitik retrospektiv organisiert, im Sinne von Erhaltung und Besitzstandwahrung. Die Innovation, die in anderen Politikfeldern eine zentrale Rolle spielt, bleibt hier eine rein ästhetische, sie verstärkt die Wirklichkeitsferne. Und wie keine andere Politik ist Kulturpolitik durch die Mikroperspektive geprägt. Also durch lokale Bedürfnisse und individuelle Begehren, verankert in der kunstimmanenten Behauptung, dass alles einmalig, mithin nicht vergleichbar sei. So erklärt sich, warum der Patient von der Couch nicht hochkommt. Übergeordnete Konzepte, statistische Evidenzen und Wirkungsanalysen haben keine Chance gegen das Kartell des Glaubens an die heilsame Kraft von mehr Kunst, womit Künstler unversehens zu besseren Stadtplanern, intelligenteren Forschern, geschickteren Pädagogen und idealen Konfliktlösern gemacht werden.

Damit der Patient Kulturpolitik die Couch verlassen kann, benötigt er handfeste Unterstützung. Die folgenden Kapitel bringen Vorschläge, formulieren Möglichkeiten. Sie beschreiben keine konsistente Therapie, keine kohärente Utopie eines Kulturstaates, sondern nehmen die Schlüsselthemen der Kritik auf und versuchen, sie in Paradigmen einer künftigen Kulturpolitik umzuformulieren. Diese Paradigmen sind nicht ohne innere Widersprüche. Was unter welchen Umständen gelten soll, ist erst im Prozess politischer Aushandlung entscheidbar. Kompakte Utopien fürchten wir sehr. Geraten sie nämlich in die Hände der Politik, werden daraus alsbald freundliche Zwangssysteme, in denen eine wissende Minderheit für eine zu formende Mehrheit spricht. Also geht es um Mechanismen, welche den Widerspruch in sich tragen – jenen Widerspruch, der sie entwickelt und zukunftsfähig macht. Dieser Widerspruch ist höchst demokratisch: Nur unter der Bedingung einer offenen Gesellschaft kann er sich entfalten, kann er die Gesellschaft beeinflussen und kommt das Prinzip zum Tragen, dass Demokratie die einzige Gesellschaftsform ist, in der wechselnde Gruppen an die Macht gelangen und, einmal dort, den Ausgleich mit den anderen suchen und suchen müssen.

Ob diese oder jene Institution überlebt, dieses oder jenes Prinzip in die Zukunft gelangt, ist keine Frage, die uns hier beschäftigen kann. Es geht uns nicht um ein Sparprogramm. Genauso wenig wie um ein Ausbauprogramm. Wer sucht, wird viele Argumente für Kürzungen in diesem Text finden. Wer Gründe für den Ausbau von Kulturförderung sucht, wird sie genauso finden. Wonach wir suchen, sind jene Mechanismen, die uns vor dem Kulturinfarkt bewahren. Die uns davon befreien, dass so vieles sich politisch verankert hat und nicht sterben darf, obwohl weder Ressourcen vorhanden sind noch eine Notwendigkeit ausgewiesen ist, dass es bleibt. Die uns davor bewahren, an der Last der Vergangenheit zu ersticken. Die an die Erneuerung, um die es in den Siebzigern ging, anknüpfen.

Klar ist, dass es keine politische Instanz gibt, die das, was wir im Folgenden skizzieren, umsetzen könnte. Kulturpolitik spielt auf zu vielen Ebenen mit zu vielen Akteuren, als dass ein politischer Masterplan denkbar wäre. Da liegen die Verhältnisse in Bildung und Gesundheit ganz anders, selbst im Verkehr. Die Visionen, die wir formulieren, können jedoch als Ermutigung taugen für Entscheidungsträger, das andere zu wagen statt immer das eine zu tun: ins Loblied des Mehr einzustimmen.

Die Nation ist, in einem Satz gesagt, an einen vergleichbaren Punkt gelangt wie am Ende der sechziger Jahre. Dass ein einziges Milieu und eine einzige Attitüde das kulturelle Leben beherrschen und die folgende Generation in andere Felder abgedrängt wird oder ausweichen muss. Im Interesse der Kunst, die nicht beliebige Aufgaben erfüllen kann, im Interesse eines freien Geistes muss es also darum gehen, die Blockade, in der wir uns befinden, zu überwinden, und Kunst in jener Funktion zu stärken, die sie einmalig macht. Darum, an dem Raum weiterzubauen, in dem jede und jeder über Gott und die Welt reden kann, so unbekümmert wie möglich, und in dem jede und jeder die eigenen Emotionen gespiegelt wiederfindet. Dabei macht uns die Kunst mit dem Unbekannten vertraut, indem sie das Vertraute, die Kultur, ständig als Rückhalt inszeniert. Die Kultur umgekehrt, dieser gigantische Fundus des Gelebten, ist gezähmte Kunst. Wie wir sie verstehen, ist Kulturpolitik das Verfahren, diese Spannung zu halten, gar zu verstärken.

Kunst entsteht nicht durch Kulturpolitik. Doch Kulturpolitik kann Entstehen von Kunst erleichtern. Verstünde sie dies als ihre Aufgabe, wäre der Unterschied zur gegenwärtigen Politik groß. Aus der Zukunft zurückgeschaut, liegt dieser Unterschied darin, dass das Erlebnis nicht mehr gerichtet wird, dass der erzieherische Anspruch wegfällt, dass Kulturpolitik sich keine moralischen Urteile mehr anmaßt. Sie enthält kein teleologisches Element mehr, ist weder auf einen idealen Endzustand ausgerichtet noch ist sie Advokatin einer bestimmten Ästhetik. Sie ist vielmehr ein dynamisches Regelsystem. Um die Dynamik zu erhalten, baut sie auf Widersprüche, statt sie auszublenden oder überwinden zu wollen. Sie will nicht die Zähmung optimieren, sondern die Kollision. Heute ist Kulturpolitik ein anonymer Auftrag an viele zur normativen Anpassung an wenige. Morgen könnte Kulturpolitik eine einzige große Möglichkeit für alle sein.

Der Mensch als Kulturkonsument

Mündigkeit versus Social Engineering

Das erste Paradigma heißt: Der Mensch ist mündig. Er ist in eine Kultur geboren. Und seine Kultivierung erfolgt über Familie und Schule, natürlich in sehr unterschiedlichen, oft fremden Ausprägungen. Die Rede ist hier nicht nur von den Einwanderern. Kunst ist in jedem Fall ein Angebot jenseits der kulturellen Zugehörigkeit, und wer sich mit ihr beschäftigen will, den kostet es eine Anstrengung, zu Recht. Die Bürgerinnen und Bürger dieses Staates sind keine reparaturbedürftigen Individuen, deren Schäden Kulturpolitik beheben müsste. Obwohl die aktuelle Kulturpolitik genau daraus ihre Legitimation bezieht: Sie fördert, »was es schwer hat«, und sie meint natürlich, die Bürger müssten lernen, das Schwere als das Verträgliche zu verdauen. Doch dieses Prinzip des Social Engineerings, der Umgestaltung von Moral und Bewusstsein des Kollektivs, gehört unseres Erachtens einer vergangenen Epoche an. Kein Zufall, dass Chinas Kulturpolitik sich stark an solchen Grundsätzen orientiert. Die Inhalte sind ganz wohlmeinend gesteuert, immer positiv, wie an den Konfuzius-Instituten. Solches sei nur in einer zensurgestützten Gesellschaft wie China möglich? Im Gegenteil. Es ist in China vermutlich schwieriger umzusetzen als in den westlichen Gesellschaften, weil in China Widerstandsgeist lebt, der bei uns längst vereinnahmt ist. Wer das Spektrum geförderter und gepriesener Kunst hierzulande sieht, stößt auf einen modischen Mainstream, der aus all den verordneten Qualitätsansprüchen resultiert.

Die Mündigkeit der Bürger anzuerkennen bedeutet, ihre Wahlfreiheit zu respektieren. Es ist ihnen überlassen, ob sie sich ins kulturelle Feld vorwagen oder nicht, sie selbst bestimmen ihre Zugangswege. Ihre Mündigkeit anzuerkennen bedeutet, »Kultur für alle« als quantitativen Anspruch fallen zu lassen. Keine weiteren Institutionen, keine weiteren Preissenkungen, keinen Ausbau mehr. Schlimmer noch: Umbau. Gelten mag weiter »Kultur für alle« in dem Sinne, dass Kulturpolitik alle schöpferischen Kräfte gleichermaßen anerkennt. Alle Bewohnerinnen und Bewohner unserer Länder kennen das Angebot, die Quellen, die Zugänge. Jetzt liegt es an ihnen. Und wer es sich wirklich nicht leisten kann – diese Fälle von Daseinsvorsorge gehören in die Sozialpolitik. Jean Baudrillard beschrieb die Mündigkeit des Bürgers unter demokratischen Bedingungen in seinem Reisebericht *Amerika:* »Democracy demands that all of its Citizen *begin* the race even. Egalitarianism insists that they all *finish* even.«[74]

Rationalität: Rechnende Bürger zahlen

Das zweite Paradigma lautet: Der Bürger rechnet. Es ist die praktische Interpretation des ersten und bedeutet, sich von der Zweckfreiheit der Kunst zu verabschieden. Der Schweizer Gewerkschaftsführer und spätere Kritiker jeder Reglementierungs- und Bevormundungspolitik Beat Kappeler ist in seiner Autobiografie *Wie die Schweizer Wirtschaft tickt* zu einem bemerkenswerten Schluss gekommen: Politik und die zuarbeitende Zivilgesellschaft hätten verlernt, mit einem Bürger zu rechnen, der selbst rechnet. Der Hang, Verhalten und Beziehungen zu normieren, schiebe den Bürger immer mehr in die Rolle des Unterstützungsbedürftigen, der selbst nicht wisse, wie übel es ihm ergehe und welche Rechte ihm zustünden. Daraus sei die aktuelle Arbeits- und Sozialpolitik hervorgegangen, die den Bürger als Opfer anonymer Kräfte sehe, dem unbedingt zu helfen sei, auch gegen seinen Willen. Doch der Bürger rechne, also nutze er die Sozialsysteme zu seinen Gunsten aus. Er hole sich, was er holen kann, da es ihm als Kompensation für Nachteile angeboten werde, auch wenn er sie womöglich gar nicht als Nachteile wahrnehme. Ressourcen weist man nicht zurück.[75]

Würde Kulturpolitik davon ausgehen, dass Bürgerinnen und Bürger sich rational verhalten, wüssten wir längst mehr über die Motivationen zum Kunstgenuss (und zum Kunstmachen). Kulturpolitik gab aber vor, sich um die politische Emanzipation des Einzelnen zu kümmern, und maßte sich gleichzeitig die Rolle des Vormunds an. Individuelles Glück ist nicht normierbar. Deshalb ist es trügerisch, dafür universelle Modelle entwickeln zu wollen. Denn wie immer die individuelle Glücksvorstellung aussieht, nicht sie ist Gegenstand der Kulturpolitik, sondern die Möglichkeit, Kunst als Katalysator von Glückserleben verfügbar zu machen, und das kann sehr unterschiedliche Kunst sein. Der Bürger also handelt – auch wo er es unbewusst tut – rational (wenn auch vielleicht gelegentlich mit einem sehr individuellen Rationalitätsverständnis). Wie in der Gesundheit, bei der Ernährung, beim Job – er wählt, was ihm für den Einsatz an Zeit, Geld und Aufmerksamkeit den größten Nutzen verspricht. Je größer die positive Differenz zwischen Einsatz und Nutzen, je mehr das Erlebnis die Erwartung übertrifft, umso stärker das Glücksempfinden.

Es gibt Statistiken darüber, wie Menschen ihre Zeit einteilen und welche kulturellen Vorlieben sie realisieren. Dabei fällt auf, dass die von der Werbewirtschaft finanzierten Untersuchungen über die Bedeutung von kulturellen Marken (wie den Namen großer Kulturhäuser) für die verschiedenen Alters-, Einkommens- und Kulturgruppen der Gesellschaft häufig sehr genau die Präferenzen der Bürger aufzeigen, dass diese Studien von der Politik aber schlicht ignoriert werden. Sie könnten zu präzise sein. Die Politik liebt Antworten auf Fragen, was die Befragten am Konsum von Hochkultur hindere. Das sind die Befragungen, die der Staat in Auftrag gibt. Die Ernte an Antworten umfasst in der Regel: keine Zeit, Informationsmangel, zu hohe Preise, unpassende Anfangszeiten, zu entfernt, Freunde machen es auch nicht, kann mit niemandem drüber reden. Das sind negative Antworten als Eingeständnisse: »Ich weiß, ich sollte, aber …« Darauf lässt sich politisch reagieren, mit Vergünstigungen, besseren Verkehrsanbindungen, Ausweitung der Produktion, also dem Maßnahmeninventar der Kulturpolitik seit den siebziger Jahren. Solche Antworten sind dem Umstand geschuldet, dass Kulturabstinenz sozial geächtet ist und der Befragte das weiß und deshalb Antworten gibt, die ihn in den Augen des Befragers aufwerten.

Wer hingegen Gründe sucht, warum Menschen Kunst genießen, stößt auf unerforschtes Terrain. Die Indienstnahme der Kunst durch die Mächtigen und durch die Erzieher war und ist so absolut, dass die Frage, warum Menschen sich mit Kunst beschäftigen, wissenschaftlich über den Begriff des Homo ludens hinaus nicht recht erforscht wurde.

Es bleibt die (Selbst-)Beobachtung. Sie sagt, dass das Vergnügen an erster Stelle kommt. Vergnügen als Motivator ist allerdings umstritten. Vergnügen ist mit Unterhaltung gleichgesetzt, und diese ist die Gegenkraft zur Kunst. Kunst, die allzu offensichtlich Unterhaltung verspricht, macht sich suspekt, sagt nicht nur Adorno. Kultur verlangt eine Leistung der Selbstüberwindung, mindestens seit Reformation und Gegenreformation. Zu oft haben Kaiser und Diktatoren sich das Vergnügen zur Manipulation zunutze gemacht. Die Abspaltung des Vergnügens von der Kunst hat es überdies ermöglicht, dass in der Industriegesellschaft eine eigene Industrie des Vergnügens entstanden ist.

Von der autoritätskritischen Haltung ist nur der antikommerzielle Gestus geblieben. Der europäische Künstler und Kunstliebhaber erbringt eine individuelle Leistung der Transzendenz. Dass sie öffentlich ist, dass sie im Kollektiv stattfindet, ist wichtig. Nur so kann diese Leistung kapitalisiert werden. Deshalb muss Hochkultur in erster Linie öffentlich stattfinden, deshalb kann Kulturpolitik wenig mit dem digitalen Trend zur Privatisierung des Konsums anfangen. Der Kulturbürger kann sich Vergnügen nur gepaart mit Selbstzweifeln leisten, sie sind Teil der öffentlichen Darstellung. Die öffentlich geäußerten Zweifel, das schlechte Gewissen, unterscheiden ihn vom Unverständigen. Denn im Moment des ungebrochenen Vergnügens wäre er ausgeliefert. Hier ankert die große Feindseligkeit zeitgenössischer Kunst gegen Emotionen. Sie kann Gefühle nur ironisch oder gebrochen darstellen, jede unmittelbare Darstellung gilt ihr als Kitsch.

Adam Smith, schottischer Protestant, hat diesen Mechanismus erkannt und auf die staatstragende Wirkung von Vergnügungen hingewiesen: »Wenn der Staat jene Leute ermuntert, das heißt, ihnen völlige Freiheit zugesteht, die aus eigenem Interesse versuchen würden, das Volk durch Malerei, Dichtkunst, Musik und Tanz, durch alle Arten dramatischer Schauspiele und Ausstellungen, ohne anstößig zu sein oder den Anstand zu verletzten, zu belustigen und zu zerstreuen, dann dürfte er bei den meisten Menschen jene melancholische und finstere Stimmung leicht zerstreuen, die fast immer Nährboden von Aberglauben und Schwärmerei beim einfachen Volk ist.«[76] Smith erkennt den Mechanismus, doch deutet er ihn noch umgekehrt. Im 18. Jahrhundert stieg das Bürgertum erst auf, und Vergnügen, stilvoll dargeboten, galt nach der höfischen Langeweile erstmals als ehrenwert.

Die Kunst wird also darin bestehen, Vergnügen und außergewöhnliche Empfindungen zu vereinen: Erschütterung, Betroffenheit, Erleichterung, Erlösung, Euphorie, Beklemmung. Die Suche nach solchen Zuständen treibt viele ins Kino, zur Literatur, ins Konzert, ins Theater. Eine Kunst, die regelmäßig Anschluss an diese emotionalen Bedürfnisse findet, würde Wirklichkeitsbezug haben. Sie würde mehr am Menschen Maß nehmen und weniger am Konzept. Das hieße, sich mehr an der Nachfrage zu orientieren. Und damit die Produzenten mehr am Menschen Maß nehmen, muss der Staat die Unterstützung knapper berechnen. Er muss von Kultureinrichtungen wie von freien Produktionen Selbstfinanzierungsgrade von mindestens 33 Prozent fordern. Sie können auch höher liegen, bei 50 oder 66 oder 80 Prozent. Sagen wir: Der heutige Prozentsatz plus 20 Prozent. Der Staat könnte überdies fordern, dass deutlich mehr zeitgenössische Werke ins Programm aufgenommen werden. Welche das dann sind, hat ihn nicht mehr zu interessieren. Das wäre eine doppelte Annäherung an ein buntes Publikum, von den Inhalten wie von der Präsentation her. Dass es geht, dafür gibt es genug Beispiele. Nötig ist, dass der Staat die Institutionen in die Freiheit entlässt, »desintegriert« sozusagen. Ein Theater oder ein Museum als Bestandteil kommunaler oder der Landesverwaltung – ein Widersinn. Kultureinrichtungen brauchen unternehmerische Freiheit, nur so können sie innovativ sein. Die Leitplanken setzt ihnen ein Subventionsvertrag. Er definiert den kulturpolitischen Auftrag und finanzielle Hilfe. Und er baut Druck auf, damit die Stimme des Publikums gehört werde, jene der Mitarbeiter, der Türsteher und des Aufsichtspersonals. Und der Künstler am Hause.

Gleichberechtigung: Bürger der Phantasie

Das dritte Paradigma heißt: errmöglichen statt entscheiden. Die Urteilsmacht über die der Gesellschaft angemessene Kultur gehörte historisch unterschiedlichen Instanzen. Im Mittelalter war es der Papst (sprich die Kirche), welcher die Zulässigkeit kultureller Inhalte bestimmte und Aufträge erteilte. Darauf folgte der König, die weltliche Macht – vertreten durch die Aristokratie –, als Auftraggeber. Er wurde abgelöst durch das Bürgertum, seit dem 18. Jahrhundert im Besitz der wirtschaftlichen Macht. Es war zum ersten Mal auch Käufer von Kunst. Die Exponenten der bürgerlichen Kulturkonzeption waren die Intendanten und Direktoren (und die Lehrer der neuen Volksschulen), die – in ein stabiles Wertesystem eingebettet – urteilten und gestalteten. Die Demokratisierung der Kultur, 1976 angestoßen durch »Kultur für alle«, forderte transparente und partizipative Prozesse. Sie führte zum Einzug des Managements in die Kulturverwaltung und -förderung. Doch sie blieb darin unvollendet. Der Abschied von Autorität und Kanon erfolgte nur halbherzig. Wir haben die Gießkanne und die Beliebigkeit der Postmoderne, aber trotzdem ein Schisma. Vor allem haben wir keine Persönlichkeiten mehr in der Kulturpolitik, sondern überall Kommissionen und Jurys sowie komplexe Regelwerke. Das Verschwinden des mutigen individuellen

Gestus hat, vor allem in Deutschland, den Einfluss einzelner Politiker auf die Gremien sogar erhöht, besonders wo sie über exekutive Gewalt verfügen. Entscheidungen werden durch ein immer kostspieligeres Konsultationswesen immer aufwändiger legitimiert. Der einzelne Politiker und seine Kulturverwalter fürchten sich davor, Entscheidungen zu treffen und dafür haftbar zu sein. Das führt zu einer grotesken Vielfalt an Gremien. Niemand außer ein paar Privaten unterstützt mehr mit großer Geste, sondern jeder nur ein bisschen. Kleine Beiträge bannen die Gefahr, große Fehler zu machen. Deshalb wächst mit der Zahl von Tröpfchen aus der Fördergießkanne aufseiten der Kulturproduzenten der Bedarf an Projektmanagement und Fundraising. Beides treibt die Produktionskosten in die Höhe. Das gilt für die institutionelle wie die unabhängige Kulturproduktion. Die bizarre Verzerrung wird deutlich im Vergleich mit anderen Politikfeldern. Während hier eine Jury sorgsam über ein kulturelles Preisgeld von 5000 Euro oder eine Projektunterstützung von 20 000 Franken berät, überweist der Staat dort Millionen und Milliarden an öffentliche Unternehmen wie Bahn, Krankenhäuser, Hochschulen und lässt sie dann wirken. Gern schließt er die Augen vor unangenehmen Einzelheiten. Abgerechnet wird einmal im Jahr.

Bei der Demokratisierung des Entscheidens könnte die Kultur Vorreiterin sein. Nach den Expertenkommissionen und Jurys bleiben als neue urteilende Instanz nur der Bürger und die Bürgerin selbst. Deren Erhebung zu Experten entspräche dem Geist der Demokratisierung, der viele Teile der Gesellschaft seit 1968 erreicht hat. In der entwickelten Demokratie sind die Bürger aufgerufen, über Schulhausneubauten, Verfassungsänderungen, Bahnhöfe abzustimmen und ihre Vertreter zu wählen. Die Demokratie unterstellt ihnen Urteilsfähigkeit, unbesehen ihres Standes und ihrer Bildung. Das ist ihr Funktionsparadigma. Warum das in der Kultur nicht auch sein darf, bleibt eine Frage, auf die es keine Antwort gibt – außer dass Eliten ihre (kleine) Macht gern verteidigen. Sie sind Eliten qua Entscheidungsgewalt und der damit verbundenen Zuweisung von Ressourcen, die von allen gemeinsam aufgebracht werden. Kulturpolitik am Anfang des 21. Jahrhunderts müsste in der Logik der Demokratieentwicklung ganz unvoreingenommen Möglichkeiten der aktiven, produktiven Teilhabe schaffen, ohne eine Ästhetik, einen Diskurs, eine Position, eine sogenannte Qualität zu bevorzugen. Sie müsste sie durchweg als gleich wertvoll betrachten. Das wäre eine Kulturpolitik, die, statt Auserwählte zu fördern, Möglichkeiten schafft, in denen sich alle realisieren können, die Amateure, die Laien, die Profis, die Konventionalisten, die Experimentalisten. Das Werturteil bliebe den Konsumenten überlassen. Ziel wäre eine möglichst breite Partizipation. Deswegen muss niemand die Herrschaft des Amateurismus befürchten, Exzellenz resultiert aus jedem Wettbewerb. Das Bonmot aus dem Kunstbetrieb trifft es: Der Käufer ist der schärfste Kritiker. Kulturelle Institutionen müssten divergent aufgestellt sein, um gegenläufige Konzepte zu präsentieren. Die Förderung von Einzelnen oder Einzelprojekten orientierte sich nicht mehr am selbstreferentiellen Qualitätsbegriff der Experten. Sie erfolgte vielmehr technisch, durch Verlosung oder Zuschreibung als Funktion außerkünstlerischer Faktoren (Partizipationspotenzial, Dezentralisierung, Basisinitiativencharakter). Wirklich demokratisch wäre eine Verlosung mit Zulassung aufgrund sehr einfacher, sachlicher Kriterien. Das Ergebnis wäre eine Rotation des Förderprivilegs, verbunden mit Realisierungschancen für neue Ideen, deren

Potenzial im heutigen Förderdiskurs nicht zu beschreiben ist. Wie der Bürger unter dem Titel der Mündigkeit für sein Glück selbst verantwortlich ist (vergleichbare, aber nicht gleiche Chancen vorausgesetzt), so muss er auch als Produzent kultureller Inhalte als mündig betrachtet werden. Und wenn der Staat die Produktivität steigern, also fördern will, dann muss er alle ernst nehmen, Profis wie Laien, Insider wie Outsider. In der Praxis würde das bedeuten, viel mehr kostengünstige multifunktionale Infrastruktur bereitzustellen und erst in zweiter Linie die finanziellen und logistischen Ressourcen.

Ein solches Vorgehen könnte man eine Politik der Phantasieförderung nennen. Der Schweizer Schriftsteller Franz Hohler bezeichnete die Phantasie jüngst als »lebenswichtiges Organ«. Er münzte sein Plädoyer für ihre Anerkennung auf die Diktatoren, die sich vor ihr fürchten. Doch die Phantasie stirbt auch bei uns, sie wird zur Strecke gebracht von Kriterien, Ansprüchen und Antragsformularen, von Leistungsvereinbarungen. Und endgültig erledigt von Jurys und Kommissionen. Alle kennen wir den Spruch »Ach, das könnte ich auch!« und lächeln darüber. In der Aussage steckt viel weniger laienhafte Dummheit, als wir glauben. Sie teilt uns ja nur mit, dass »das« da unsere Phantasie nicht anregt. Doch hören wir Musik nicht gerade deshalb, weil sie unsere Phantasie anregt? Gehen wir nicht genau darum ins Kino, weil es uns packt und phantasieren lässt, wie wir die Herausforderung in den Rollen bewältigen würden, wie banal oder anspruchsvoll sie immer sind? Gilt nicht dasselbe für die Literatur? Ist Phantasie nicht das Reich der Selbsterprobung? Doch was ich selbst kann, treibt meine Phantasie nicht an, gibt mir keinen Begriff eines erweiterten Lebens. Solche lebenserweiternde Herausforderung aber manifestiert sich sinnlich, nicht abstrakt. Und meist nicht in erwarteter Form.

Phantasie ist die elementare Form von Freiheit. Könnte eine künftige Kulturpolitik die Summe von Strategien zur Stimulierung der individuellen Phantasie sein? Warum nicht! Der Begriff taucht in der kulturpolitischen Debatte erstaunlicherweise gar nicht auf, obwohl er mit Kunst aufs Engste verbunden ist. Dabei hätte das große Vorteile. Kreativität ist als Begriff auf das Schaffen ausgerichtet, Phantasie dagegen auf das Erleben wie auf das Schaffen.

Die Beliebtheit des Kreativitätsbegriffs erweist erneut, wie sehr Kulturförderung einer Produktionslogik folgt, nicht einer sozialen Logik. Phantasie als Vorstellungskraft hingegen ist nicht nur die jedem Individuum verfügbare Ressource, sie ist auch jene Fähigkeit, dem Geist oder der Seele Auslauf zu verschaffen jenseits der Alltagswirklichkeit. Diese Lust existiert bei Gebildeten wie bei Ungebildeten, bei Künstlern wie bei Konsumenten. Sie ist ein Baustein von Glück. Kunst ist alles, was ein Produkt der Phantasie ist und was diese anregt. Phantasie selbst ist ein Beweis und eine Quelle dessen, was Menschen möglich ist. Und schon wären zahlreiche gängige Unterscheidungen der Kulturpolitik Makulatur.

Wenn aus einer Phantasiepolitik kulturpolitische Imperative abzuleiten sind, dann sind es deren zwei: Erstens geht es darum, ohne qualitative Filter den privaten Kulturkonsum zu erleichtern durch die ordnungspolitisch orientierte Förderung digitaler Distribution von Kunst und Kultur und klare Kulturaufträge für den öffentlich-rechtlichen Rundfunk. Zweitens ist angezeigt, Laien zu fördern, Gefäße bereitzustellen, in denen die Initiative der Basis sich ohne Bevormundung entfalten kann. Dieser Raum aber muss, hier wird es schmerzhaft, den Kultureinrichtungen abgerungen werden.

Künstler sind bekanntlich Spezialisten der Phantasie. Allein, die Metamorphose des Bürgers zum Künstler muss auch im Alltag möglich sein.

Widerspruch und kulturelle Identität

Das vierte Paradigma heißt: Vielfalt rührt aus Widerspruch. Wer Qualität will, muss viele Qualitäten wollen. Und damit leben können, dass sich vielleicht jene durchsetzt, die er nicht favorisiert.

Ein Schlüsselmotivator für kulturelle Aktivität heißt soziale Identifikation. Über Kultur definieren wir weiterhin unseren sozialen Stand. Die Besucher eines alternativen Kulturzentrums positionieren sich anders als Operngänger, die Bürgerlichkeit zur Schau stellen. Der Besucher eines Jodelkonzerts macht eine soziale Aussage genauso wie die Leserin anspruchsvoller Romane. Jede Wahl dokumentiert Zugehörigkeit zu einer Gruppe, Schicht, Klasse, wie immer die soziologischen Orientierungssysteme heißen.

Die Achtziger versuchten, die Angleichung zu erzwingen und die soziale Strukturierung der Kulturlandschaft zu überwinden. Man fand die Alternativen in der Oper, reiche Bürger gingen ins Rockkonzert. Das waren kurzlebige Versuche, sich durch einen Rollentausch außergewöhnliche Erlebnisse zu verschaffen. In der Postmoderne sind viele in der Lage, mit diesen zu Rollen spielen, heute alternativ zu sein und morgen auf Großbürgertum zu machen. Doch diese Fähigkeit zum Rollenspiel ist nur ein weiteres Distinktionsmerkmal der intellektuellen Klasse. Sie ändert nichts daran, dass jede soziale Gruppe einen Stallgeruch hat, der die anderen fernhält. Die Konsumstatistiken aller Länder bestätigen diesen banalen Befund; Bildung und Einkommen sind nach wie vor die sozialen Dominanten, wenn es darum geht, welche Art von Kunst in Anspruch genommen wird und wie oft.

Daraus resultiert, wir haben es zu zeigen versucht, ein gravierendes Legitimationsproblem aktueller Kulturpolitik. Im vermeintlichen Auftrag aller schuf sie kulturinstitutionelle Modelle, die wenige ein- und viele ausschließen. Das war so lange kein Problem, wie es eine anerkannte Autorität (ein kulturpolitisches Projekt) gab, welche ihre Normen durchsetzte. Das war so lange kein Problem, wie es ein verbindliches Modell des Bürgers gab, auf das hin sich zu entwickeln einem jeden beschieden war. Doch nicht alle gingen mit. Die Überwindung dieses Ausschlusses war das parteiübergreifend akzeptierte Ziel einer kulturellen Sozialisierung. Dass nur eine Minderheit es schaffte, legitimiert die Fortsetzung der Kulturpolitik mit allen zur Verfügung stehenden Mitteln. Ihre Erfolglosigkeit ist bis heute ihr Existenzgrund.

Die Demokratie erfindet sich laufend neu in einem Wettbewerb divergenter Mikrowertsysteme, die auch eine kulturelle oder ästhetische Ausprägung finden. Deshalb kann es keine klar umrissene nationale Identität und auch keine herrschende kulturelle Norm mehr geben, sondern nur den Widerstreit und Widerspruch von Kulturen. Migration, der große Treiber von Veränderungen zu Beginn des dritten Jahrtausends, führt auf diesen Punkt hin. Kulturelle Identität ist nur noch als Prozess zu haben. Man kann das postmoderne Demokratie nennen; es setzt voraus, dass die demokratischen Mechanismen stark genug sind, auch heftige Umbrüche zu ertragen. Und genau darum geht es in der Kulturpolitik. Mechanismen, in denen Differenz sich entfalten kann und die Umbrüche antizipieren und möglich machen.

Die Verteidigung von ästhetischen Qualitäten und Normen wirkt nur hilflos.

Eine künftige Kulturpolitik wird ihre Legitimation deshalb nicht mehr aus ihrer konstitutiven Erfolglosigkeit beziehen können. Die Legitimation wird darin bestehen, parallele Kulturen zur Blüte zu führen, eine Fülle kultureller Identifikationsangebote sich entfalten zu lassen, grundlegender vielleicht: die Systemkräfte anzutreiben und Hülle und Fülle jenseits sozialer Klassenbildung hervorzubringen. Das können, ja müssen sich widersprechende Systeme sein, solche höchsten Anspruchs nach heutigen Begriffen und solche tiefsten, aber auch visionäre und statische, rückwärtsgewandte wie forschende, vertraute und fremde. Aus großer Kunst resultieren Respekt und Anerkennung für andere Lebensmodelle, andere Menschen, andere Kulturen. Große Kunst aber ist für den, der nicht Pfründe verteidigen muss, immer erkennbar. Der gemeinsame Nenner in einem solchen System wäre der Blütegrad der phantastischen Ideen, sein Mechanismus der Wettbewerb. So geht der kulturpolitische Imperativ der Vielfalt: Zugehörigkeit benötigt Widerspruch.

Die vier Paradigmen Mündigkeit, Rationalität, Gleichberechtigung und Widerspruch hängen zusammen. Sie zeichnen den Umriss einer künftigen Kulturpolitik. Einer Politik, die nicht mehr autoritär ist, nicht mehr Emanzipation (von der Vergangenheit, vom Kitsch, vom Kommerz) zur Hochkultur propagiert, sondern Raum für die bedingungslose kulturelle Entfaltung vielfältigster Gruppen und Schichten schafft. Sie enthält sich der Qualitätsurteile und privilegiert Situationen, welche Phantasie beflügeln, einzeln wie in Gruppen. Dazu setzt sie Schwellen der Eigenwirtschaftlichkeit, die eine Nachfrageorientierung erzwingen, und belohnt Eigeninitiative und kulturelles Unternehmertum. Sie definiert kulturelle Bildungsziele und sichert Schnittstellen zum Bildungssektor, ohne sich als Bildungspolitik zu gebärden. Sie betreibt keine eigenen Einrichtungen. Um der wechselseitigen Kannibalisierung vorzubeugen, reduziert sie die Zahl der geförderten Einrichtungen. Projektunterstützung für unabhängige Künstler vergibt sie entwicklungsbezogen und in Formen der Lotterie. Durch Verknappung der Produktion gewinnt sie Ressourcen zurück, die sie in die digitale Distribution investieren kann, die bis in die entferntesten Haushalte reicht.

Ordnungspolitische Sensibilität
versus Förderwirrwarr

Förderung der Phantasie klingt phantastisch. Doch was immer die öffentliche Hand tut, es geschieht nicht isoliert. Die Auswirkungen lassen sich nicht eingrenzen, sondern treten oft unvermutet anderswo auf. Deshalb gilt es, bevor wir auf einzelne Programme eingehen, grundsätzlich über den Umgang mit öffentlichen Mitteln in Zeiten der Knappheit zu reden.

Wie wirkt öffentliche Förderung, wie kann ihre Wirkung verbessert werden? Wann überhaupt muss öffentliche Förderung eingreifen, und welche unter all den wünschenswerten Anliegen regelt die Gesellschaft selbst? Welche Gesichtspunkte sollen das öffentliche Handeln leiten? Dies ist die Frage nach der ordnungspolitischen Betrachtung von Kulturförderung.

Fast alle öffentlich geförderten kulturellen Angebote stehen in Konkurrenz mit anderen, auch mit nicht geförderten Angeboten. Wo kein Theaterzwang herrscht, haben Menschen die Freiheit, ein Buch zu lesen, eine Theaterkarte zu kaufen oder sich Pommes rot-weiß zu gönnen. Die letzte Entscheidung, wo sie ihr Geld ausgeben wollen, treffen Konsumenten auf dem Markt. Kulturförderung ist – auch wenn viele das nicht hören wollen – ein Eingriff in den Markt, sie bestimmt den Umfang eines Angebots, dessen Preis und wie es sich zum Konkurrenzangebot verhält. Wirtschaftliche Parameter verändern sich für alle Marktteilnehmer, wenn manche von ihnen öffentlich gefördert werden und andere nicht, oder auch wenn Marktteilnehmer in unterschiedlichem Umfang gefördert werden. Das ist besonders bei Angeboten relevant, die einander ähnlich sind. Das eine passiert dann immer: Wo gefördert wird, werden nicht geförderte, ähnliche oder für Nachfrager ähnlich erscheinende Angebote im Markt erschwert, verdrängt, gar verhindert.

Ordnungspolitik klingt wie ein halb versunkener Begriff aus einem Einführungskurs in die Volkswirtschaft aus den fünfziger Jahren. Der Begriff bezeichnet in einem weiter gefassten Sinn staatliche Maßnahmen, die der Aufrechterhaltung und der Regelung der inneren und äußeren Ordnung, der (Rechts-)Sicherheit und des Wirtschaftslebens dienen. Im engeren Sinn meint Ordnungspolitik alle staatlichen Maßnahmen, die auf Rahmenbedingungen des Wirtschaftens, auf Erhalt, Anpassung und Verbesserung der Wirtschaftsordnung gerichtet sind. Alle rechtlichen Regelungen, um Transparenz und Fairness im Wettbewerb zu gewährleisten, gehören beispielsweise hierher. Unter marktwirtschaftlichen Vorzeichen kommt es darauf an, dass die Wirtschaftssubjekte eine gleiche Ausgangslage für ihre wirtschaftliche Betätigung finden.

Hinter dem Begriff steht ein auch kulturpolitisch höchst relevanter Ansatz für öffentliches Handeln. Die Tätigkeiten von privaten Wirtschaftssubjekten und Staat nachvollziehbar und sinnvoll abzugrenzen ist ein wichtiges Thema von Ordnungspolitik. Nach dem Lehrbuch hätte der Staat sich darauf zu beschränken, den Rahmen für das Handeln der Privatsubjekte zu setzen, also zum Beispiel Kartelle zu verbieten und dieses Verbot durchzusetzen, Monopole zu vermeiden oder, wo sie unvermeidlich sind, zu regulieren, Marktzugänge zu ebnen. In der Praxis ist der Staat in seinem meritorischen Handeln Teilnehmer im Markt, er handelt selbst als Wirtschaftssubjekt, konkurriert mit Privaten. Gleichzeitig setzt er die Regeln für diese Konkurrenz. Der potenzielle Interessenkonflikt zwischen staatlichen Instanzen als kulturellem Akteur auf der einen und dem Staat als Garant einer kulturpolitischen Marktordnung auf der anderen Seite lässt sich nicht auflösen, solange öffentliches Geld meritorisch ausgegeben wird. Nur ein sensibles Verhalten der öffentlichen Geldgeber kann hier Verzerrungen verhindern.

An einigen Beispielen sei dargestellt, wie ordnungspolitische Sensibilität die derzeitige Förderpraxis beeinflussen kann.

Wo eine öffentliche Subvention dazu führt, dass privatwirtschaftliche Angebote in der kulturellen Bildung (etwa: privater Musikunterricht) durch öffentlich geförderte Angebote (etwa: kommunal finanzierter Musikschulunterricht) verdrängt werden, ist abzuwägen, ob die gewünschten kulturellen Wirkungen tatsächlich rechtfertigen, dass Verwerfungen im Markt hergestellt werden, die sich bis in die wirtschaftlichen Chancen von Künstlern hinein auswirken. Es kann ja sein, dass die Qualität des Musikschulunterrichts für das öffentliche Musikschulsystem spricht. Es kann aber auch sein, dass die Musikschulen und ihre Verbände solche Qualität behaupten, um die Institution und deren Arbeitsbedingungen zu erhalten.

In der Theaterförderung agieren die öffentlichen Hände derzeit mit sehr verschiedenen Instrumenten. Zunächst zu den freien Theatern. Theatergruppen wird eine Produktionsförderung gegeben; Gegenstand der Förderung ist dann die Inszenierung. Theater werden durch Sachleistungen unterstützt, etwa indem sie zu vergünstigten Bedingungen Zugang zu Probebühnen erhalten; Fördergegenstand sind hier Arbeitsbedingungen, je nach Fördervereinbarung unabhängig von einem konkreten Projekt. Ein dritter Zugriff ist die Förderung von Abspielungen, teils direkt über eine Theatertruppe, teils durch die Unterstützung des Abspielorts, teils indirekt durch die Subventionierung von Abspielorten (Gastspielhäusern, Festivals, soziokulturellen Zentren etc.). Geht man noch tiefer, kann es weitere Förderungen geben, etwa soziale Vergünstigungen, Stipendien, Preise.

Übersichtlicher ist die institutionelle Förderung öffentlicher Theater. Hier werden Strukturen unterstützt, in denen dann – oft mit unscharf formuliertem Mandat – Theater produziert und abgespielt wird. Die Arbeitsbedingungen hier sind meist besser, sie sind tarifvertraglich geschützt. Eine Grauzone in der institutionellen Förderung entsteht, wo sie sich auch auf Theaterbetriebe bezieht, die nicht öffentlich sind und auch nicht nur der Form nach privat. Doch für diese privaten Theater, meist mit einem Programm aus dem Boulevard-Repertoire und oft mit starken lokalen Bezügen, sind Fördersummen und auch die Anteile am Etat gemessen an den Fördersummen für öffentliche Theater vernachlässigbar. Und dann gibt es jenseits aller Förderung einen kleinen freien Markt, ein kommerzielles Theaterangebot, seien dies Musicals, Boulevardtheater oder freie Gruppen und Künstler, die nicht oder noch nicht im öffentlichen Fördersystem angekommen sind. Die künstlerischen Arbeitsmärkte in diesem Feld spiegeln die Komplexität dieser von Markt und Förderung geprägten Landschaft. Die Arbeitsmärkte überlappen sich zudem mit Film, mit privatem und mit öffentlichem Rundfunk- und Fernsehangebot. Dies ist ordnungspolitisch ein weiteres interessantes Untersuchungsfeld.

Betrachtet man die unterschiedlichen Förderzugriffe durch eine ordnungspolitische Brille, zeigt sich schnell, dass sie jeweils sehr unterschiedlich auf den Markt darstellender

Künste wirken. Förderung von Personen, durch welche Maßnahmen auch immer, vergrößert den Arbeitsmarkt und wei-
tet das Theaterangebot aus. Es werden mehr Menschen im
Markt darstellender Kunst agieren, als dies ohne die Förderung der Fall wäre. Was diese Menschen dann tun, ist eine
andere Frage. Die Abspielförderung wirkt unmittelbar auf
das Angebot. Sie wird nur fällig, wenn Theater gespielt wird,
nicht schon, wenn Künstler künstlerische Leistungen versprechen, wie in der Förderung von Personen. Es wird also
mehr Aufführungen geben, und diese können zu niedrigeren
Eintrittspreisen angeboten werden. Nur ihr Publikum müssen sie noch finden. Produktionsförderung auf der anderen
Seite nimmt den Druck von einem Betrieb, die Kosten einer
Produktion durch Abspielung zu realisieren. Es werden auch
Produktionen möglich, die ein größeres Risiko tragen, dass
sie ihr Publikum nicht finden. Produktionsförderung hat so
der Tendenz nach eine umgekehrte wirtschaftliche Wirkung
wie Abspielförderung. Es wird dann eben produziert, aber
nicht so oft gespielt. Nicht selten richten sich in der Praxis
Produktions- und Abspielförderung auf dieselben Theater
oder Produktionen. Das klingt nach einer großen Goldader
für die entsprechenden Betriebe, aber die Summen außerhalb der Förderung öffentlicher Theater sind klein. Für das
Gros der freien Theatergruppen gilt, dass sie sich keiner üppigen Förderung erfreuen, sondern sehr findig darin sein müssen, viele Rinnsale zu einem ausreichenden Trunk zusam-
menzuführen. Der administrative Aufwand ist hoch. Erst bei
der institutionellen Förderung geht es um bedeutende Etats.
Wenn keine weiteren Auflagen mit diesen Förderetats verbunden werden, werden die wirtschaftlichen Spielräume genutzt,
um die internen betrieblichen Kosten zu erhöhen (Personal-
stamm, Gehaltshöhe, Beschäftigungssicherheit, Produktions-

budgets), um mehr zu produzieren, möglicherweise um Preise zu subventionieren, schließlich um Nebenleistungen anzubieten (Theaterpädagogik, Outreach-Programme oder Ähnliches). Konflikte mit privatwirtschaftlichen Angeboten sind hier kaum zu vermeiden: Aus der Sicht der Theaterbesucher ist dies alles herzlich gleichgültig. Sie interessiert nur, dass sie die Aufführung sehen, die ihnen vom Genre und der erwarteten Qualität her behagt. Sie sind daran interessiert, den Theaterbesuch im Rahmen des eigenen Budgets bezahlen zu können. Sie können Förderwege, Fördersummen und Hintergründe der Förderung nicht durchschauen.

Man könnte dies andersherum aus der Sicht einer Spielstätte schildern. Diese Spielstätte – zum Beispiel eine Stadthalle, die in einer kleineren Stadt ein Kulturprogramm anbietet – hat es mit Künstlern und Künstlergruppen zu tun, die auf unterschiedliche Weise gefördert werden, und mit anderen, die sich ausschließlich aus den Auftritten heraus refinanzieren müssen. Wie die Kulturkonsumenten kann die Stadthalle nicht wissen, mit welcher Fördergeschichte ihre Lieferanten zu ihnen kommen. Ein transparenter Markt stellt sich so nicht her.

Eine ordnungspolitisch orientierte Förderung würde mit dem Förderwirrwarr aufräumen müssen. Das geht nur, wenn klare Ziele formuliert sind. Was kann der Markt leisten? Was soll gefördert werden? Welche Förderwege führen zu den gewünschten Ergebnissen? Die öffentlichen Kassen, die für die darstellende Kunst offen stehen, müssten koordiniert vorgehen.

Zweites Beispiel: Förderung bildender Künstler. Es gibt sie entlang ihrer Künstlereigenschaft. Das beginnt bereits mit dem meist kostenlosen Besuch der Hochschule. Dann gibt es etwa vergünstigte Ateliers; es werden Infrastrukturen bereitgestellt, die künstlerisches Produzieren ermöglichen sollen. Dann gibt es aber auch – wiederum in Form von Preisen und Projekten, von Ausstellungen und Engagements – andere Möglichkeiten zur Einkommenserzielung, die sich zum Teil auf Subventionen aus öffentlichen Händen stützen. Zudem hat eine Ausstellung in einem öffentlichen Museum oder Ausstellungshaus auf den Marktwert und die Einkommensmöglichkeiten eines Künstlers erhebliche Auswirkungen: Ausstellungen in renommierten Häusern erhöhen die Marktpreise. Zu verweisen ist weiter auf die Künstlerförderung in der Sozialversicherung (Künstlersozialkasse) oder die steuerliche Förderung des Kunstabsatzes (etwa durch die verminderte Umsatzsteuer in Teilbereichen des Kunsthandels). All dies wirkt recht zufällig. Öffentliche Künstlerförderung folgt keiner strategischen Linie. Bei den fördernden öffentlichen Händen gibt es nicht einmal eine Vorstellung davon, was sie auf dem Markt anrichtet. Sicher ist nur: Die vielen im Fördersystem eingebetteten Anreize bringen mehr Menschen in den Beruf des bildenden Künstlers, als der Kunstmarkt trägt. Worauf der Ruf nach mehr öffentlichen Mitteln erschallt, die wiederum über die verschiedensten Kanäle einfließen und weitere Anreize für Künstler schaffen, es doch zu versuchen. Es ist nicht erstaunlich, dass in einem solchen Fördersystem ungewollte Resonanzen entstehen, Unterförderung, Fehlallokation von Mitteln und andere Ineffizienzen. Auch hier muss natürlich deutlich gesagt werden, dass trotz aller Förderung die wirtschaftliche Situation vieler Künstler sehr schwierig ist.

Ein letztes Beispiel betrifft Förderung, die nicht fördert, sondern hindert. Es soll gleichzeitig zeigen, wie komplex ordnungspolitische Zusammenhänge sein können. Das deutsche Umsatzsteuerrecht kennt neben dem ermäßigten Steuersatz für Teile der kulturellen Umsätze auch das Mittel der Steuerbefreiung für kulturelle Einrichtungen. Das Gesetz (§ 4 Nr. 20 UStG) nennt »die Umsätze folgender Einrichtungen des Bundes, der Länder, der Gemeinden oder der Gemeindeverbände: Theater, Orchester, Kammermusikensembles, Chöre, Museen, botanische Gärten, zoologische Gärten, Tierparks, Archive, Büchereien sowie Denkmäler der Bau- und Gartenbaukunst« sowie Umsätze gleichartiger Unternehmen, wenn ihnen staatlicherseits bescheinigt wird, »dass sie die gleichen kulturellen Aufgaben« erfüllen. Entsprechende Bescheinigungen wurden in der Vergangenheit gern von den zuständigen Behörden ausgestellt, teilweise auch gegen den Willen der Steuerbefreiten. Ordnungspolitisch entscheidend ist hier, dass die von der Steuer befreiten Einrichtungen Vorsteuern aus Lieferungen und Leistungen nicht geltend machen können. Damit verteuern sich diese aus Sicht der Einrichtung um den enthaltenen Umsatzsteuerbetrag. Problematisch ist, dass der scheinbare Vorteil der Steuerbefreiung sich – je nach Struktur des Budgets – in einen Nachteil verkehren kann. Dies ist bei nicht wenigen der genannten Einrichtungen der Fall. Man nehme als Beispiel eine Werkstattleistung im Theater oder den Ausstellungsbau im Museum. Die steuerbefreite Einrichtung wird in diesem System dazu neigen, solche Leistungen selbst zu erbringen und nicht an Fachbetriebe zu vergeben, wenn der Nettopreis im Haus günstiger ist als der Preis inklusive der Mehrwertsteuer eines Externen. Die gut gemeinte Steuerbefreiung fördert so bei den ihr unterworfenen Einrichtungen die vertikale Konzentration. Steuerbefreite Betriebe stellen sich nicht schlank auf und kaufen Leistungen auf dem Markt, wenn sie sie brauchen, sondern stellen sich besser, wenn sie solche Leistungen selbst erbringen. Das wiederum lähmt die Bereitschaft, mit kulturwirtschaftlichen Anbietern zusammenzuarbeiten. Die von der Umsatzsteuer befreiten öffentlichen Kulturträger organisieren sich möglichst autark.

Die Beispiele zeigen: Es gibt gute Gründe dafür, das System der Kulturförderung unter ordnungspolitischen Gesichtspunkten zu durchforsten. Es reicht nicht aus, in der Kulturpolitik klare Ziele von Kulturförderung und Wirkungserwartungen zu formulieren. Letzteres zumindest wird ja immer öfter getan. Vielmehr müssen die Wirkungen von Fördersystemen und Gesetzen auf den Markt politisch geordnet werden. Eine solche Forderung aber prallt an den praktischen Gegebenheiten der derzeitigen Kulturpolitik ab. Das Gros der Förderung wird von Kommunen und Ländern ausgereicht. Eine Ordnung des Fördermarkts wäre aber eine Aufgabe, die nur dann wirkungsvoll erfüllt werden kann, wenn die Ansatzpunkte für Förderung abgestimmt werden. Dafür jedoch gibt es keine Zuständigkeit. Allerdings zugegeben: Eine gewisse Unschärfe kann auch zu interessanten Überraschungen führen.

So schwierig es administrativ sein mag und so sehr es gegen die Tradition einer gedankenlosen Meritorik geht, Kulturförderung unter ordnungspolitischen Gesichtspunkten zu fassen: Wir möchten daran erinnern, dass Kultur nicht deckungsgleich mit dem ist, was öffentlich gefördert wird. Die öffentliche Kultur stellt nur einen kleinen Ausschnitt dessen dar, was kulturell in unserer Gesellschaft geschieht. Das ist zumindest ein Signal, dass auch in Krisen Kultur nicht untergehen wird und nicht jede gefundene Form der öffentlichen Förderung schon gleich selbst unter Bestandsschutz zu stellen ist. Und vielleicht auch, dass Kunst und Kultur bisher auch in Unordnung existieren konnten – ganz ohne exekutiven Durchgriff.

Meritorische Kulturförderung ohne kulturpolitische Programmdiskussion und Ordnungspolitik hat eine Tendenz, sich »unverzichtbar« zu machen, indem sie die Erosion von Strukturen befördert, die das Widerlager zum staatlichen Engagement sein könnten. Die Nutznießer meritorischer Förderung, die geförderten Institute und staatlich-kulturellen Großstrukturen, verweisen darauf, dass ohne sie in weiten Bereichen der Kultur nichts bliebe, wenn man sie schließen würde. Dass sie also »unverzichtbar« seien, ist richtig, wenn auch als selbst erfüllende Prophezeiung unfreiwillig ironisch.

Der unumgängliche Rückbau der Infrastruktur

Das Beispiel eines privaten Hamburger Konzertveranstalters, der gegen die Hansestadt klagt, dass sie mittels Subventionen Konkurrenten bevorzuge, die dasselbe tun wie er, nur mit Startvorteil, beweist, wie virulent die Abgrenzung ist zwischen förderungswürdigen Unterfangen und solchen, die es auch ohne staatliches Zutun gibt. Die Grenze lässt sich nicht ein für alle Mal ziehen. In den siebziger Jahren ging es der Kulturpolitik darum, das durch die erste große Nachkriegsrezession (Ölschock) geschaffene Vakuum mit kulturellen Werten zu füllen. Da waren die sich entleerenden Fabriken gerade die richtigen Orte, an denen dieser Wandel sich manifestieren konnte. Man schuf neue, bisher nicht gesehene Institutionen. Mit ihnen, den denkmalgerecht erhaltenen Kunsthallen, Reitställen, Salz- und Zeughäusern, befestigte sich der Anspruch einzelner Gruppen auf öffentliche Ressourcen und Bedeutungsgewinn. Heute gehen 95 Prozent der kommunalen und regionalen Kulturbudgets an die Institutionen. Das unabhängige (nicht domestizierte, oft auch unternehmerisch getriebene) Kulturschaffen, obwohl im Fokus der Aufbruchsbewegung der frühen siebziger Jahre, besetzt noch immer bloß die Ränder der Kulturpolitik.

Wenn man sich nun in Erinnerung ruft, dass die Erneuerung der Kunst (als Kultur) nie aus den Institutionen, sondern immer von außerhalb kam, so ist klar, dass die Kulturpolitik jeden Spielraum verloren hat, mit Erneuerung umzugehen. Sie ist in ihren Subventionsverträgen gefesselt. Wenn das Sparen beginnt, spart sie zuerst die Brosamen für die Freien. Mit Erneuerung ist dabei nicht die ästhetische Verfeinerung gemeint, die veredelnde Kanonisierung, die den Kultureinrichtungen eigen ist, sondern die ästhetische Revolution, über welche sich neue gesellschaftliche Schichten im Kulturbetrieb festsetzen und welche fast immer eine Medienrevolution war. Auch die ausgedienten Fabriken waren Medien, die andere Inhalte transportierten. Die Frage lautet nun, wo die Kulturpolitik Deutschlands, Österreichs, der Schweiz, aber auch Frankreichs ihren Spielraum hernimmt, um die Zukunft zu gestalten. Bisher hat sie das als Ausbau getan. Doch angesichts von 211 Milliarden Euro Garantien und Staatsschulden in zwölfstelliger Höhe allein für Deutschland ist damit wohl Schluss, angesichts von Eurokrise und rückläufiger Wirtschaftszahlen gilt »Schluss« auch für die anderen Länder, von den Schuldenreitern des südlichen Europas gar nicht zu reden. Die Krise schlägt auf die Haushalte durch. Der Traum, dass Kultursubventionen am Ende des Tages mehr Einkünfte für den Staat generieren, hat sich in Luft aufgelöst. Also wird auch die etablierte Kultur leiden.

Unter diesem Blickwinkel ist die Frage nach der kulturellen Infrastruktur die Schicksalsfrage der europäischen Kultur – nur nicht in dem Sinne, dass sie unantastbar, also für Europa konstitutiv sei, sondern genau umgekehrt: dass sie einen zu großen Teil der kulturellen Mittel absorbiert und durch ihr pures Gewicht Entwicklung verhindert. Der Rückbau muss kommen, nicht wegen der wirtschaftlichen Krise, sondern wegen der Immobilität, in die das kulturelle System geraten ist. Die Krise der öffentlichen Haushalte hat das bloß ins Licht gerückt. Dabei mag es bezeichnend sein, dass es eine außerkulturelle Kraft ist, die das System infrage stellt, und keine systemimmanente, wie man das von der Kultur erwarten dürfte. Wir lesen das als Beweis, dass der Preis für die umfassende Subventionierung die Starre ist: parlamentarische Demokratie ist eine Vorlage für neue Versprechen, nicht für den Rückbau, der immer Wähler kostet.

Keines der Argumente, mit denen die Kulturpolitik in den siebziger Jahren den Ausbau der kulturellen Infrastruktur einleitete, hält der Überprüfung noch stand. Ein dichtes Angebot begünstige die erwünschte Rezeption, lautete der Grundtenor. Es leuchtet ein, dass ein interessantes Angebot zur Rezeption einlädt. Der Mechanismus, dass man den Konsumenten über das Angebot erzeuge, spielt allerdings auf einem sehr tiefen Niveau, nämlich da, wo die kulturelle Infrastruktur praktisch inexistent ist, wo Bibliothek, Museum, Konzertbühne schlicht nicht vorhanden sind. Doch seit die Vermehrung der Produktionsstätten in Gang gekommen ist mit der Absicht, Kultur für alle physisch zugänglich zu machen, ist die Vermehrung selbst, nicht etwa die Zugänglichkeit, der Zweck der Übung. Der Motor sind nicht mehr die hungrigen Konsumenten, sondern die geförderten Nutznießer, die immer feinere Segmente kultureller Produktion zu institutionell gesicherten Domänen erklären. Zu den Kunstmuseen gesellen sich die Kunsthallen, zu den Kunsthallen die Kunst im öffentlichen Raum. Zu den Ensembletheatern kommen die freien Truppen, die Gastspielhäuser, die Theaterfestivals, die Produktionszentren der freien Szene. Zu den Bibliotheken fügen sich die Literaturhäuser, die Schreib-ateliers, die Stadtschreiber.

Allein, es sind immer dieselben fünf Prozent, welche das Angebot ernsthaft nutzen. Selbst in der DDR, vom Westen gepriesen als Paradies einer politisch gedemütigten, dafür umso kultursüchtigeren Bevölkerung, verharrten die Nut-zungsquoten der Kulturhäuser bei sechs Prozent der Be-völkerung. Die Infrastruktur, zu der auch die (immer zahl-reicheren) Sammlungen und Archive gehören, welche der Kulturmaschine und der Forschung als Fundus dienen, kos-tet pro Nutzer deshalb – wie alles andere auch – immer mehr. Das Kostenwachstum, dem der öffentliche Haushalt ausge-liefert ist, erdrückt dann jene Bereiche, in denen es keine ge-setzlichen Garantien gibt.

Das zweite Argument für den Ausbau der Infrastruktur lautete, die Kultur müsse zu den Leuten gehen, um sie zu erreichen. Es funktioniert nicht, der Reiz ist erschöpft. Die Zutrittsschwellen zu senken hat nicht dazu geführt, dass sie häufiger überquert werden, ganz abgesehen davon, dass der Kulturbetrieb, um sich seiner Ansprüche zu versichern, den einfacheren Zutritt durch erhöhte Abstraktion sofort wie-der kompensiert. Ganz allgemein gilt: Was sich aufdrängt, verliert an Anziehungskraft. Wo es um alltägliche Nähe zu den Menschen geht, leistet, wenn schon, die Laienkulturar-beit mehr. Was den professionellen Sektor angeht, verbindet sich Kulturgenuss mit Distanz. Museen besuchen viele mit Vorliebe im Urlaub oder während des Städte-Weekends. Die Oper in Berlin ist viel aufregender als die zu Hause.

Vor der Haustür heißt heute im Umkreis von 100 Kilome-tern. So viel Distanz kann man den Kulturkonsumenten heu-te zumuten. Die Kommunalisierung der Hochkultur, wie sie das Programm einer »Kultur für alle« ausgelöst hatte, weckte zweifellos Interesse an der neuen Kultur, solange es um die Neugestaltung der Gesellschaft ging. Die Kommunalisierung hat die Hochkultur aber auch kommun gemacht, gewöhnlich. Das war in den Siebzigern und Achtzigern höchst erwünscht, als es noch darum ging, die Tempel der Bourgeoisie zu profanieren und ihnen kulturdemokratischen Geist einzuhauchen. Doch die Verbreiterung des Angebots im Verbund mit der ständigen Verbilligung hat dem Mittelfeld der Kultur den Reiz des Aufstiegsversprechens geraubt. Die besten Opern und Museen erobern ihn mit ihrer Geld verschlingenden Opulenz zurück, die große Mehrheit der Institutionen muss allerdings kapitulieren und bleibt Treffpunkt ihrer Stammkunden.

Vor allem aber verschaffen sich die gesuchten Konsumenten den Reiz mittels Reisen heute selbst. Dabei ziehen sie die bekannten Einrichtungen vor. Wieso sollen sie Tausende Kilometer reisen, um Mittelmaß oder magere Ambition zu konsumieren? Das wiederum erklärt das wachsende Ungleichgewicht zwischen reichen und armen Kultureinrichtungen. Bei einer mehr oder weniger stabilen Gesamtzahl an Besuchern sind die Erfolge der Großen nur durch die Entleerung der Kleinen möglich. Daraus ließe sich eine erste Lehre ziehen für die kulturelle Aufrüstung der kleinen und mittelgroßen Städte. Banalisierung durch Überangebot sowie wachsende Mobilität der Bürger machen die kostspieligen Bemühungen obsolet, im touristischen Aufmerksamkeitszirkus mitzuhalten. Nur die Schulden steigen. Spanien hat es vorgemacht.

Halt, erklingt das dritte Argument für den Ausbau, viele Häuser erhöhten die innere Vielfalt. Auch dieser Mechanismus hat sich ins Gegenteil verkehrt. Ein Beispiel aus der

Schweiz erhellt die Verdrehung der ursprünglichen Intention: Die Eröffnung des »Theaters am Neumarkt« in Zürich im Jahre 1966 gab den Blick frei auf ein neues Verständnis von Theater, moderner als der Tanker »Schauspielhaus«. Die Zukunft des Theaters für ein Zehntel der Subvention, das war die Idee. Dritter Pol wurde 1979 das »Theaterspektakel«, die Festivalplattform des freien Theaters, 1988 ergänzt um die »Gessnerallee« als deren ständiges Produktionszentrum. Heute profilieren sich die Häuser mit denselben Namen, der Kleine versucht mit Zusatzgeldern den Großen zu toppen. Aus dem Widerstreit der Kunstmodelle (und der darin gespiegelten Gesellschaftsmodelle) ist unter dem Druck eines sich schließenden Wertekreislaufs und einer Hochkulturnorm die Monokultur des konzeptionellen Regietheaters wiedererstanden, wo sich einmal klassisches Sprechtheater, experimentelle Bühne und interdisziplinäre szenische Performance gegenüberstanden. Und das ist kein Qualitätsurteil, nur eine Feststellung aus der Distanz. Die Euphorie ist weg, und dafür gibt es Gründe. Die deutsche Theaterlandschaft, immer noch ernsthaft buhlend um einen UNESCO-Status als einzigartiges Weltkulturerbe, belegt dieses »Überall das Gleiche« flächendeckend.

Die Erweiterung des Spektrums ist seiner Homogenisierung gewichen. Vermehrt haben sich die Namen, durchgesetzt hat sich ein bestimmter Typ Kunst, welcher durch seine innere Gestaltung, seine Regie oder sein kuratorisches Arrangement mehr sein will als die Erweiterung von Wirklichkeit – er beansprucht, immer auch Metadiskurs zu sein und zu erklären, wie Wertediskurse in die Welt kommen. Ob das die Aufgabe von Kunst ist, kann man mit Fug und Recht bezweifeln. Die Verengung auf das postmoderne Prinzip der Traditionsverleugnung und der unbedingten Originalität liefert hingegen eine wichtige Erklärung, warum das erweiterte Angebot nicht auf proportionale Resonanz stößt. Es ist zu einseitig. Anders lässt sich nicht erklären, warum es praktisch keine Brücke zwischen dem institutionellen Kunstsektor und dem breiten Laiensektor gibt, der das größte denkbare Publikumsreservoir stellen müsste.

Die Unantastbarkeit der kulturellen Infrastruktur wird gern aus der Furcht vor dem Kahlschlag hergeleitet, dem Ende einer europäischen Kultur. Getreu dieser hohen Wertigkeit von gebauter Struktur manifestiert die Kultur sich in einer skulpturalen Architektur, welche die Kunst durch die Hülle ersetzt, die sie beherbergen will, am schönsten ausgeführt am neuen Museum für zeitgenössische Kunst »MAXXI« in Rom, dessen schiefe Wände zum Hängen von Bildern nicht taugen, wie der Alt-Museumsdirektor Christoph Vitali am Tag nach der Eröffnung wetterte. Das Interesse richtet sich auf das Gebäude, die Inhalte sind bloß noch Vorwand, der die Kosten der Hülle rechtfertigt. Es gäbe unzählige andere Beispiele; ist die Institution als physische Struktur ein ästhetisches Zeichen, dann wird der Inhalt lästig. Doch es sind diese Metazeichen, an denen Politik sich heute orientiert, während sie zu den Inhalten nichts mehr sagen darf, gilt hier doch die Freiheit der Kunst und ihrer Kuratoren. Diese Entwicklung zu Ende gedacht, bewegen wir uns auf das leere Museum und das leere Theater zu. Sie wären nur noch Zeichen ihrer gesellschaftlichen Rolle, Erben ihrer selbst, und würden als solche besucht. Wie die Kirchen. Man geht nicht mehr zum Beten hin, sondern aus Nostalgie und Neugier.

Umso mehr erstaunt die allgegenwärtige Rede, dass die gegenwärtige Ausdehnung das unantastbare Minimum an kultureller Infrastruktur sei, Schließungen und Rückbau ein Angriff auf den Kern der Kultur. Ist das, was gerade jetzt da ist, die unbedingt zu erhaltende Substanz? Entwicklung darf, wenn man den Vertretern der Institutionen zuhört, nur stattfinden, wenn sie das Bestehende nicht gefährdet. Doch was wäre gefährdet, wenn die Hälfte der Theater und Museen verschwände, einige Archive zusammengelegt und Konzertbühnen privatisiert würden? 2500 statt 5000 Museen in Deutschland, 500 statt 1000 in der Schweiz, 400 statt 800 in Österreich – wäre das wirklich die Apokalypse? 70 staatliche und städtische Bühnen statt 140 in Deutschland, 700 statt 1300 Bibliotheken in der Schweiz?

Fünf Gründe für die Halbierung der Infrastruktur

Fällt es so schwer, sich vorzustellen, dass die frei werdenden Mittel sich auf die verbleibenden Einrichtungen, auf neue Formen und Medien kultureller Produktion, auf die Laienkultur, die Kunstausbildung und eine tatsächlich interkulturell ausgerichtete kulturelle Bildung verteilen könnten? Wenn es so käme, würden die erneuernden Kräfte gestärkt zulasten der beharrenden. Dann hätte Zukunftsfähigkeit wieder einen Raum. Und Kulturpolitik wäre ihre Vergangenheitsorientierung los. Kulturpolitik im Kulturstaat wirkte dann weniger paradox. Statt die Kluft zwischen Produktion und Nachfrage ständig neu herzustellen mit dem hehren Anspruch, sie zu überwinden, könnte sie Veränderung mitgestalten. Politik als Dialektik.

Die Halbierung der kulturellen Infrastruktur lässt sich gut begründen. Erstens wird sie kaum jemanden auf Entzug setzen. Die allgemeine Mobilität erweitert den Radius der Konsumenten. Und die Digitalisierung gestattet preisgünstigen

Zugriff auf die meisten Kulturerzeugnisse unserer Zeit, nicht in ihrer Live-Form, zugegeben, dafür jederzeit und den Rezeptionsmöglichkeiten angepasst. Die Touristen werden nur von den höchsten Leuchttürmen angezogen – das sind wenige. Der lokale Kampf ums kommunale Selbstbewusstsein lässt sich nicht mit Einrichtungen gewinnen, die den riesigen Erwartungen an inszenierte Kunst nicht standhalten. Zweitens, viel wichtiger, setzt die Halbierung geschätzte zwei der neun öffentlichen Milliarden frei, welche fünf Zwecken zugute kommen könnten, die das globale Kräftespiel mitgestalten und welche für Entwicklung, Zukunftsoptimismus, strukturellen Umbau und soziale Integration stehen.

1. Ein Fünftel diente dazu, die überlebende Hälfte der heutigen Infrastruktur finanziell angemessen auszustatten. Über Bedeutung und Anziehungskraft verfügt nur, was Klasse hat. Klasse aber kostet. Als kulturelle Komplexe, welche vielfache Aufgaben wahrnehmen, werden die Einrichtungen nicht günstiger, dafür ausgreifender und bedeutsamer.

2. Ein Fünftel bekommt die Laienkultur, welche anders als die distinktiven Institutionen der Hochkultur eine sozial integrative und Kultur vermittelnde Funktion wahrnimmt, Identifikation mit der Gesellschaft herstellt und kulturelle Verankerung als Praxis erlebbar macht. Nicht die Produktion von Laienkultur braucht vermehrte öffentliche Hilfe, aber jene Strukturen, welche sie ermöglichen und vorantreiben. Denn je knapper die Gemeinden bei Kasse sind, umso weniger stille Leistungen erbringen sie für die Laienkultur, der aber das Geld fehlt, um Infrastrukturen zu mieten und sich Vermittler von ästhetischem Know-how – Regisseure, Animatoren, Dirigenten

usw. – zu leisten. Laienkultur, ein Thema in den Achtzigern, als die Kultur von allen eine kurze Blüte erlebte, sieht sich heute mehr denn je vom Kultursystem ausgeschlossen, scheitert an der Anspruchshürde von Professionalität und Qualität, wie die Förderung sie errichtet. Dieser Ausschluss macht die soziale Gewalt, die in so vertrauten Förderbegriffen wie Professionalität und Qualität steckt, anschaulich.

3. Ein Fünftel flösse in die noch nicht existente Kulturindustrie, welche nationale, europäische und globale Ambitionen vereint. Förderung müsste ansetzen bei den neuen Formen kulturellen Ausdrucks, etwa Computerspielen und anderen digitalen Produkten. Start-ups und Kulturparks würden unterstützt, günstige rechtliche und ökonomische Rahmenbedingungen geschaffen, juristische Unterstützung und intelligenter Urheberschutz angeboten. Im Mittelpunkt müssen hier Inhalte für die vielen stehen und Projekte, welche neue Verhaltensweisen in Rechnung stellen, nicht die Domestizierung nach Großvaterart anstreben. Kulturindustrie ist mehr als Kunstproduktion und Kunsthandwerk, wie es gern dargestellt wird, weit mehr als Beschäftigung. Sie ist Herstellung und Vertrieb von ästhetischen Erlebnissen in Warenform mit dem unbeugsamen Willen zum Erfolg. Kulturindustrie setzt auf Unternehmergeist. Der Aufbau einer europäischen Kulturindustrie ist ein Projekt globalen Ausmaßes, welches hoch arbeitsteilige Kreativität bedingt – und in der Arbeitsteiligkeit auch den europäischen Mythos verabschiedet, dass Kreativität und Individuum dasselbe seien. Kulturwirtschaftliche Projekte denken in Verkäuflichkeit, auch im Vertrauen auf Millionen anspruchsvoller Konsumenten in aller Welt, die nach außergewöhnlichen Empfindungen su-

chen. Es mag euphorisch klingen, doch in diesem Projekt liegen höchste Schwierigkeiten. Denn es impliziert, dass Kunst als Ware auch Kunst ist und dass es nützlich ist, Kulturgelder in eine Ökonomie der Ästhetik zu lenken, die ausschließlich nachfrageorientiert funktioniert und dafür besonders innovativ sein muss.

4. Ein Fünftel geht an die Kunsthochschulen. Sie müssen, soll eine europäische Kultur global bestehen, zu Produktionszentren ausgebaut werden, wo nicht nur Theorie gebüffelt und Konzeptkunst erstellt, sondern im Verbund mit Produzenten am Markt – Filmherstellern, Galerien, öffentlichen und privaten Museen, Verlagen, Konzertveranstaltern, Radio- und Fernsehstationen – tatsächlich Produkte geschaffen und einem laufenden Wirklichkeitstest unterworfen werden. Kunsthochschulen müssen über ausgedehnte Stipendien-Systeme viele Studierende aus andern Kulturen anziehen können, um Vielfalt erfahrbar und für das kreative Arbeiten fruchtbar zu machen. Das wäre das Gegenteil von laborähnlichen Elfenbeintürmen des europäischen Kultur- und Zukunftsskeptizismus, das Gegenteil von Kapellen für die Anbetung staatlicher Garantien. An deren Stelle stünden selektive Systeme für Künstler und Kulturmanager, die vom ersten Tag an für diverse Publika produzieren und sich als Unternehmer erproben.

5. Die letzte Tranche ginge an eine gegenwartsbezogene kulturelle Bildung: eine Bildung, die uns türkische Kunst, amerikanische Kulturindustrie oder chinesischen Nationalismus näherbringt. Das sind einige der kulturellen Kräfte, welche die Gegenwart gestalten. Von dort kommen die Einflüsse, die unsere Kultur prägen und auch die Kunst. Sie zu verstehen ist so wichtig, wie die deutsche Klassik oder die Literatur der Vorkriegszeit zu kennen.

So überschaubar gestaltet sich eine Umverteilung hin zu den gesellschaftlich-kulturell produktiven Kräften und Strukturen, hin zu einer kulturell-ökonomischem Wertschöpfung, hin zu einer Gesellschaft, welche bereits mobil und konsumfreudig ist, die kulturell aber dezentraler, digitaler sein wird als das, was uns die Achtziger vermacht haben und was uns aufzehrt. Die europäische Kultur würde nicht untergehen, ihr fiele kein Stein aus der Krone. Vielmehr bekäme sie ein paar Werkzeuge in die Hand, aus der staatlich gepolsterten Nische heraus und in eine Offensive zu gehen, die mehr Freiheit ermöglicht – mehr Freiheit vom Staat der mäßigenden Kommissionen.

Maßnahmen sind eines. Sie fruchten nur, wenn sie von einer produktiven Haltung begleitet sind. Diese zu verinnerlichen und dem Druck der bisherigen Nutznießer zu widerstehen, wird schwierig genug sein. Sie ließe sich so beschreiben: Zeigen wir Respekt und Anerkennung für alle nicht subventionierte Produktion – Kunst gedeiht zuallererst in Freiheit. Erfolg ist keine Schande und spricht nicht gegen Substanz. Kommerzieller Erfolg ist eine großartige Möglichkeit, unabhängig zu bleiben. Wer kommerziell arbeitet, arbeitet genauso im Sinne von Kultur wie jener, der unabhängig von Nachfrage arbeitet.

Alle wollen leben von ihrer Arbeit, die Beleuchter des freien Theaters genauso wie die Autoren und ihre Verleger oder die Intendantinnen der großen Häuser, die Tänzerinnen und die Kabarettisten. Förderung ist immer subsidiär – zur eigenen Kraft des Künstlers und jener des Produzenten. Verabschieden wir uns von der Meinung, Förderung müsse eine kulturelle Norm durchsetzen, eine bestimmte Ästhetik, die bloß Ideologie kaschiert, ein bestimmtes Modell, einen bestimmten Grad an Konzeptionalität, und möglichst auch noch eine korrekte politische Haltung fordern und fördern. Befreien wir uns von der Pädagogik, verpackt in einen Qualitätsbegriff. Gewöhnen wir uns an die Widersprüchlichkeit der künstlerischen Positionen, lassen wir Tradition, Traditionalismus, Mainstream, Experiment, Laienkunst und Kunst Zugewanderter gleichermaßen Platz. Wir benötigen keinen öffentlichen Maßstab. Qualität herzustellen liegt im ureigensten Interesse der Produzierenden selbst. Vielfältigste Möglichkeiten zum Produzieren zu schaffen, das Individuum vom ästhetischen Imperativ der bürgerlichen Aufbruchzeit zu befreien, ihm ganz demokratisch die ästhetische Arbeit am eigenen Glück zu ermöglichen, wie immer dieses beschaffen ist, das ist die Essenz künftiger Kulturpolitik.

Die Verschiedenheit der partikulären Interessen und Wertordnungen wäre das Ziel, nicht das Hindernis. Wenn es gelingt, den halben Kultursektor zu entstaatlichen, also uns von der Hälfte der Einrichtungen frei zu machen, dann reden wir damit keinem Sparprogramm das Wort. Wir plädieren für eine Lichtung, die Platz schafft für eine Zukunft, in der die Kunst wieder eine Rolle spielt. Eine Rolle, die fern ist von der aktuellen Anbiederung der Kulturszene an die Politik. Eine Rolle, die sich Künstler und Rezipient teilen.

Verständigung über Ziele durch Güterklassifikation

Um mit den Begründungsdefiziten und den Tendenzen zur Expansion von Meritorik umzugehen, helfen Gesetze, die meritorische Strukturen kodifizieren, nicht. Wie wollte man ein Theatergesetz formulieren, ohne auf Konstruktionen zu verfallen, die den »Theaterzwang« von Karl Valentin durch die Hintertür einführen? Über welchen gesetzgeberischen Leisten sollte man die Museen Mitteleuropas schlagen, und in welcher Kulturdiktatur würde man dann landen?

Die politische Gesellschaft müsste sich vielmehr darüber verständigen, welchen Umfang und welche Ausrichtung meritorische Förderung haben soll. Dazu sollte sich Kulturpolitik nicht als moralische Instanz gerieren, sondern diskutieren, unter welchen Zielen was gefördert werden soll. Das klingt leichter, als es ist – denn es müssen ästhetische, bildungsbezogene, geschichtliche, soziale, wirtschaftliche, raumplanerische, demografische Parameter und Schnittstellen einbezogen werden. Wenn das passiert ist, wäre zu überlegen, welche betrieblichen Strukturen sinnvoll sind, um die Förderziele zu erreichen. Und wenn das getan ist, kann man die Frage klären, wie viel das kosten wird und ob dieses Geld der öffentlichen Hände für diese meritorischen Zwecke zur Verfügung stehen soll. Wenn diese Rechnung politisch zu hoch erscheint, müssen Ziele modifiziert und neu gefasst werden. Man muss es sich leisten, die gewünschten Strukturen ausreichend auszustatten, denn sonst können sie die erwarteten Ziele nicht erfüllen.

Über die meritorische Förderung muss nicht jährlich entschieden werden. Der Gesetzesrahmen öffentlicher Haushalte gibt gegenwärtig allenfalls minimalen Raum für mehrjährige Förderentscheidungen. Das aber könnte man ändern. Was wäre gegen mehrjährig beschließbare Freiwilligkeitsleistungen zu sagen? Unter dieser Voraussetzung könnte selbst im Bereich der meritorischen Güter eine Art Wettbewerb stattfinden – nutzerorientierter Wettbewerb. Denn würden Theater tatsächlich unter der Voraussetzung eines in seiner Struktur fest auf zum Beispiel fünf Jahre verabredeten Spielplans (x Opernpremieren, x Schauspielpremieren, davon einige aus dem Kanon der Klassiker, x Premieren im Tanztheater, x Symphoniekonzerte, x Jugend- und Kindertheaterstücke, x Spieltage insgesamt, Auslastungsziel 95 Prozent) mit einem verlässlichen Betrag pro Sitzplatz in Deutschland gefördert, dann könnte das höchst unterschiedliche Kulturmanagement dieser Theater für die Nutzer einen Unterschied machen. Eine Gefahr, dass zusätzliche Einkünfte aus einer wirtschaftlich erfolgreichen Geschäftsführung im Haushaltsverfahren wieder eingezogen werden, dürfte für den Vertragszeitraum nicht bestehen.

Ob das Geld, das derzeit für Kultur aus öffentlichen Haushalten ausgegeben wird, genügt, um die formulierten Ziele zu erreichen, kann man erst wissen, wenn die Hausaufgaben gemacht sind und sich die Gesellschaft auf die Ziele verständigt hat.

Die Tiefe und Breite eines Diskurses zur kulturellen Infrastruktur und die dafür nötigen kulturellen, bildungsbezogenen, sozialen und wirtschaftlichen Kenntnisse sollte niemand unterschätzen, auch nicht den kleinteiligen Kulturbetrieb mit seinen Binnenkonkurrenzen und ausgeprägten Platzhirschmentalitäten. Folgende Fragen müssen beantwortet werden:

- Was und wer soll mit den aus Steuermitteln geförderten Kulturangeboten erreicht werden?
- In welcher institutionellen Struktur lässt sich dies erreichen?
- Welche Schnittstellen zu anderen öffentlichen Handlungsbereichen (Bildung vor allem) sind zu berücksichtigen?

Wenn man unsere Erkenntnisse zu den politischen und ökonomischen Folgen meritorischen Staatshandelns ernst nimmt, so müsste jede öffentliche Förderentscheidung die nachstehenden Bedingungen erfüllen:

- Ist das geförderte Gut kulturpolitisch relevant? Werden mit der Förderung nachvollziehbare kulturpolitische Ziele verfolgt? Waren die Verfahren zur Zielformulierung belastbar?
- Liegt im Bereich der konkreten Förderentscheidung ein Marktversagen vor? Sind auf dem Markt gebildete Preise kulturpolitisch zu hoch oder Angebote zu klein?
- Rechtfertigen die Förderziele einen Eingriff in den Markt, der die Chancen privater Anbieter verschlechtert?

Wird eine dieser Fragen negativ beantwortet, fällt die Förderung eines Vorhabens durch die öffentliche Hand weg. Umgekehrt: Werden alle Fragen bejaht, so kommt eine Förderung infrage. Wie das meritorische Gut erstellt wird, ist dabei noch offen. Die öffentliche Hand kann Leistung selbst erbringen (etwa eine Musikschule als Abteilung innerhalb eines Kulturamtes führen), einen Verein durch Zuschüsse unterstützen oder kommerzielle Anbieter beauftragen.

Verfährt man so, sind Kuluretats das praktische Ergebnis zweckhaften Handelns. Derzeit entstehen sie allerdings mehr aus Gewohnheit denn aus Zielbewusstsein. Tradition und das Eigengewicht von Institutionen steuern die öffentlichen Ausgaben. »Das haben wir letztes Jahr auch schon so gemacht.« Oder, elaborierter: »Diese Förderung ist historisch gewachsen.« Es ist oft zufällig, welche Bereiche mit Geld bedacht werden und welche nicht. Jazz wird gefördert, das ist völlig in Ordnung, das hören wir gern. Rockmusik ist zu laut. Andere sehen das anders.

Wie kann der fördernde Staat seinen eigenen Infarkt verhindern? Wie kann Kultur wieder zu einer beweglichen Größe werden? Wir hatten gesehen, dass dem »Kulturstaat« sein eigenes, hoheitliches Selbstverständnis im Weg steht. Fängt man andersherum an, fragt man aus dem Blickwinkel einer politischen Ökonomie nach der staatlichen Rolle in der Kultur, dann sollte man »Güterklassen« unterscheiden, die für staatliches Handeln im Kultursektor wichtig sind.

1. *Wirtschaftsgüter.* Wirtschaften ist der Umgang mit knappen Gütern. Dies gilt sowohl für materielle Güter (im Kulturbetrieb etwa Gemälde, Skulpturen, Bücher, Filme, CDs, DVDs) wie auch für Dienstleistungen (im Kulturbetrieb beispielsweise Theateraufführungen, Ausstellungen, Konzerte, Musik- und Volkshochschulunterricht). Wirtschaftsgüter werden auf Märkten gehandelt. Dort unterliegen sie dem Gesetz von Angebot und Nachfrage sowie anderen Einflussfaktoren. Ist die Nachfrage nach einem künstlerischen oder kulturellen Gut hoch, das Angebot aber knapp und nicht oder kaum vermehrbar und sind die Märkte unreguliert, so werden Preise hoch sein. Der Kunstmarkt funktioniert so. Umgekehrt, wo Angebote reichlich und leicht vermehrbar sind, werden Preise niedrig sein. Der Tonträgermarkt funktioniert so. Wenn Anbieter ihre Kosten nicht mehr decken können, kommt es zu Marktbereinigungen. Einige werden vom Markt verschwinden. Dies verknappt das Angebot und führt zu höheren Preisen. So weit das Lehrbuch.

2. *Öffentliche Güter und Dienstleistungen.* Von den wirtschaftlichen Gütern und Dienstleistungen sind sie gänzlich verschieden. An ihrer Herstellung hat der Staat ein primäres Interesse, er entzieht sie dem Marktmechanismus. Archivwesen und Denkmalschutz sind in Deutschland

gesetzlich gebunden, sachliche Mindeststandards sind festgelegt. Hier entstehen Preise und der Umfang des Angebots nicht auf Märkten, sondern der Staat entscheidet per Gesetz über die Güter und ihre Verfügbarkeit. Kein Denkmalpfleger darf dulden, dass jedermann in der Gegend herumgräbt oder seinem privaten Verständnis von Baugeschichte folgend baut. Die Hoheit über das kollektive Gedächtnis eines Bundeslandes hat die Direktion des Landesarchivs. Solche Regeln sind zweckmäßig, denn wer könnte sonst garantieren, was und was nicht als kollektives Gedächtnis einer Kultur bewahrt bliebe. Diese Bereiche sind relativ unangefochten. Auch wenn Archivleistungen wenig nachgefragt werden, sind sie als Trägerinnen des kollektiven Gedächtnisses nicht infrage gestellt. Beide Bereiche sind durch Gesetze geregelt. Was allerdings öffentliche Güter sind, unterliegt regional und historisch unterschiedlichen Bewertungen.

3. *Meritorische Güter.* Ein Großteil der kulturellen Förderfälle, des kulturpolitischen Handlungsfeldes, gehört allerdings zu den meritorischen Gütern und Dienstleistungen. Sie erscheinen auf Märkten und stehen in Konkurrenz zu anderen Wirtschaftsgütern. Sie werden aber durch politische Entscheidung unter den besonderen Schutz der Förderung gestellt. Das meritorische Wirken der öffentlichen Hände führt in der Regel dazu, dass Angebote vergrößert und Preise gesenkt werden. Dies wirkt auf die Märkte zurück.

Dass Kulturpolitik ihr Handeln meist nicht im Licht dieser ordnungspolitisch relevanten Klassifikation reflektiert, wird immer dann besonders deutlich, wenn über Kürzungen oder Veränderungen gesprochen werden muss. Wenn in irgendei-

219

ner Zeitung oder auf irgendeiner Ätherwelle die Nachricht weitergegeben wird, dass bei der Bibliothek x oder dem Landeskulturzentrum y Gelder gestrichen werden, dass das Theater z geschlossen wird, dafür eine Konzertscheune im Tor zur Welt oder ein Festival auf dem Lande doch etwas mehr Geld bewilligt bekommt, dann werden diese Sachverhalte mit Formulierungen wie »unverantwortliche Kürzungen in der Kultur« oder »entscheidend ist, dass bei der Kultur nicht gespart wird« kommentiert. Über staatliche Aufgaben und öffentliche kulturelle Infrastrukturen politisch zu diskutieren ist fast unmöglich. Wenn von Kultur die Rede ist, geht es immer ums Große und Ganze. Es gibt keine Podiumsdiskussion zur Kultur, in welcher nicht mindestens 80 Prozent der Teilnehmer an die Verantwortung aller für die Kultur appellieren, wenn der Ausgangspunkt die rasenmähermäßige Kürzung aller Haushaltspositionen inklusive des Kulturbudgets ist. »So geht es nicht, die Kultur ist das Wichtigste überhaupt« versus »Alle müssen sparen, da kann keiner ausgenommen werden« lauten die Eckpunkte solcher Debatten. Warum verlaufen kulturpolitische Diskussionen in Deutschland so inbrünstig und geschwollen? Ein Verständnis von staatlichen Aufgaben im Licht der oben dargestellten Klassifikation könnte die Diskussion erheblich entspannen.

Betrachten wir typische meritorische Förderfälle. Interessant wäre die Auseinandersetzung mit dem Problem, was zehn Prozent Kürzung beim seit 20 Jahren jährlich stattfindenden Puppentheaterfestival des ortsansässigen Grundschullehrers einerseits bedeuten und was andererseits die Stadtbibliothek noch anzuschaffen hätte, würden ihr zehn Prozent, also der Anschaffungsetat, gestrichen. Wie viele Kurse bei der VHS in den Ertrag bringenden Fachbereichen Gesundheit (»Fit nach 65«) oder Kreatives (Porzellanmalerei) müssen zusätzlich angeboten werden, um bei zehn Prozent Kürzung dennoch das Alphabetisierungsprogramm ausweiten zu können? Wie wirken sich zehn Prozent Kürzung beim Städtischen Museum in der Museumspädagogik und wie beim Etat für die nächste Sonderausstellung aus? Könnten die Städtischen Bühnen tatsächlich das B-Orchester und das Ballett aufrechterhalten und somit ein vollständiges Dreispartenhaus bleiben, würden zehn Prozent gekürzt? Gibt es Dienstleistungen des kommunalen Archivs, die bei zehn Prozent Kürzung nicht mehr geleistet werden können, und entsprechen die noch bleibenden Möglichkeiten den Vorschriften der Archivgesetze?

Ob der Oberbürgermeister bereit sein wird, die von ihm persönlich vor drei Jahren installierte »Akademie im Rathaus« mit zwölf üppigen Sonntagsmatinees (»Ich habe mir das als kulturgestütztes Networking gedacht«) aufzugeben, um das dann wieder zur Verfügung stehende Geld in die Musikschule zu lenken? Was machen die städtischen Verantwortlichen mit den zwei Stipendienplätzen à 600 Euro pro Monat für bildende Künstlerinnen/Künstler in der wunderschön restaurierten Zehntscheuer, die auf Jahre hinaus mit Bewerbungen belegt sind? Kann das kommunale Kino im soziokulturellen Zentrum in Kooperation mit dem ältesten, ehrwürdigen Lichtspieltheater »Delphi« noch programmatisch überleben oder wird man ein erheblich eingeschränktes kulturelles Montagskino einzurichten haben? Welche Auswirkungen wird es haben, wenn das so gewünschte neue Konzerthaus nicht gebaut oder das Stadtgeschichtliche Museum nicht erweitert wird?

Diese Fragen werden in der kulturpolitischen Praxis so nicht gestellt. Folglich kommt die in ihnen angelegte Versachlichung der kulturpolitischen Verteilungsdebatte nicht zum Tragen, nicht auf Bundes, nicht auf Landes- und nicht auf kommunaler Ebene. Veränderungen passieren einfach. Würde man die kulturpolitischen Aktivitäten im Licht der Güterklassifikation und vor dem Hintergrund der Leistungsfähigkeit von Kulturmärkten auf der einen, die Wirkung von meritorischer Förderung auf der anderen Seite diskutieren, wäre ein deutlich höheres Niveau erreicht.

Warum geschieht das nicht? Ein Grund ist, dass das kulturpolitische Denken auch in den Vergabegremien für Fördermittel überwiegend vom inhaltlichen Angebot her geführt wird und die institutionellen Strukturen nur unzureichend berücksichtigt. Kultur als Politikersatz ruft danach, dass man Werte und Inhalte formuliert, Urteile fällt und die Welt in gut und schlecht, unterstützungswürdig und barbarisch unterteilt. Wenn man es selbst nicht auf die Theaterbühne schafft, so will man wenigstens mitbestimmen, was dort geredet wird. Zum Aufbau und zur Pflege kultureller Infrastruktur braucht es eine andere Debatte als vorwiegend bauchgesteuerte Bekenntnisse zu oder Ablehnungen von Inszenierungen, Ausstellungen, Seminarangeboten, Erfahrungen der eigenen Kinder in der Musikschule.

Es ist doch komisch – nie würde jemand auf politischer Ebene infrage stellen, dass die Feuerwehr Brände löschen, die Bahn fahren soll, dass die Wasserversorgung gesichert und die Justiz unbeeinflussbar sein muss. Diesbezüglich beklagen wir allenfalls den Bierdurst der ländlichen Feuerwehr oder die Sprachlosigkeit der Deutschen Bahn, vielleicht ab und an mangelnde Schnelligkeit bei der Behebung von Rohrbrüchen beim Wasser oder zu langsame Verfahren in der Justiz. Doch dass die genannten Infrastrukturbestandteile diese und jene Ziele und Inhalte verfolgen sollen, darüber wird nicht entlang von Geschmacksurteilen, sondern es wird mit Gründen debattiert, wie viel Infrastruktur dieser Art benötigt wird, wie viele Feuerwehrstützpunkte nötig sind, wie leistungsfähig Bahnhöfe sein sollen, welche Frischwassermenge im Netz zur Verfügung stehen muss.

Würde man kulturelle Infrastrukturen, ebenso wie die Bahn oder die Wasserversorgung, strukturell von Zielen und von den Nutzern her denken, würde die Diskussion sofort eine andere sein. Dass Nutzerinnen und Nutzer unmündig sind, wäre jedenfalls kein Argument. Das wäre, als würde die kommunale Wasserversorgung daran bemessen, ob die Nutzer sich die Füße waschen oder nicht. Wenn Füße nicht gewaschen werden, liegt das nicht an der Wasserversorgung, sondern am nicht gelungenen Bildungstransfer im Fach Hygiene.

Zugunsten eines Nachdenkens über Ziele und Infrastruktur wäre das natürlich nie so formulierte Argument der politischen Kulturwächter aufzugeben, sie wüssten, was Kulturnutzern zukommt. Um eine Strukturdebatte führen zu können, müssten sie ihre eigene Attitüde prüfen als selbst ernannte gute Menschen der Kultur, als »ästhetische Erzieher des Menschengeschlechts« und im Hintergrund auch als Interessenten und Nutznießer der Förderung. Eine auf infrastrukturelle Fragen bezogene Kulturdebatte und eine damit zusammenhängende Bildungsdebatte könnten für die Kulturwächter recht unbequem werden. Dass sie mehr als dringend notwendig ist, dafür haben wir in unserem Buch Argumente und Beispiele zusammengetragen.

Würde man aufhören, die Diskussion über Kultur nur qualitativ, also vom Einzelfall und vom Bestand her zu führen, dann könnte die Güterklassifikation eine wichtige Argumentationshilfe sein. Infrastruktur hat zu funktionieren, sie ist ganz überwiegend gesetzlich verankert und in einer

Weise organisiert, dass öffentliche Regeln dominieren, Qualität kontrolliert und Konkurrenz ausgeschlossen ist. Nach einigen Experimenten in den vergangenen Jahrzehnten wissen wir: Sind Polizei, Fleischbeschau oder Justiz in privaten Händen, steigt der öffentliche Reglementierungsbedarf exponentiell, und die vermeintlichen Einsparungen durch Privatisierung werden durch den wachsenden Steuerungsbedarf aufgezehrt. Von der Infrastruktur deutlich zu unterscheiden wäre, was auf dem Markt entstehen kann, was er produzieren soll und was schließlich auf dem Markt nur als meritorisches Gut eine Chance hätte.

Würde Kulturpolitik auf diese Weise betrieben, hätte dies unmittelbare Konsequenzen für betriebliche Strukturen. Nur dort, wo ausschließlich hoheitliche Ziele verfolgt und dementsprechend ausschließlich öffentliche Güter und Dienstleistungen angeboten werden sollen oder müssen – wie etwa im Bereich des kulturellen Erbes –, müssen entsprechende Strukturen geschaffen werden. Nur hier könnte eine Behörde sinnvoll sein. In Betrieben und Institutionen, die überwiegend mit meritorischen Gütern und Dienstleistungen zu tun haben, ist der Behördenstatus dagegen lähmend. Ist ein Theater oder ein Museum eine Behörde, ist es kaum in der Lage, eine kulturell pointierte und selbstbewusste Nachfrageorientierung zu entwickeln. Je höher das nationale, staatliche, kommunale Interesse daran ist, eine Sammlung zu bewahren, die die Produktion des meritorischen Gutes Museumsausstellung erst möglich macht, desto sinnvoller könnte es sein, die Betriebsform der Stiftung zu wählen, um einer öffentlichen Verantwortung für dieses kulturelle Vermögen Rechnung zu tragen. Eine Stiftung benötigt eine entsprechende Kapitalausstattung. Für ein Theater gilt das nicht. Hier geht es um die Arbeit an Produktionen, in komplexer Arbeitsteilung und aus aktueller künstlerischer Kraft. Eine wirtschaftsnahe Unternehmensform ist angemessen.

Die neuen Entscheider und Manager

Wir haben die Grundlagen einer Politik der Phantasieförderung beschrieben, die Mündigkeit und Zweckrationalität der Bürger ernst nimmt. Wir haben einer neuen Gewichtsetzung zwischen den Sektoren der kulturellen Produktion das Wort geredet und die strukturelle Trennung zwischen Behörden und Kultursystem postuliert.

Nun geht es auch in einer umgebauten Kulturpolitik nicht ohne Dezisionen. Eine andere Kulturpolitik benötigt andere Entscheidungsmechanismen. Die Frage solcher Mechanismen stellt sich nicht in den Kunsthochschulen, diese müssen einzig Allianzen mit Produzenten am Markt eingehen. Sie stellt sich auch nicht in der kulturellen Bildung, die eine Sache von Lehrplänen ist, die ständig aktualisiert werden müssen. Sie stellt sich hingegen für die für alle sichtbare Kulturproduktion, also die Institutionen – wer beauftragt sie womit? – sowie die unabhängige Produktion – wer spricht mit welchen Gründen Unterstützung zu? Sie stellt sich überdies für den Laienbereich genauso wie für die Kulturindustrie, die nicht all die Kreativen bezeichnet, die im Auftrag von Einrichtungen Plakate entwerfen oder Mischpulte bedienen, sondern jene Unternehmen, die risikobehaftete ästhetische Produkte (Kunst als Ware) auf den Markt bringen.

Zunächst zur Kulturindustrie. Hier sind ausschließlich bei der öffentlichen Förderung von Unternehmensgründungen Experten nötig. Der Freund der wahren Kultur mag staunen. Doch die Überlebenschancen eines Studios für Gamedesign oder einer Musikagentur, einer freien Theatertruppe oder eines Modedesigners abzuschätzen, bedarf vertiefter Kenntnisse in Wirtschaft und Marketing, Publikumsaufbau und -bindung. Um ästhetische Werturteile geht es nicht. Sie bleiben den Konsumenten überlassen. Es stellt sich die Frage, warum es in Europa keine *cultural hubs* gibt: Kulturparks anstelle von Technoparks, wo Jungfirmen der Kunst mit steuerlichen Vorzugsbedingungen, günstiger Infrastruktur und Business-Coaching hochgezogen und nach fünf oder sieben Jahren in die freie Wildbahn entlassen werden. Hier könnte sich beweisen, dass man mit Kultur auch Geld verdienen kann. Und hier muss sich beweisen, dass Europa fähig ist, Kultur industriell herzustellen und damit eine Position auf dem Weltmarkt zu besetzen, auf dass auch die europäische Hochkultur in deren Umfeld zahlende Abnehmer finde. Denn der Befund von Frédéric Martel in *Mainstream* ist bedenklich: dass die europäischen Länder sich in ihre Traditions- und Kunstnischen zurückziehen und das Publikum sich überhaupt nicht für den Nachbarn interessiert. Da Kultur wie ein Tisch ist, der mindestens drei Beine braucht, damit er steht, gilt: Hochkultur ist gut. Doch ohne breite und erfolgreiche Populärkultur fehlt ihr die Blutzufuhr. Das dritte Bein ist die Laienkultur.

Die Leistungsfähigkeit der Laienkultur, um Zugehörigkeitsgefühl und eine Praxis der Mündigkeit herzustellen, wird meist unterschätzt. Auch wenn die Laientheater für ihre Jahresproduktion immer wieder dieselben Operetten wählen, sind solche Produktionen prägende Erfahrungen sozialen Engagements. Die verkannte Bedeutung der Laienkultur manifestiert sich auch darin, dass viele Kommunen dazu übergegangen sind, ihre kommunale Infrastruktur zu vermieten, statt sie den Laien gratis zur Verfügung zu stellen. Der Proberaum für die Volkstanzgruppe kostet jetzt. Trotzdem erwartet der Gemeinderat, dass die Tanzgruppe bei der Einsetzung des neuen Bürgermeisters die Ehrendamen stellt, umsonst natürlich. Laien benötigen dreierlei: eine Charta der Kommunen, die solche Gegengeschäfte weiterhin möglich macht, Mittel für qualifiziertes Personal und, auf Verbandsebene, Weiterbildungsprogramme für Produktionsleiter und künstlerisches Personal. Dazu sind keine großen Strukturen nötig, einzig Fachstellen auf der Ebene von Kommunalverband oder Land beziehungsweise Kanton, welche über die Mittel verfügen und diese nach sachlichen Kriterien zuteilen.

Sehr viel anspruchsvoller ist die Aufgabe, wenn es um die Filetstücke geht. Die großen Stücke des Kuchens müssen demokratisch verwaltet werden, und hier unter Beteiligung aller relevanten sozialen Gruppen. Zuletzt ließe sich, wie in der Schweiz ohnehin üblich, immer noch eine Volksabstimmung anhängen, mitsamt dem Risiko, dass die Sache den Bach runtergeht, was wiederum heilsam sein kann. Das Problem an Volksabstimmungen ist, dass sie immer nur punktuell wirken, nie programmatisch. Soll das neue Museum einen höheren Betriebszuschuss kriegen als das alte? Diese Frage ist leicht mit Ja beantwortet. Aber sie blendet aus, wo das neue Museum in der Kulturlandschaft steht, wie es sich zu anderen verhält und was genau sein Auftrag ist. Deshalb benötigen wir Kulturräte oder Jurys, die sozial durchmischt sind. Also keine Kommissionen von unsereins, keine Versammlungen von Experten der Kunst oder der Musik, sondern wenn schon Experten, dann Vertreter des realen Lebens draußen. Solches setzt einen anderen Begriff von Teilhabe voraus. Die »andere« soziale Realität in »unserem« Kulturbegriff abzubilden, also ein bisschen Türkei auf die Bühne zu bringen, reicht nicht. Teilhabe bedeutet vielmehr direkten Zugang zu den Ressourcen, welche kulturelle Manifestation erlauben. Oder anschaulich: keine Gremien aus lauter lupenreinen Einheimischen mehr, welche im Namen der anderen reden, sondern Gremien, in denen die unterschiedlichen Kulturen sich bereits begegnen und wo Ressourcenanteile und Qualitätsbegriffe verhandelt werden.

Das wäre das kulturgeografisch gedachte Schweizer Modell, umgelegt auf die soziokulturelle Dimension. In der helvetischen Bundeskulturförderung müssen die vier offiziellen Kulturen – deutsch, französisch, italienisch, rätoromanisch – sich laufend über ihre Anteile verständigen. Es gibt keine Quoten und keine Maßstäbe, nur den immer wieder erneuerten pragmatischen Zugriff. Denn es ist so: Die Angebote bereitzustellen und dabei voll guten Willens auch die Entferntesten zu bedenken ist eines. Doch den Entfernteren und Entferntesten den Tresorschlüssel anzuvertrauen, ist etwas anderes. Solches meint eine Einladung an die mündigen Bürger, zu entscheiden. Und solches meint eine Neuverteilung der Macht im Kultursektor im Zeichen der Partizipation, die ohne Zeigefinger auskommt.

Derartige multikulturelle und multisoziale Kulturräte sind auf kommunaler wie Landesebene denkbar. Sie würden über lokale und regionale Mechanismen der Förderung befinden, nicht über gesamte politische Systeme. Ein Kulturrat würde eine Kulturlandschaft skizzieren in Funktion sozialer Ausprägung. Und er würde dann die Umsetzung an Individuen delegieren. Das könnten, Schreckgespenst der Experten, auf Zeit gewählte, nicht wiederbestellbare, aber gut alimentierte Intendanten der Kulturförderung sein. Sie würden auf der Basis eines Konzepts eingestellt, das Elemente aus der

Skizze konkretisiert und Antwort auf die Fragen der sozialen Diversität, der Durchlässigkeit zwischen Laien und Profis, des Phantasiepotenzials, der unternehmerischen Aspekte gibt. Solch ein Kulturrat würde also nicht über einzelne Werke und Projekte urteilen, sondern über Personen, denen er ein Maximum an Handlungsfreiheit innerhalb ihrer Aufgabe und auf Zeit zugesteht. Die Gießkanne könnte im Schuppen bleiben. Nicht die typischen Kompromisse von Kommissionen ständen im Zentrum, sondern das Profil einer Persönlichkeit. Solche Persönlichkeiten würden aus ganz individueller Sicht eine kulturelle Domäne gestalten, Theater, Literatur, Musik, Design. Solche Individualisierung auf Zeit könnte dem gerecht werden, was künftig »Qualität« heißen soll: ein durch eine Vision genährter Anspruch, auf den hin alle Entscheidungen führen. Ein solches Verfahren würde den Künstlern überdies zu einem Gegenüber verhelfen, das ihnen angesichts der anonymisierten Formen finanzieller Zuwendung heute fehlt. Zwar kennt man die Mitglieder der Jurys, doch niemand ist persönlich verantwortlich. Abgesehen davon, dass Entscheidungen von Jurys meist noch von politischen Gremien abgesegnet werden müssen.

Der Verantwortungsbereich von Intendanten umfasst Kultureinrichtungen genauso wie die Förderung unabhängiger Projekte. Das Modell ließe sich auch auf eine Kulturregion übertragen, indem man spartenübergreifende Intendanzen schafft. In jedem Fall benötigt der Intendant Weisungsbefugnis. Nur so kann er oder sie aus drei Theatern, die dasselbe tun, drei Theater machen, die höchst unterschiedliche Traditionen, Konzepte und Ansprüche pflegen, oder eben auch nur zwei oder ein Theater.

Aus der an eine Person gebundenen Gesamtschau eines Sektors oder einer Region ergibt sich von allein das Modell kultureller Komplexe, in denen Vielfalt als fundamentaler Anspruch enthalten ist. Kultureller Komplex besagt ganz einfach, dass die interpretative Fortschreibung des alten und des neuen Theaterrepertoires oder des Musikkanons nicht mehr reicht, sondern dass die Förderung des Künstlernachwuchses, die Entwicklung von Komponisten oder Autoren, der Einbezug von Laien, die Auswertung der Produktion in anderen Medien, die Zusammenarbeit mit Verlagen, die Gestaltung öffentlicher Anlässe ganz einfach dazugehören. Ein Verlag kann genauso gut literarische Stipendien ausrichten wie ein Staat oder eine Kommune, mit Literaturhäusern und -festivals kooperieren, Übersetzungen fördern – kurz: Motor sein im Geflecht der Kulturproduktion und -distribution. Das wäre horizontale Integration, im Unterschied zur isolierten Sicht, die das heutige System prägt. Mehrere solcher – in ihren Ansprüchen und Orientierungen ganz unterschiedlich ausgelegten – Komplexe zusammen ergeben dann das kulturelle System einer Stadt oder einer Region. Es schafft erweiterte Sinnzusammenhänge. Es verbindet populäre und elitäre Elemente, es erzeugt innere Spannung. Dafür braucht jeder Komplex Mittel, Freiraum, erstklassige künstlerische Köpfe und Manager, ja Unternehmer.

Das dynamische Element, welches das System zukunftsfähig macht, fußt auf drei Elementen. Erstens der nach sozialen Kriterien variabel zusammengesetzte Kulturrat, der kein Expertengremium von Kulturprofis ist, zweitens die Schlüsselrolle einiger Individuen, hier Intendanten genannt, drittens die zeitliche Begrenzung ihres Amtes, was zyklische Erneuerung erzwingt.

Denkbar ist, dass die kulturpolitische Mission kultureller Komplexe alle zehn Jahre ausgeschrieben wird. Und dass sich private Konsortien selbst um Aufbau und Betrieb kultureller Komplexe bewerben könnten. In Bereichen wie Literatur oder Film sind wir es bereits gewohnt, warum soll es in anderen Sparten nicht auch möglich sein? Auch ihre Partner im Einzelnen – Kulturschaffende, Ensembles, Spezialisten – suchen und erneuern sie im Ausschreibungsverfahren.

Zur Neubesetzung der kulturpolitischen Rollen fügt sich die regelmäßige Prüfung der Ergebnisse: Vielfalt des Outputs, Beteiligungsgrad variierender Öffentlichkeiten, Vernetzungsgrad, Eigenfinanzierung. Die Erfolgsindikatoren werden nicht an das einzelne Werk angelegt, sondern an die sozialen Zusammenhänge, die geschaffen werden. Dabei darf, auch das ein ungehöriger Gedanke, eine gehörige Portion Provinzialismus mitspielen. Kunst ist relevant, wenn sie von der finanzierenden Gemeinde genutzt, beachtet, kritisiert wird. Dadurch wird sie prägende Kultur. Erst daraus kann Exzellenz entstehen, die für andere anziehend wirkt.

Jene punktuelle Förderung, die sich nicht in kulturellen Komplexen unterbringen lässt, erfolgt aufgrund mittelfristiger Entwicklungsprojekte. Der Terminus Entwicklungsprojekte meint dabei: Fördermodelle, welche mehrjährigen (finanziellen) Raum für Aufbauarbeit schaffen, also eine geförderte Schonzeit, ein außerinstitutionelles, künstlerisches Start-up. Die Vergabe selbst erfolgt, nach einer sachlichen Zulassungsprüfung, durch das Los. So hätten auch neue Namen und neue Ansätze eine reale Chance. Und wem das zu mutig ist, für den bleibt noch immer die Möglichkeit, auch Projekte nach vertiefter Prüfung durch Experten zuzulassen, aber auch Joker nach Zufallsprinzip zu vergeben.

Bedingung für alles, ob institutionell oder punktuell, ist, dass Künstler, Ensembles und Intendanten der Förderung Entwicklungsperspektiven erarbeiten und Leistungsschritte vereinbaren. Unvermeidlich kommen darin auch ökonomische Faktoren zur Sprache: Welcher Erfolg ist gewünscht, gefordert? Welche Gegenleistung erhält die fördernde territoriale Einheit? Wie wird Erfolg honoriert? Und wann endet das Fördermodell? Wie sieht der Übergang in finanzielle Eigenständigkeit aus? Und wie gestaltet sie sich? Denn enden muss jede Förderung, gerade solange aus den Kunsthochschulen so zahlreich Nachwuchs hervorquillt. Solche Modelle setzen mehr als Empathie voraus; die Förderer müssen sich mit Marktmechanismen und Ordnungspolitik gut auskennen. Und die Künstler müssen gewillt sein, sich mit den ökonomischen Bedingungen ihres Feldes auseinanderzusetzen. Seitens der Kunsthochschulen schließlich ist Praxisbezug erforderlich, eine Lehre, die sich im Produzieren für unterschiedliche kleine und große Märkte vollzieht.

Verknappung schafft Vielfalt

Verknappung lautet ein weiterer Schlüsselbegriff. Die Angebotsinflation im geförderten Sektor muss beendet werden, im Interesse der Kunst selbst. Verknappung erhöht den Wert, sie setzt Ressourcen frei. Und sie schafft Raum für private Initiativen jenseits behördlicher Normierung und politisch korrekter Inhalte und Formate. Dass dabei das eine oder andere große Talent unter die Räder kommt, ist bedauerlich, aber in keinem System zu vermeiden. Paradox, aber nicht undenkbar ist, dass unter Bedingungen der Knappheit Talent sogar besser zur Geltung käme. Denn das oft zitierte Argument, dass man breit fördern müsse, um das Supertalent von morgen nicht zu verpassen, liefe darauf hinaus, alle zu fördern. Doch wenn alle gefördert sind, ist niemand mehr da, der die Talente erkennen kann.

Verknappung setzt bei der Zahl kultureller Komplexe an. Sie bündeln die kulturellen Institutionen nach soziokulturellen Kriterien; wir gehen davon aus, dass die Hälfte der existierenden reicht. Eine solche Kontingentierung ist wohl die einzige Möglichkeit, Produktion und Rezeption wieder auszugleichen. Die Bevölkerung wird in unseren Ländern in den nächsten 20 Jahren nicht mehr wachsen, vor allem aber wird sie dank der Migration ganz anders zusammengesetzt sein.

Der Markt ist – von den Schnittstellen zur Bildung und den Institutionen für das kulturelle Gedächtnis abgesehen – der zentrale Regler, daran ändert sein gelegentliches Versagen, das oft mit mangelnder Ordnungspolitik zu tun hat, nichts. Aus Letzterem lernen wir höchstens: Die Kulturpolitik kann für einzelne kulturelle Praktiken meritorische Vorzugsbedingungen schaffen. Aber meritorische Förderung muss immer auf ihr Verschwinden hin gestaltet werden. Soweit die unabhängige Produktion betroffen ist, wird sich jedes Projekt und jeder Künstler nach einer Schonphase am Markt behaupten müssen. Dass dabei nicht jeder Millionär wird, gehört zum Spiel. Selbst in Nischen lässt sich leben.

Die Engführung staatlicher Finanzierung muss allerdings mit einer Ermutigung privater Initiative und privater Finanzierung einhergehen. Solches können wir den Vereinigten Staaten abschauen. Über weite Strecken fehlen dort staatliche Beihilfen für die Kulturproduktion. Das National Endowment for the Arts, die Kulturförderungsbehörde der USA, verfügt für alle 52 Staaten über gerade einmal 150 Millionen Dollar. Etwas zugelegt haben in den letzten Jahren die Städte. Dafür ermutigt der Staat Individuen, Organisationen und Firmen, nach eigenem Gutdünken in die Kunst zu investieren. Er verzichtet dafür auf Steuereinnahmen, und man darf davon ausgehen, dass er auf so viele Abgaben verzichtet, wie die europäischen Länder proportional an Steuermitteln in die Kultur einfließen lassen. Die Auswirkungen dieses durch die Bürger direkt gesteuerten Verteilungsmechanismus sind enorm. Nicht nur ist finanzielles Engagement zugunsten der Kultur ein wichtiges Thema in der Bürgergesellschaft. Wer dazugehören will, spendet. Das System ist viel stärker gegenwarts- und bedürfnisorientiert und reagiert rascher auf Entwicklungen. Es pflegt Innovation als Ausdifferenzierung.

Am wichtigsten aber: Das amerikanische System ist Europa in der Frage der sozialen Diversität voraus. Weil staatliches Geld knapp ist, verbleibt die Aufgabe der Kulturpflege bei jeder einzelnen kulturellen Community. Angeführt von ihren jeweiligen Eliten, entwickeln sie kulturelle Strukturen und Einrichtungen. In der Summe entsteht so ein System von geringerer Dichte als hierzulande. Weitaus weniger Infrastruktur muss dauerhaft unterhalten werden, doch die soziale Vielfalt ist erheblich größer. Jede Kulturgruppe hat ihre Häuser, ihre Gefäße, ihre Medien. Nicht nur die Bevölkerungsdynamik drängt zu ständig weiterer Ausdifferenzierung, auch der Markt verlangt zusätzliche Spezialisierung; man muss sich ja trotz aller Zusammengehörigkeit auszeichnen. Es entstehen mexikanische Galerien, indianische Ensembles, chinesische Bühnen und indische Kulturzentren, eingebettet in informelle soziale Netze und getragen von vielen. Unternehmergeist ist allgegenwärtig. Auch europäische Klassik und Avantgarde finden in diesem System ihren Platz. Alles wird kulturell hybrid, transkulturell, hat an einer Herkunfts- und an einer Standortkultur teil und liefert so Haltepunkte nach beiden Seiten. Das ist genau das, was Europa nicht schafft. Zwar findet die »weiße« europäische Elite in den aktuellen Einrichtungen ihre Haltepunkte, doch weder eingewanderte noch ländliche oder traditionalistische Kulturen verfügen über wahrnehmbare Strukturen für ihr Tun. In Europa ist der Staat zuständig, ihn aber leiten, was die Kultur angeht, die Experten einer europäischen Hochkultur, in die zwar Fremdes einfließt, aber nur als Fremdes, während es in den USA als gleichwertig daherkommt. Die amerikanische Kulturpolitik redet deshalb gar nicht mehr von Vielfalt. Diese ist längst verwirklicht und transzendiert.

In den USA sind die kulturellen Systeme konstitutiv für die jeweiligen sozialen Gruppen. Sie stiften, was man auf dieser Seite des Atlantiks so gern hätte: multiple Identität aus Differenz. Mit europäischem Multikulti hat das amerikanische System nichts gemein, weil Differenz nicht um der Integration willen gefördert wird, sondern als Ausfächerung am sozialen wie am ökonomischen Markt. Jedes kulturelle Modell sucht sich seinen Platz im großen gesellschaftlichen Ganzen; dabei übernimmt es die allgemeinen Normen der umgebenden Gesellschaft und strukturiert sein Herkunftsmaterial neu. Zugleich stellt es jenen eine alternative Identität zur Verfügung, die danach suchen.

Der gemeinsame Nenner aller Differenz, der die US-Gesellschaft zusammenhält, ist Erfolg: Selbstbehauptung aus eigener, individueller oder kollektiver Leistung. Ein Barbar, wer meint, dabei werde nur Kitsch produziert. Vor allem entstehen kulturelle Archetypen, welche die restliche Welt verändern: der Jazz, das Kino, der Pop, der Hip-Hop. Und was als amerikanische Kommerzkultur zu uns gelangt und vom europäischen Hochkultursystem mit Vehemenz abgelehnt wird, ist die Frucht hoch arbeitsteiliger kreativer Prozesse, in denen Identifikationspotenziale und Phantasietrigger optimiert werden. Umgekehrt gibt es diese Ablehnung übrigens nicht, einzig vielleicht Desinteresse.

Unterschiedliche Finanzierungsmodelle
setzen Ressourcen frei

Die Kritiker des Marktes haben seit der Bankenkrise Ober-
wasser. Das ändert nichts daran, dass es zum freien Spiel
der Kräfte keine Alternative gibt. Deutlich gilt das für die
Kultur, wo jede Monopolisierung durch den Staat – Europa liefert genügend Anschauungsmaterial – deren Tod bedeutet. Also liegt es im Interesse des Kultursektors selbst,
dass der Staat allenfalls subsidiär auftritt und möglichst wenig Abhängigkeiten schafft. Jedes Produktionssystem muss
konkurrierende Konzepte zulassen. Deshalb ist es vorrangig, dass Kulturpolitik nicht nur den subventionierten Bereich pflegt, sondern auch den nicht subventionierten durch
günstige Rahmenbedingungen, transparente Urheberrechts-
systeme, kostengünstig mietbare Infrastrukturen und Starthilfen. Schlüsselfiguren einer bürgernahen Kulturproduktion
waren schon immer die kulturellen Unternehmer. Deshalb
muss es ein primäres Anliegen der anderen Kulturpolitik
sein, den Aufbau kultureller Unternehmungen zu fördern.
Privates kulturwirtschaftliches Engagement braucht Ermutigung statt staatlicher Konkurrenz. Alle die Gegenwart prä-
genden und modellhaften Kultureinrichtungen wurden von
Unternehmern aufgebaut, sei es das Guggenheim Museum,
sei es der Suhrkamp Verlag, sei es die Fondation Beyeler.
Heute ist es umgekehrt: Staatlich gestützte Einrichtungen ersticken neue Initiativen und bedrohen existierende.

Kulturpolitik muss nicht nur dynamische Elemente in sich
aufnehmen und Raum für unkontrollierte – nicht über An-
träge formatierte – Kunst und Kultur lassen. Sie steht auch
in der Pflicht, alternative Finanzierungsformen zu ermuti-
gen und zu erleichtern. Das begänne damit, dass Kultur-

einrichtungen und Freischaffende gerade nicht auf die Privaten verwiesen werden, wenn die Mittel nicht reichen. Im Gegenteil: Der Staat muss großzügig ausfinanzieren, wo er meritorische Güter produziert haben will. Es sollen keine Institutionen im Koma beatmet werden. Wo Subventionen fließen, müssen diese Zuwendungen neben den selbst erwirtschafteten Einnahmen die einzigen Einkünfte sein. Kultureinrichtungen arbeiten am Markt, und was sie dort nicht erwirtschaften können, weil ihr Auftrag auch »unrentable« Praktiken einschließt, muss der Staat decken. Private Gelder – von Sponsoren wie von Stiftungen – müssen Initiativen und Strukturen vorbehalten bleiben, welche keinen öffentlichen Leistungsauftrag ausüben und kein öffentliches Geld erhalten. Stiftungsgelder könnten vor allem an unabhängige Künstlerinnen und Künstler gehen, Sponsoring richtet sich ohnehin an Events aus.

Die Aufteilung der Finanzierungswelt in ein duales System, anstelle ihrer heute geforderten und praktizierten Vermischung, wäre ein wichtiges Korrektiv gegen den Trend, dass die öffentlich geförderten Schwergewichte, dort schon reichlich vergoldet, auch den Löwenanteil der privaten Gelder absorbieren. Anders als bei den deutschen Medien müsste die Bedingung allerdings sein, dass die öffentlich geförderten Einrichtungen gerade nicht die Rezepte der privaten kopieren. Privates Geld ist dort besonders erwünscht, wo es die blinden Flecken der öffentlichen Förderung behebt, wo neue Modelle entstehen und weitere Widersprüche Raum finden.

Das duale System würde die Entstehung neuer Strukturen außerhalb des kulturpolitisch kontrollierten Raumes im engeren Sinn begünstigen, außerhalb des tendenziellen Monopols der Meritorik also. Womöglich würde dadurch eine neue Unternehmerklasse gestützt, welche interessante künstlerische Produkte und Projekte umsetzt, ohne dass es um Shareholder Value geht. Es würde auf jeden Fall verhindern, dass privates Geld sich vermehrt, indem es auf öffentliches aufsitzt. Und dass die öffentlichen Mittel nur als Unterfütterung eines vergleichsweise bescheidenen privaten Engagements dienen. Es würde schließlich verhindern, dass dort zu wenig öffentliches Geld fließt, wo kulturelle Leistung öffentlich gefordert ist.

Dual reicht noch nicht. Eine vernünftige Steuergesetzgebung ermutigt Individuen und Firmen, ihr Geld philanthropischen Zwecken zukommen zu lassen, weil sie ihre Spenden von den Steuern absetzen können. Jede private Stiftung ist eine alternative Quelle, sie entscheidet nach eigenen Kriterien und Mechanismen. Und trägt so ein Stück zur Vielfalt des kulturellen Lebens bei.

Was die private Kulturfinanzierung angeht, entstehen in der digitalen Welt neue Möglichkeiten. Crowdfunding, in den USA binnen weniger Jahre enorm populär geworden, hält jetzt auch in Europa Einzug. In wenigen Worten: Eine Internetplattform – das amerikanische Vorbild heißt www.kickstarter.com, das deutsche und das österreichische Abbild davon www.nextstart.de beziehungsweise www.nextstart.at, das Schweizer Projekt www.wemakeit.ch; in allen Ländern mehren sich derzeit die Aktivitäten, die gemeinnützige Initiativen im breiten Sinne in den Fokus rücken – versammelt künstlerische Projekte, die Geld suchen. Auch dies zeigt, wie schnell Innovationen in einer unternehmerisch geprägten Umgebung aufgegriffen werden. Das Publikum ist aufgerufen, sich mit Klein- und Kleinstbeiträgen zu engagieren. Viele Projekte suchen ein paar Tausend Euro oder Franken, andere benötigen sechsstellige Beträge. Die Autoren mobilisieren ihre Fanbasis oder ihren Stamm. Die Plattform selbst wickelt das Technische sowie die Mikrozahlungen ab, vor allem aber begleitet sie die Künstler in der Präsentation ihres Projekts. Deshalb kostet sie; bei Kickstarter arbeiten circa 60 Leute vor allem in der Redaktion. Nur scharf umgrenzte Projekte, keine Institutionen lassen sich auf Crowdfunding aufbauen. Die Stärke dieses Ansatzes ist, dass Projekte von der Nachfrage her gedacht werden müssen, sonst haben sie keine Chance auf Aufmerksamkeit und Geld.

Crowdfunding-Modelle haben viele Vorteile. Zwei stechen hervor: Sie sozialisieren das Kunstprojekt, noch bevor es entstanden ist. Es wird zu einer kollektiven Anstrengung. Und: Wenn die öffentliche Hand den Betrieb der Plattformen unterstützt, so verstärkt sich ihre Wirkung, und zwar auf ideale Weise: Der Staat unterstützt die Drehscheibe. Urteile über Projekte fällen die Individuen mit ihrem Obolus. Und beweisen dabei, das weiß man von Kickstarter, oft einen exquisiten Geschmack und fördern nicht einfach den Mainstream. Crowdfunding-Modelle sind deshalb eine besondere Herausforderung für die gegenwärtige Kulturpolitik, weil sie eines ihrer Axiome demontieren: dass das breite Publikum nur an Banalem interessiert sei. Oder anders herum: dass der Staat besser wisse, was wichtige Kultur sei. Dasselbe Argument wird oft gegen das amerikanische System der privaten Spenden vorgebracht; es liefere Kunst zu sehr dem Interesse der Masse aus. Wir denken gerade umgekehrt, der Staat müsse sich aus dem Urteilen heraushalten. Es mag Sinn gemacht haben, dass er vor 200 Jahren einen Kanon, Bausteine einer kulturell definierten Identität und Ähnliches festlegte. Seit den neunziger Jahren jedoch leben wir in einer Demokratie, die genau diese Konstruktionen unterläuft.

Was unter dem Regime der digitalen Vernetzung noch

möglich sein wird, kann erst die Zukunft zeigen. Aufgabe von Kulturpolitik wird es sein, für eine solche Zukunft Platz zu lassen. Aber es gibt auch jetzt schon Möglichkeiten für sie, aktiv an einer Verbesserung der Bedingungen für private und privat finanzierte Kultur zu arbeiten. Ein Handlungsfeld ist zum Beispiel das Urheberrecht, es muss für die digitale Gesellschaft immer wieder so umgearbeitet werden, dass Rechte der Urheber belastbar bestehen bleiben. Das Steuerrecht kann privates mäzenatisches Engagement in der Kultur durch steuerliche Entlastung honorieren. Das Haushaltsrecht kann so umgestaltet werden, dass verlässliche mehrjährige Förderung möglich wird. Im Wettbewerbsrecht können die Möglichkeiten Privater gestärkt werden, sich gegen unlautere meritorische Konkurrenz zu wehren. Diese Liste kann fortgesetzt werden. Maßstab auch für solche Maßnahmen muss nach unserer Überzeugung bleiben, das öffentliche Angebot zu verknappen und das Handlungsfeld für private Akteure zu vergrößern.

Handlungsbedarf an den Schnittstellen

In Deutschland, in Österreich, in der Schweiz, generell auf europäischer Ebene herrscht ein Förderdschungel, den keine fördernde Instanz mehr wirklich durchdringt. Das ist auch angenehm, so kann man sie nicht auf (fehlende) Wirkungen festnageln. Die Baustellen unserer jeweiligen nationalen Akropolis wachsen und wachsen, künstlerische Berufe werden von immer mehr Menschen immer länger ausgeübt, allerdings mit immer weniger Erfolg, wenn man den Beitrag zu ihrer eigenen Lebenshaltung betrachtet. Es gibt im Kultursystem (oder sagen wir: in der kleinen Kulturwirtschaft) nur einen kleinen Kern Erfolgreicher, umgeben von einem wachsenden Heer der Erfolglosen. Ein breites Mittelfeld, einen Mittelstand, wie er andere Branchen prägt, gibt es nicht. Das gilt ausgeprägt in der bildenden Kunst, aber ebenso in anderen künstlerischen Feldern.

Der Staat tut, was er kann, auf allen Ebenen und in allen Formen. Er fördert die Künstler direkt, er unterstützt Produktionen, er subventioniert Ausstellungs- und Spielstätten, er finanziert Ensembles, die an subventionierten Spielstätten auftreten, er gibt Druckkostenzuschüsse an Bücher von unterstützten Autoren, publiziert in Verlagen, die von Strukturhilfen profitieren, er reduziert die Mehrwertsteuer auf Bücher, verzichtet auf die Mehrwertsteuer bei Eintrittskarten, hält aber die Vorsteuern zurück. Das geht wild durcheinander. Werden Künstler direkt gefördert, so sind sie glücklich. Es ist, was sie als Freiheit erfahren: ihre höchstpersönlichen Visionen in einem geschützten ökonomischen Raum verwirklichen zu können. Doch auf diese Weise erfahren sie nicht, wie sie auf dem Markt stehen, für wen sie arbeiten. Gäbe es eine ordnende Entscheidung, dass nur Orte gefördert werden, an denen Künste stattfinden können, nicht aber auch noch die Künstler selbst (vielleicht mit der Ausnahme einer schmalen Zeitspanne, in welcher der Nachwuchs versucht, Fuß zu fassen), dann hätten Künstler die Chance zu erfahren, wo sie auf ihren Märkten stehen, und könnten ihre beruflichen Dispositionen unter klaren Voraussetzungen treffen, auch wenn das heißen würde, den Beruf zu wechseln. Das weiter oben skizzierte Modell kultureller Komplexe impliziert genau diese Entscheidung. Direkte Künstlerförderung obliegt genauso den produzierenden Kulturhäusern (das könnten auch Verlage und Aussteller sein) wie das Programm selbst. Sie sind ja die ersten Abnehmer der Kunst.

Es ist übrigens nicht herzlos, in einem Atemzug von Kunst und Markt zu sprechen. Die Kulturwirtschaft ist immer beides: Kultur und Wirtschaft. Würde alles gefördert, so erstickte die Kulturwirtschaft unter der schweren Hand des fördernden Staates. Es bestünde kein Grund mehr, nicht Künstler zu sein. Wer auf einem Markt agiert, kann scheitern. Das ist dessen heilsame Funktion. Es besteht kein Grund, der Kulturwirtschaft ein weiches Bett zu bereiten.

Wir schlagen vor, mehr aus Zielen heraus zu arbeiten, die Marktmechanismen zu berücksichtigen, öffentliche Förderung fokussiert einzusetzen. In Anmerkungen zu einigen kulturellen Handlungsfeldern und Kultursparten möchten wir wenigstens knapp darauf hinweisen, welchen spezifischen Handlungsbedarf wir dort sehen. Dabei sollen jeweils ein paar Sätze dazu genügen, wie sich die Felder aus einer kul-

turwirtschaftlichen Perspektive darstellen und wie Kulturpolitik und meritorische Kulturförderung mit den kulturwirtschaftlichen Strukturen zusammenspielen.

Bildende Künste:
Museen als Motoren der Entwicklung

In den bildenden Künsten sind die öffentlichen Hände in
dreifacher Hinsicht aktiv. Einmal tragen sie mit den Schulen
und den Kunstakademien den Bildungssektor. Zum zweiten werden Künstler in vielen Formen und Ansätzen gefördert. Schließlich spielen öffentliche Museen und Ausstellungshallen eine wesentliche Rolle bei der Preisfindung im
Markt zeitgenössischer Kunst. Während der Schulunterricht
in der Kunst (genauso wie der Musikunterricht) eher lü-
ckenhaft ist, sind Kunstakademien gut ausgebaut und erfreu-
en sich großer Beliebtheit. Unter allen Kunstsparten ist die
Arbeitswelt der bildenden Künstler am deutlichsten durch
den freiberuflichen Status geprägt. Künstler agieren – wo sie
nicht als Lehrende an einer Hochschule unterkommen oder
ihre künstlerische Arbeit nur als Hobby ausüben – auf dem
Markt. Dabei gewinnen nur wenige Reichtum und Berühmt-
heit, viele Künstler sind wenig erfolgreich, arbeiten unter
schwierigen wirtschaftlichen Bedingungen. Hinzu kommt:
Der Kunstmarkt, ganz besonders der Markt zeitgenössischer
Kunst, hat eine zwar nicht absolut feste, aber begrenzte Aufnahmefähigkeit für neue Werke. Besonders schwierig für
Künstler ist es, in diesen Markt einzusteigen und Bekannt-
heit herzustellen. Entsprechend gibt es öffentliche Förderung
für diese: Einstiegsprogramme, Ausstellungsförderung, Ate-
lierförderung, Preise, Unterstützung erster Ausstellungen.

Ordnungspolitisch problematisch ist an solcher Förderung, dass sie dem Nachwuchs eine Nachfrage suggeriert, die sich nach dem Auslaufen der Förderung nicht realisiert. Nicht zu unterschätzen ist, wie stark der Marktwert eines Künstlers durch Ausstellungen in Museen und renommierten Ausstellungshallen beeinflusst wird. Haben Künstler auf dieser Ebene Anerkennung gefunden, sind auch die Preise bei ihren Galerien hoch. Doch Museen und Ausstellungshäuser stehen selbst unter Erfolgsdruck, entsprechend sind sie nur sehr begrenzt in der Lage, eigene Akzente etwa in der Präsentation von Nachwuchs zu setzen. Die Selektion wird so eher erhöht, nicht die Sichtbarkeit vergrößert. Dies tun eher Kunstvereine – mit begrenzter Reichweite, meist auch sie mit öffentlicher Förderung. In den letzten Jahren ist der Kunstmarkt enorm gewachsen; er hat sich als krisenresistent erwiesen. Er profitiert von der Aufbauarbeit der öffentlichen Einrichtungen und setzt enorm viel Kapitel um. Dabei gibt es, ähnlich den Literaturverlagen, Galerien, welche sich mit großem Engagement für ihre Künstler einsetzen. An der Lage der Mehrheit ändert dies allerdings wenig. Zu groß ist der Zustrom.

Museen können nicht nur Orte der Präsentation sein, sondern müssen zu Motoren der Kunstentwicklung werden. Die größte Herausforderung liegt in der Überzahl an Museen, die durch Schenkungen an den Staat laufend wächst. Eine Begrenzung der Förderung auf Schlüsselhäuser kann dies lösen. Die Umwandlung dieser Häuser in kulturelle Komplexe, denen die Förderung der individuellen Künstler in ihrem Einzugsgebiet mittels Projektfinanzierungen und Residenzen genauso obliegt wie der Einbezug der interessierten Laien in Vermittlungsprogramme und Ausstellungsgestaltung, ist vorrangig. Die Erweiterung der Ausstellungen und der Sammlungspräsentationen ins Internet versteht sich von selbst, sodass das Museum rund um die Welt reicht. Dazu braucht es, wir wissen es, ein entsprechend einfach gestaltetes Urheberrecht.

Die individuelle Künstlerförderung würde im Wesentlichen über Museen, Kunsthallen und Galerien abgewickelt. Um im internationalen Wettbewerb bestehen zu können, ist die Finanzierung von Messepräsenzen und subsidiär von Ausstellungen in ausländischen Museen unerlässlich.

Darstellende Künste: Theater und Musikbühnen als Drehscheiben

In Oper, Theater und Tanz geht es im deutschsprachigen Raum sehr akzentuiert öffentlich zu; mit den entsprechenden Institutionen hat die öffentliche Finanzierung unter bürgerlichem Regime begonnen. Der überwiegende Teil der öffentlichen Mittel fließt in diesen Bereich. Das Angebot konzentriert sich inzwischen auf die großen öffentlichen Theater. Ein Privattheatersektor existiert nur noch in Resten; dafür ist eine Landschaft unabhängiger Theater- und Tanzgruppen entstanden. Die Aufgabe der Zukunft wird es sein, das öffentliche Theaterangebot anzupassen, entweder durch Rückbau oder Umbau. Umbau meint: Weg vom Ensembletheater hin zu einem europaweit vernetzten Koproduktionssystem, in dem Häuser flexibel und ressourcenangepasst operieren können. Damit käme die freie Theater- und Tanzszene endlich zu den verdienten Arbeits- und Auftrittsmöglichkeiten bei deutlich geringeren Kosten. Natürlich wird es immer einige repräsentative große Bühnen brauchen, die die Tradition des Sprechtheaters fortsetzen, nur sind ihre Aufgaben sehr viel weiter gespannt – von der Autorenförderung über den Verlag für Theaterliteratur bis hin zur regelmäßigen Arbeit mit Laien. Im Zentrum stehen in jedem Fall die Häuser als Drehscheiben zwischen Produktion und Nachfrage; ihnen muss mehr steuernde Verantwortung zukommen, auch was den Nachwuchs an Schauspielern und Tänzern, an Autoren und Choreografen angeht. Nur wenn die Drehscheiben mehr Einfluss haben, lässt sich die Überproduktion an Rohstoff begrenzen.

Ganz ähnlich wird es auf den Musikbühnen zugehen. Es wird weniger subventionierte geben (dafür mehr private), diese aber werden ein gewichtigeres (und kostspieligeres) vertikales Pflichtenheft haben. Die Förderung einzelner Künstler, von Ensembles und Komponisten wird ihnen übertragen, Allianzen mit Hochschulen und Rundfunkanstalten sind Selbstverständlichkeiten. Sie werden sich, da zum größten Teil Gastspielhäuser, sehr viel mehr den Laien öffnen und, vor allem im Mittelfeld, sich stilistisch eindeutig profilieren. Festivals werden feste Häuser teilweise ersetzen, öffentlich finanziert nur da, wo keine Konkurrenz in Sicht ist und regional identitätsstiftende Bedeutung sich absehen lässt.

Reproduzierte Künste: Neue Produktions- und Vertriebsformen

Die *Tonträgerproduktion* ist jene kulturindustrielle Sparte, die zuerst und sehr heftig von der Digitalisierung betroffen war. Sie hat diesen Umbruch längst hinter sich, ohne dass deswegen weniger Musik produziert würde. Sie ist höchstens günstiger geworden für den Konsumenten. Und dagegen lässt sich nichts sagen, auch wenn es den Selektionsdruck auf die Musiker erhöht. Doch Druck ist nicht schlecht, er ist angesichts eines ins Maßlose gestiegenen Outputs sogar gewünscht. Ganz zu schweigen davon, dass jedem und jeder dank Internet die musikalischen Schätze aller Kulturen zugänglich sind.

Die letzten Jahre waren sehr dramatisch. Die Wertschöpfung durch die Verbreitung von Tonträgern brach fast zusammen, bevor nun im Internet Ansätze dafür entstehen, dass auch digital Geld verdient werden kann. Es ist dies jedoch deutlich weniger Geld als zuvor. Das Konzert, das Erlebnis »live«, gewinnt damit relativ an Bedeutung. Die Musikindustrie liefert das beste Beispiel für das kreative Desaster: wie der Zusammenbruch vertrauter Strukturen die Innovation beflügelt und die Zugänglichkeit ästhetischer Erzeugnisse radikal verbessert – keine Ecke der Welt, in der Downloads nicht der Schlüssel zum globalen Schatz sind. Klar ist, dass hier kulturwirtschaftliche Förderkonzepte greifen können. Neue Formen von Produktion und Vertrieb, von Agenturarbeit und transdisziplinärer Produktion verdienen unternehmerische Starthilfen, werden sich aber mittelfristig selbst behaupten müssen.

Ging es bei der Literatur sozusagen um die Manufaktur, so gründet der *Film* auf einer eigentlichen Industrie, vor allem seit er sich mit dem Fernsehen verbunden hat. Sinnvoll ist, die kritische Praxis wichtiger medialer Techniken jeweils im eigenen Land zu entwickeln. Doch wie überall hat die Ausdehnung der Förderung zur Gießkanne geführt, mit dem Ergebnis, dass jede halb gare Idee finanziert wird. Bloß geht es hier um mindestens sechsstellige Unterstützungsbeiträge, wo die Literatur sich mit vierstelligen befrieden ließ.

Die Besonderheit des Films ist, dass er als potentes Massenmedium wahrgenommen und folglich der politischen

Kontrolle unterworfen wurde. Das wurde im Bolschewismus und im Nationalsozialismus sichtbar und hat sich in einem abgeschwächten Sinn unter demokratischen Vorzeichen erhalten. Den Schweizern beispielsweise wäre es nie eingefallen, die Filmproduktion in die autonome Kulturstiftung Pro Helvetia auszulagern; die Politik hätte sich so einer Einflussmöglichkeit beraubt.

Natürlich hat sich auch in der Filmproduktion die Idee der nachfragebefreiten Kunst breitgemacht. Das geschah ab Ende der Fünfziger über die französische Nouvelle Vague, welche starken Einfluss auf die Schweizer Cinéasten ausübte, den Neuen Deutschen Film (Oberhausener Manifest von 1962) und das neue österreichische Filmschaffen nach 1968, welches in den Achtzigern zur Blüte gelangte. Filme werden seither um ihrer inhärenten nachfragefreien Qualitäten willen gefördert. Doch den Anspruch des Massenmediums wurde der Film zum Glück nie ganz los, ob er nun in einer freien Interpretation von Oscar Wildes Diktum sublimiertes Verbrechen ist oder nicht.

Die Filmförderlandschaft in Deutschland ist sehr zerklüftet. Wesentliche öffentliche Akteure sind neben dem öffentlich-rechtlichen Rundfunk und dem Bund die Filmförderanstalten der Länder. Letztere konkurrieren auf der einen Seite darum, Filmproduktion als Imageträger und als Wirtschaftsfaktor in den jeweiligen Regionen zu halten, auf der anderen Seite müssen sie kooperieren, weil die Projekte die verfügbaren Fördersummen überschreiten und in der Fördermechanik Kooperation besonders honoriert wird. Mehr Geld haben ohnehin die Rundfunkanstalten; gegen ihre Voten sind wichtige Förderentscheidungen kaum möglich. Die Gremien, in denen Förderentscheidungen getroffen werden, sind entsprechend komplex und zeigen in ihrer Praxis alle

Nachteile, die bei der Förderung auf der Basis von Interessenbalance auch anderswo auftreten.

Die Schweiz berücksichtigt seit 1997 den Nachfrageaspekt durch eine erfolgsabhängige Filmförderung unter dem Titel »Succès Cinéma«: Jeder Schweizer Film erhält ab einer bestimmten unteren Schwelle für jeden Kinoeintritt einen Bonus gutgeschrieben, für Dokumentar- oder Kinderfilme liegt er tiefer als für Spielfilme. Das geht bis zu einer bestimmten oberen Schwelle. Wer die erreicht, hat einen Erfolg gelandet; ab da schenkt das System nicht weiter ein. Der aufgelaufene Bonus wird am Jahresende den am Film Beteiligten als Starthilfe für anschließende Produktionen gutgeschrieben.

Die erfolgsabhängige Filmförderung belohnt den Filmproduzenten, und sei es der Regisseur selbst, dafür, dass er ein Publikum findet. Die obere Schwelle verhindert, dass Blockbuster unnötig vom Prinzip profitieren. Das Prinzip verbessert die Ausgangslage anspruchsvoller Produktionen, ohne die Nachfrage auszuschalten. Doch auf Druck der Filmbranche wurde es per 2012 aufgeweicht. Jetzt zählen auch Festivaleinladungen bei der Erfolgsmessung. Das heißt, das Expertenurteil relativiert die Nachfrage. Damit ist der erste Schritt zu einem erneut geschlossenen System Autor-Regisseur-Kritiker-Autor-Regisseur getan. Der Antagonismus zwischen Expertenbonus, wirksam in der selektiven Produktionsförderung, und dem Nachfragebonus als Herz von »Succès Cinéma« schwindet, das Binnenurteil der Filmkünstler nimmt überhand. Damit nähert sich das Schweizer System bedauerlicherweise dem deutschen und österreichischen System der Referenzfilmförderung an, wo künftige Projekte unterstützt werden, wenn ein früherer Referenzfilm aus demselben Hause zu einem Minimum an Verleiheinnahmen oder Kinoeintritten führte, wobei in beiden Ländern die positive Prädikatisierung durch eine Fachstelle oder durch Festivals fehlenden Publikumserfolg kompensieren kann.

Das Schweizer System, wie es ursprünglich angelegt war, erscheint uns als attraktiv und ausbaufähig. Das würde auch die Komplexität der Entscheidungsprozesse reduzieren. Darüber hinaus schlagen wir Unterstützung für die wichtigsten Festivals und zinslose Darlehen vor. Mehr nicht. Schon gar keine Filmförderung auf kommunaler oder regionaler Ebene. Kleingemüse erzeugt heute jeder Handybesitzer.

Die *Buchproduktion* ist wie Musik und Film stark privatwirtschaftlich organisiert. Literatur brachte dank Gutenberg die erste kommerzielle Öffnung des Kultursektors. Bücher genießen in der öffentlichen Wahrnehmung nach wie vor einen Sonderstatus. Sie gelten als Königsweg zur Kultur. Tatsache ist auch, dass die Literaturbranche trotz aller Krisenbehauptungen jedes Jahr mehr Titel auflegt als im Vorjahr. Die Utopie einer vereinfachten und transparenten Förderung wird sich in der Literatur am allerwenigsten umsetzen lassen, zu unüberschaubar sind Maßnahmen und Akteure. Es gibt drei Säulen des Literaturbetriebs: Autoren, Verleger, Bibliotheken. Und die Buchhandlungen? Dazu gleich mehr weiter unten.

Was die Förderung von Autoren angeht, steht sie nach dem Konzept kultureller Komplexe den Verlagen zu. Der Verlag hilft den Schriftstellern bereits, indem er ihnen Manuskripte abkauft und Erfolgsbeteiligungen auszahlt. Förderung meint jedoch mehr: wirtschaftliche Bevorteilung von besonderen künstlerischen Werten, die am Markt nicht bestehen würden. Auch diese Aufgabe können Verleger im Auftrag und mit Geldern des Staates direkt wahrnehmen: Aufbau des Nachwuchses, Herausgabe von Lyrik oder von Übersetzungen. Als Unternehmer kennen sie die Aufnahmefähigkeit des Marktes, sie würden, so ist anzunehmen, Fördergelder durchaus wirksam einsetzen, da ihr eigenes Unternehmen die positiven wie negativen Konsequenzen mittragen muss. Damit wäre auch erledigt, was an Verlagsförderung nötig ist. Zu Förderkrediten, die sie an Autoren weitergeben, kämen sie über periodische Submissionsverfahren. Literaturhäuser, die als neue Form von Kultureinrichtungen in den letzten 20 Jahren entstanden sind, müssten mit Bibliotheken (von denen sie im Grunde herkommen) zusammengeschlossen werden; das würde die Bibliotheken aufwerten. Die Organisation von Lesungen ist zudem ein klassisches Tätigkeitsgebiet von literarischen Gesellschaften. Gerade die geringen Kosten prädestinieren sie als Feld privater Initiative. Der Staat selbst sollte allenfalls ein paar wirklich große Literaturpreise ausloben. Dass jede Ortschaft, in der ein Schriftsteller gewohnt hat oder eine Autorin geboren wurde, einen mit einem mittleren vierstelligen Eurobetrag dotierten Literaturpreis ausschreibt, dafür aber die örtliche Bibliothek nicht ausreichend finanziert, kann man gar nicht so selten beobachten. Die öffentlichen Hände sollten sich um die Nachfrage nach Literatur kümmern – das erreicht man durch guten mutter- wie fremdsprachlichen Unterricht, durch komfortable Bibliotheken und Förderung von Lesungen.

Bleiben die Buchhandlungen. Der Buchmarkt steht vor fundamentalen Veränderungen, ausgelöst durch die Digitalisierung. Gegen ruinöse Konkurrenz und die globalen Umwälzungen wird die Buchpreisbindung ins Feld geführt. Erfunden wurde sie als reines Buchhandelskartell 1888 vom Börsenverein des deutschen Buchhandels. Von den Alliierten fast abgeschafft, schlossen sich dem Buchpreisbindungssystem 1993 auch Österreich und die Schweiz an. In der Schweiz wurde sie 2007 abgeschafft, 2011 hat das Parlament die Wiedereinführung beschlossen. Doch dagegen haben wirtschaftsliberale Kreise und ein Literaturgroßhändler das Referendum ergriffen. Das Volk wird Gelegenheit haben, darüber abzustimmen, ob es die Buchpreisbindung will. Ein interessanter Test: Schützen die Stimmbürger ein kulturell unterlegtes Kartell oder ziehen sie den Preiskampf auf einem offenen Markt vor? Tatsächlich sind in der Schweiz seit Abschaffung der Buchpreisbindung einige Buchhandlungen eingegangen. Aber es ist schwer zu sagen, ob wegen des Wegfalls des Preisschutzes, wegen des Online-Buchhandels, der dem physischen Handel konstant Marktanteile abgräbt, oder weil das Lesen an Bedeutung verloren hat.

Für die Buchpreisbindung spricht, dass sie den Staat nichts kostet. Sie ist gewissermaßen ein sich selbst finanzierendes Fördersystem für den Buchhandel. Die Bestseller subventionieren die wenig gelesene literarische Kunst und ermöglichen vielen kleinen Buchhandlungen das Überleben. Die Nähe zu den Kunden, so das wichtigste Argument, ist ein kulturförderndes Faktum. Beratung kann nur der Buchhändler leisten. Die Preisbindung hat allerdings auch gravierende Nachteile. Am meisten verdienen nämlich die Buchketten, die größere Rabatte beim Einkauf durchsetzen und die Kleinen bedrängen. Die Preise der Bücher bleiben durch die Preisbindung hoch, dafür wurde das Kartell geschaffen. Allerdings sind hohe Preise unter dem Titel der Zugänglichkeit von Literatur kein kulturpolitisch erwünschter Effekt. Kulturpolitisch erwünscht ist, dass die Menschen viel lesen. Besser, sie lesen *Harry Potter* für fünf Euro aus dem Supermarkt, als dass sie überhaupt nicht lesen.

Die Buchpreisbindung spiegelt auf beispielhafte Weise den bewahrenden Aspekt gegenwärtiger Kulturpolitik: Sie impliziert, dass Schreiben, Verkaufen und Lesen sich noch immer in einem isolierten Biotop abspielen wie vor 30 Jahren. Sie übersieht geflissentlich, dass dem Buch extreme Konkurrenz erwachsen ist, die Lesegewohnheiten sich verändert haben und die individuellen Lektürevolumen rückläufig sind. Schwer vorzustellen, dass die kleinen Buchhandlungen künftig noch jenen Beratungsservice bieten können, auf den sie so stolz sind. Das Angebot ist einfach zu groß. Und am meisten verkaufen sie ohnehin Ratgeber zu Ayurveda für Katzen und zu Bio-Gartenbau. Ob das des Schutzes bedarf? Umgekehrt bietet auch das Internet Rat. Für das E-Book braucht es Online-Buchhandlungen, die mit den gewohnten nichts gemein haben. So oder so wandert der Buchhandel zu einem wachsenden Teil ins Internet. Nichts spricht dagegen; die Online-Buchhandlung reicht in die entlegensten Gebiete, die Post liefert gern die Pakete aus. Warum im Internet eine Preisbindung gelten soll, wie der Börsenverein es für das E-Book durchgesetzt hat, bleibt schleierhaft. Das Argument einer kostspieligen physischen Distribution gilt hier nicht mehr. Hier bezahlen die Kunden ihre eigene Infrastruktur, während die Grenzkosten für die Anbieter bei null liegen.

Insgesamt gesehen, verlangsamt die Buchpreisbindung den Wandel. Groß ist die Wahrscheinlichkeit, dass die Struktur hinter der Wirklichkeit zurückbleibt und der erwünschte Effekt damit in sein Gegenteil umschlägt.

Design und Games: Förderung von Innovation

Felder wie Objekt-, Grafik- und Prozessdesign sind klassische Anwendungsfälle kulturwirtschaftlicher Konzepte. Initiale Förderung kann sinnvoll sein, gerade weil hier die

Übergangszone von ästhetischen Prozessen in ökonomische deutlich zutage tritt und die sonst nutzenbefreite Kunst hier ihren Tribut leisten kann. Hervorragendes Design ist ein kompetitiver Vorteil. Die Schweiz hat das bereits in der großen Depression nach dem Ersten Weltkrieg realisiert und eine systematische Designförderung begonnen, dies mit beachtlichen Ergebnissen vor allem im Möbel- wie im Schrift- und Buchdesign.

Allerdings darf die Förderung des Designsektors nicht weiter gehen als die Förderung in anderen Branchen, und sie muss berücksichtigen, dass der Sektor privatwirtschaftlich organisiert ist. Zudem richtet sich die Aufmerksamkeit in dieser Branche immer nur auf das, was statistisch sichtbar ist: Sehr viel Design findet innerhalb von Firmen statt, die statistisch woanders gezählt werden. Hier funktioniert Design kommerziell. Sichtbarkeit stellt sich heute schon über Preise her. Dotierung ist weniger wichtig als Prestige.

Etwas anders sieht die Lage bei den *Computerspielen* aus. Anders als Objektdesign ist Gamedesign keine angewandte Kunst: Das Game ist sein eigenes Ziel und bietet eine eigene Qualität von (ästhetischer interaktiver) Erfahrung. Österreich hat das Computerspiel längst als pädagogisch wertvoll anerkannt, die »Anno«-Reihe des österreichischen Teams Max Design ist bis heute das meistverkaufte PC-Spiel im deutschsprachigen Raum, und Rockstar Vienna hat als einziges deutschsprachiges Entwicklerstudio zwei Nummer-1-Hits in den USA geschafft. Möglich, dass es Glück hatte, wahrscheinlich, dass ein dem neuen Medium positiv gesinntes Klima dabei half. Eine ökonomisch oder kulturell motivierte direkte Spieleförderung gibt es in Österreich allerdings nicht.

In der Schweiz haben sich, eine Nebenfolge des Game-

Culture-Programms von Pro Helvetia, rund 400 Gamedesigner organisiert, um sich politisch Gehör zu verschaffen. Die Voraussetzungen für den Aufbau einer produktiven Gameszene wären gut. Mit dem »Landwirtschaftssimulator« verfügt das Land über einen ersten, übrigens höchst friedlichen, Game-Bestseller. An der Eidgenössischen Technischen Hochschule in Zürich haben sich die Disney Research Laboratories niedergelassen, unterschiedliche Kleinfirmen bringen führende Softwareprodukte (Emulatoren für physikalische Effekte, Städtedesign und Ähnliches) auf den Markt, welche das Entwickeln neuer Spiele beschleunigen, der französische Gameproduzent Ubisoft will in Zürich ein Forschungsstudio einrichten. Die Wirtschaftsförderung wittert Morgenluft, weiß aber nicht recht, wie mit dem Phänomen Computerspiel umgehen. Nur die Politik diskutiert noch immer die Gewaltfrage.

In Deutschland gewöhnt sich die Politik allmählich an den Gedanken, dass ein neues Medium eine neue Kunst gebiert, auch wenn der deutsche Computerspielpreis wohl eher dazu taugt, Spiele als Kunst zu verhindern. Einzelne Länder, vor allem Nordrhein-Westfalen und Baden-Württemberg, versuchen, die Förderung einer regionalen Gameproduktion unter dem Titel Standortentwicklung zu forcieren. Frankreich ist mit der Förderung ausgewählter, das Medium narrativ wie technologisch entwickelnder Spiele schon weit. »Heavy Rain« des französischen Entwicklerstudios Quantic Dreams, veröffentlicht 2010, setzte Maßstäbe, was Interaktivität und Vermischung von Film und Spiel angeht. Frankreichs Gameförderung setzt bewusst auf die Mischung von Kunstanspruch und kommerziellem Erfolg. Die staatliche Förderung von Computerspielen könnte genau das sein, was Kulturförderung heute nicht sein darf, da sie unter den verbrieften institutionellen Ansprüchen erstickt: zeitlich begrenzte Innovationsförderung mit Blick auf Anspruch und Breite.

Da Computerspiele das dominierende Kulturmedium der Zukunft sind und das Fernsehen womöglich ablösen, ist es nötig, kreative Kompetenzen in jedem Land zu entwickeln. Denn nur wo diese vorhanden sind, entwickelt sich ein kritischer Diskurs zum Medium und seiner Produktion. Deshalb ist es erforderlich, Gamedesign wie andere Künste zu fördern. Die Unterschiede zu den gängigen Mustern von Förderung lägen hingegen darin, dass es bei Computerspielen in erster Linie um Förderung von Forschung, Innovation und digitaler Distribution und, in einem zweiten Schritt, um die Eingliederung in die kulturwirtschaftlichen Konzepte von Unternehmungsgründungen, Coaching und Infrastrukturhilfe geht. So hoch der qualitative Anspruch der jungen Gamedesigner ist, so groß ist auch die Chance, dass das Medium, das als einziges nur im digitalen Raum existiert, aus eigener Kraft Kunst und Erfolg verbindet, so wie das Hollywood in seinen besten Momenten auf der Leinwand tut. Die Stärke des Spielesektors liegt wie bei der Literatur darin, dass er keine Institutionen der Rezeption benötigt, die Vernetzung der Spieler ist Teil der Spiele selbst. Dass Förderung sich also auf Grundlagenarbeit, die Initialphase kreativer Unternehmen, Prototypen und mediengerechte Preise als Beweise von Anerkennung und Leistungsfähigkeit beschränken kann. Was der Rezipient braucht – Computer und Internetzugang –, darüber verfügen 90 Prozent der Bevölkerung bereits. Um den Computerspielen ihren Platz im Kultursystem zuzuweisen – mittelfristig sicher auf Kosten anderer, überförderter Künste –, braucht es zuallerlerst politische Anerkennung. Die ist womöglich schwieriger beizubringen als Geld, verlangt sie doch, dass die Hüter des Kulturbegriffs über ihren Schatten springen.

Architektur, ein Seitenzweig von Design, bedarf am wenigsten der Förderung. Erstens gibt es einen funktionierenden Markt, seitens der Öffentlichkeit auch eine große Nachfrage nach ästhetisch experimentellen Bauten, dank politischer Regelungslust eine Menge neuer Vorgaben (man denke an den Energiebereich), die bauliche Innovation antreiben. Doch wie alle Bereiche, die unser Leben unmittelbar gestalten, verdient Architektur eine öffentliche Diskussion und öffentliche Anerkennung. Das können Architekturmuseen leisten – inklusive der Preise, welche hochwertiger Architektur so gut zukommen wie herausragender Musik, Literatur, ungewöhnlichem Theater oder Tanz.

Kulturwirtschaft:
Ein Fonds zur Kapitalbeschaffung

Die kulturwirtschaftlich strukturierten Bereiche wie Musikproduktion, Buch, Film, Design, Spieleentwicklung und Architektur stellen die Ordnungspolitik am stärksten auf die Probe. Wie weit kann der Staat fördern und ermöglichen, bevor er die fruchtbare Konkurrenz beschädigt? Jenseits dieser Kardinalfrage kursieren überzogene Erwartungen daran, was die Kulturwirtschaft leisten kann. Dies geht bis zu der Hoffnung, dass mit wirtschaftlichen Erfolgen in der Kulturwirtschaft die strukturellen Wachstumsprobleme der europäischen Volkswirtschaften insgesamt gelöst werden könnten. Solche Positionen sind sachlich nicht nachvollziehbar. Der Umgang der Wirtschaftsförderung und der Kulturpolitik mit der Kultur- und Kreativwirtschaft muss Augenmaß behalten, sonst folgt die Kulturwirtschaft der Kultur in die Infarktgefährdung. Trotzdem: Es ist hilfreich, dass eine breite öffentliche Diskussion stattgefunden hat, die Kulturwirtschaft als ein Branchenfeld ins Bewusstsein der Wirtschaftsförderung gehoben hat. Es kommt nun darauf an, diesen Branchen einen normalen Zugang zu Gründungs-, Existenzsicherungs- und anderen Formen der Wirtschaftsförderung zu erlauben.

Spezifisch für nicht wenige kulturwirtschaftliche Branchen ist, dass Risiken sich hier anders darstellen als anderswo. Zu den Unwägbarkeiten in jedem Geschäft auf offenen Märkten kommt in der Kulturwirtschaft oft noch ein Risiko über das Gelingen eines künstlerischen Kerns im Vorhaben. Es gibt so auch künstlerische Gründe, dass in Projekten eingesetztes Kapital und Arbeit untergehen. Deshalb haben es kulturwirtschaftliche Vorhaben schwer, auf dem Kapitalmarkt Kredite zu bekommen. Ein weiterer Grund, dies sei angemerkt, ist, dass Kreditinstitute mit der kulturwirtschaftlichen Klientel nur schwer umgehen können. Um dieses branchenspezifische Risiko zu balancieren, könnte der Staat einen Fonds auflegen, der zu marktüblichen Bedingungen für künstlerische und kulturwirtschaftliche Projekte offen steht. Gegen das spezifisch künstlerische Ausfallrisiko kann es eine staatliche Garantie geben.

Branchenförderung in der Kulturwirtschaft müsste sich aus Gründen der Transparenz auf wenige Maßnahmen beschränken. Es kann eine Gründungshilfe sinnvoll sein, einige Kulturparks – Cluster von Jungfirmen, die sich ausprobieren können und in die Selbstständigkeit geführt werden – braucht es als Vorbilder. Zum Beispiel nationale Wettbewerbe für Jungdesigner und für andere kulturwirtschaftliche Branchen oder eine Unterstützung von Prototyping. Beratung sollte so zur Verfügung stehen, wie dies für andere Existenzgründer und Betriebe auch gilt. Das wäre genug – und schon eine ganze Menge.

Öffentlich-rechtlicher Rundfunk:
Debatte um die gewünschte Qualität

Öffentlich-rechtlicher Rundfunk ist ein eigenes Thema, das in diesem Buch nur in wenigen Bemerkungen aufgegriffen wurde. Er ist eine Welt für sich. In Deutschland beanspruchen die Rundfunkanstalten noch einmal annähernd genauso viel Geld wie die gesamte Kulturförderung. Derzeit sind es rund 7,5 Milliarden Euro. Es sind dies nur keine Steuergelder, sondern Gebühren, die durch eine eigene Behörde eingetrieben werden. Für den Nutzer macht das keinen Unterschied. Die Art der Gebührenerhebung mag sein, wie sie ist: Staatskultur ist dies allemal. Ab 2013 sollen die Gebühren analog einer Steuer, aber immer noch durch eine eigene Behörde, nicht mehr von den Nutzern, sondern von allen Haushalten und Betrieben eingezogen werden. Das macht die Rundfunkgebühren dann zu einer Kopfsteuer.

Das Programm auf inzwischen knapp 20 öffentlich-rechtlichen Fernsehkanälen in Deutschland unterscheidet sich vom privaten Fernsehangebot nur noch geringfügig. Ärgerlich ist, dass die Rundfunkanstalten auch journalistische Angebote im Internet zu besetzen suchen. Sie konkurrieren damit mit den Printmedien, ein typischer Fall von Konkurrenz zwischen meritorisch geförderten und nicht geförderten Institutionen, mit der Gefahr, dass es zu Verdrängung kommt. Ähnliches gilt natürlich auch für die Fernseh- und Rundfunkprogramme. Angesichts der Senderfülle ist der Raum für private Programme begrenzt. Wobei immer noch gilt, dass die Privaten manche Formate besser oder wenigstens gleich gut können wie das öffentliche Fernsehen, die öffentlichen sich aber in einer Konkurrenz um Quoten sehen. Hier gilt plötzlich nicht mehr das Argument von der Qualität und der Erziehungsverantwortung, sondern allein das Eigengewicht der halb öffentlichen Institution: The show must go on. Bei den Radiokanälen ist die Spreizung zwischen einigen öffentlich-rechtlichen und dem privaten Rundfunk ein wenig weiter, aber auch das gilt nicht für alle Kanäle, die Konkurrenz um Werbeeinnahmen und um Publikum ist auch hier in vollem Gange.

Eine ordnungspolitische Diskussion zum öffentlichen Fernsehen, zum gewünschten Umfang der Angebote, zu den erwarteten Qualitätsunterschieden gibt es nur selten und nur in Ansätzen. Sie muss dringend geführt werden.

Österreichs öffentlich-rechtlicher Rundfunk gilt als sehr staatsnah. Auch er ist gebührenfinanziert, erzielt Werbeeinnahmen und ist vom wirtschaftlichen Gewicht um Dimensionen größer als privater Rundfunk im Land. Dass es auch anders geht, zeigt beispielsweise Frankreich: Hier gibt es einen werbefreien öffentlichen Rundfunk für die Gebühren, der Privatrundfunk finanziert sich aus Werbung. Diese Dimension von Konkurrenz fällt weg. In der Schweiz hat die Expansion des öffentlichen Rundfunks ins Internet, dies war bisher Domäne der Printmedien, eine Diskussion um eine neue Konzeption von öffentlichem Rundfunk ausgelöst. Eine interessante Option ist, dass der öffentliche Rundfunk Inhalte bereitstellt, die er den privaten Sendern kostenfrei abgibt, allenfalls mit Auflagen zum Sendeplatz, zum Verzicht auf Werbeunterbrechungen oder Ähnliches. Es führte zu einer Rollenteilung, die öffentliche und private Interessen gegeneinander gewichtet – Unterhaltung und Sport würden privat finanziert, Information, Kultur, Bildung öffentlich, aber beides würde über dieselben Kanäle verbreitet.

Ob eine Reform des öffentlich-rechtlichen Rundfunks auf diesem Weg möglich ist, ist mehr als fraglich. Längst hat er eine Größe und Reichweite, ein kommunikatives Eigengewicht und einen Anteil an der öffentlichen Meinungsbildung, dass Vorschläge zum Herunterskalieren erheblichen Gegendruck auslösen würden.

Soziokultur:
Förderung der Laienkultur vor Ort

Soziokultur im Westen Deutschlands war ein Kind der Protestkultur und von »Kultur für alle«. Ähnliches gilt für die Schweiz. In der kulturpolitischen Diskussion galt sie als eine Erweiterung des Kultursystems, als die Auffahrt in die Hochkultur. Allerdings kam es nicht zu einem Zusammengehen, Soziokultur wurde stattdessen von den großkulturellen Institutionen ausgegrenzt, ins Ghetto von Jugendkultur und minderen Formen der Kulturausübung verfrachtet. Im Osten Deutschlands dagegen war Soziokultur ein staatliches Anliegen, manifestierte sich in einem flächendeckenden Netz von Kulturhäusern. Interessant ist die Lage der Soziokultur in Österreich. Recherchiert man auf der Homepage des Bundesministeriums für Unterricht, Kunst und Kultur den Begriff Soziokultur, so landet man bei der Rubrik »Soziale Förderung für Künstler«, vergleichbar der Künstlersozialkasse in Deutschland. Zum Stichwort Soziokultur heißt es dort ferner recht bezeichnend: »Ursprünglich mit überwiegend soziokulturellen Zielsetzungen angetreten, haben sich die Kulturinitiativen zum Großteil zu regionalen Veranstaltungsagenturen mit breiter Angebotspalette gewandelt.«

Mit dem Anspruch auf öffentliche Förderung kam die Soziokultur im Westen Deutschlands spät und traf auf eine geschlossene Struktur institutionell geförderter Kultureinrichtungen. Trotzdem gelang ihr in einem langwierigen Prozess, fast überall Einrichtungen zu ertrotzen und deren dauerhafte öffentliche Finanzierung sicherzustellen. Diese Finanzierung ist mancherorts an die Tarife des kommunalen öffentlichen Dienstes angenähert, andernorts liegt sie weitaus darunter. Immerhin, die Soziokultur der achtziger Jahre war die letzte substanzielle Erweiterung der kulturellen Infrastruktur. Initiativen, die danach mit Förderanspruch an die öffentlichen Hände auftraten, wurden an die Soziokultur verwiesen, sollten sich dort eingliedern. Inzwischen zeigt sich mancherorts, dass Soziokultur ein Generationsanliegen ist, sie altert mit den Mitarbeitern und den Kunden. Aber das gilt nicht überall, andere Einrichtungen erscheinen verjüngt, offen, flexibel. In einer ordnungspolitisch sensibel gestalteten Förderlandschaft wird Soziokultur ihren Platz finden, wenn sie ihre eigene Verjüngung schafft. Problematischer ist ihre Unterfinanzierung an einigen Orten, soweit sie ein öffentliches Mandat hat.

Auch Soziokultur hat mit einer veränderten Nachfrage und mit veränderten Konsummustern zu tun. An manchen Orten hat sie sich einen Teil der kulturellen Bildung erobert, an anderen ging sie einen Weg in Richtung Jugendarbeit und Sozialarbeit, an wieder anderen bewegte sie sich immer tiefer in kommerzielle kulturelle Angebote hinein. Soziokultur hat gezeigt, dass es jenseits der öffentlichen Kulturförderung weite Handlungsfelder zu entdecken und zu entwickeln gibt. Dazu gehört die Laienkultur. Wenn es für Soziokultur ein öffentliches, kulturpolitisches Mandat gibt, so würde dies auf die institutionelle Unterstützung von lokalen privaten Initiativen hinauslaufen, auf Orte, in denen kulturelle Selbsttätigkeit und Selbstständigkeit ermutigt würden, in denen sich die kulturelle Zivilgesellschaft zwischen Hobbychor, türkischem Quartierfestival, Hobbyfilmzyklus und Lese- oder Gamezirkel artikulieren und ausprobieren kann.

Denkmalschutz: Verbindung von Erhalt und Nutzung

Eine unbestrittene hoheitliche Domäne ist der Denkmalschutz, von Berlusconis Verirrungen einer Privatisierung des römischen Erbes abgesehen. Auch der Denkmalschutz ist in die Jahre gekommen. 1975 wurde noch »Eine Zukunft für unsere Vergangenheit« gefordert, und die mit Denkmalschutz betrauten Behörden wurden auf- und ausgebaut. 35 Jahre später werden in Deutschland landauf, landab die Denkmalschutzgesetze reduziert, die Auseinandersetzungen über Maß und Umfang von Denkmalschutz nehmen an Schärfe zu, die Behörden werden ausgedünnt. Umgekehrt ist er inhaltlich das Lieblingskind aller Politik. Hübsche Innenstädte machen sich immer gut, und Renovierungen bringen Geld fürs lokale Gewerbe. Beispielhaft geführt wurde diese Diskussion im Sommer 2011 im schweizerischen Parlament, als es die erste Kulturbotschaft des Landes verabschiedete. Die Regierung hatte in der Vorlage den Anteil des Denkmalschutzes halbiert. Die Lobby dagegen war stark.

Die Aberkennung des UNESCO-Status für Dresden im Kontext der Elbquerung hat vor Augen geführt, welche Beziehung regionale und lokale Politik zur Idee des kollektiven Gedächtnisses unterhält, das seine Anschauung braucht wie jede andere individuelle oder kollektive Gedächtnisleistung. Es ging um eine regionale Infrastrukturentscheidung, der durch keinen nationalen kulturgesetzlichen Rahmen widersprochen werden konnte, da die Kulturhoheit der Länder zwar zu 16 Denkmalschutzgesetzen geführt hat, nicht aber zu einem diese 16 Gesetze verbindenden Gesetzesrahmen. Einen solchen bundesgesetzlichen Rahmen gibt es für alle möglichen anderen Bereiche – nicht für den Denkmalschutz. Er hätte im Zweifelsfall eine UNESCO-verträgliche Lösung mit der eigentlich einfachen Ableitung möglich gemacht, dass Bundesrecht Landesrecht brechen können soll. Und die Diskussion hätte mit der Einsicht enden können, dass Verkehrsführungen veränderbar sind, dass eine Anschauung jedoch zuweilen nicht ersetzbar ist.

Der Denkmalschutz funktioniert bislang rein hoheitlich und produziert öffentliche Güter und Dienstleistungen. Das verbindet ihn mit Justiz oder Polizei und erklärt seine gegenwärtige Situation zum Teil. Zwar ist die Polizei unser Freund und Helfer, und wir sind im Zweifelsfall dankbar dafür, dass es die Justiz gibt. Doch geben beide zu Empathie wenig Anlass. Das ist auch nicht ihre Aufgabe. Beide sollen geräuschlos Sicherheit für Leib und Leben und Rechtssicherheit herstellen. Denkmalschutz jedoch hat mit Empathie zu tun. Ein Gebäude oder ein Platz ist einer Gruppe Menschen, aus religiösen oder nationalen oder dynastischen Gründen, etwas wert. So viel wert, dass man alles daransetzt, das Gebäude oder den Platz möglichst ewig zu erhalten. Und vielleicht sogar so viel wert, dass man Planungen und Kosten für diesen Erhalt zu einer Sache des Staates macht.

Um diesen Erhalt allein geht es beim Denkmalschutz längst nicht mehr. Seit seinen gesetzlich-hoheitlichen Ursprüngen im 19. Jahrhundert zielt er auf die materielle, möglichst dauerhafte, staatlich abgesicherte Herstellung möglichst lückenloser Repräsentanz von Baugeschichte. Dieses Ziel zu verwirklichen ist schwer. Man kann sich mit guten

Gründen fragen, ob es sinnvoll und der Aufwand dafür nicht überproportional groß ist. Baugeschichte als Idee materieller Anschauung ist tief im 19. Jahrhundert verwurzelt. Die archäologischen Denkmalpfleger sind etwas besser dran. Sie wollen keine durchgängige materielle Anschaulichkeit her-, sondern nur sicherstellen, dass eine Tiefbaumaßnahme nicht ein Steinzeitgrab oder ein Römerkastell zerstört. Alles, was nicht durch Tiefbau gestört wird, wird allenfalls »in situ« katalogisiert. Zwar freuen sich die Archäologen über ein erstklassig ausgegrabenes Hockergrab, aber sie zwingen sich nicht selbst, es auszugraben.

Im Zusammenhang mit Baugeschichte darf man fragen, wie viele unter Denkmalschutz stehende Tankstellen der Fünfziger- oder Universitätsbauten der siebziger Jahre oder neugotische Kasernen oder Fachwerkbauten des späten 16. Jahrhunderts in einem geschichtlich beschreibbaren Raum ein Gemeinwesen für die exemplarische Sicherung der Anschaulichkeit benötigt. Eine Objektivität in diesen Fragen gibt es nicht – der fensterlos verkachelte oder braun bekupferte Siebziger-Jahre-Nachbau eines Bunkers aus dem Zweiten Weltkrieg als Arbeitsstätte im Finanzsektor wird in der Publikumsgunst kaum mit einem Barockschloss konkurrieren können. Denn auch in einer Demokratie gibt es das Hässliche und das Schöne. Mag sein, dass in ihr mit dem Schönen und Hässlichen etwas weniger einfach umzugehen ist als in einer absoluten Monarchie. Und natürlich gibt es unter den Denkmalpflegern Menschen, die der Meinung sind, es müsse doch von allen einzusehen sein, dass billig gebaute Sechziger-Jahre-Vorstadtzeilen genauso zu lieben sind wie innenstädtische Bürgerhäuser aus dem späten 18. Jahrhundert.

Das dahinter stehende Argument ist simpel und rekurriert

auf das bloße Alter. Wenn eine Sache nur abgehangen genug ist, dann wird sie schon irgendwie zum allgemein akzeptierten Kulturgut. Ähnlich argumentieren manche Neutöner in leeren Konzertsälen und führen an, dass Johann Sebastian Bach zu seiner Zeit auch Avantgarde war. Die dahinter stehende Logik ist distinktionsbefreit. Wenn ich mein heutiges künstlerisches Schaffen auf einer Zeitachse 300 Jahre in die Zukunft projiziere, dann wird es schon aufgrund seines Alters automatisch bedeutende Vergangenheit mit ästhetischer Dauer sein, und dies antizipiere ich schon jetzt einmal, vorsichtshalber gewissermaßen. Dass unter die musikalisch schaffenden Zeitgenossen Bachs unzählige Nicht-Bachs zu rechnen sind, von denen niemand mehr hört und weiß, blendet diese Logik aus.

Beim Denkmalschutz kamen mit dem hoheitlichen Status des kulturellen Urteils im Gefolge einer Geschichtsidee des 19. Jahrhunderts exekutiv-inhaltliche Vorschriften hinzu, deren Entwicklung, vor allem in Deutschland, in den letzten 100 Jahren zu beschreiben einigen Aufschluss über Grundbedürfnisse mitteleuropäischer Administration geben kann. Um den immer jeweils individuell, aktuell und unter Abwägung kultureller Kenntnisse und darauf fußender Urteilsfähigkeit zu beschreibenden Einzelfall geht es meist weniger, um die Durchsetzung eines hoheitlichen Gestus öfter. Doch das kulturelle Urteil (und nur dies sichert im Grundsatz eine kulturelle Anschauung) und der hoheitliche Gestus sind weitgehend inkommensurable Größen.

Der Kern des Problems ist die Differenz zwischen Erhalt und Nutzung eines Bauwerks. Der hoheitlich bestimmte und gesteuerte, gar mit dem Gewaltmonopol durchgesetzte Erhalt eines Gebäudes oder Gebäudeensembles als künftiges Denkmal wird keine Akzeptanz oder gar Empathie erzeugen können – eine Verbindung von Erhalt und Nutzen jedoch möglicherweise schon.

Wer sich in den späten Siebzigern und frühen Achtzigern, als öffentliches Geld – auch für Denkmalschutz – noch in Fülle vorhanden war, eine kleinere, ältere Stadt etwa im Südwesten anschaute, sah im Stadtkern eine beeindruckende Ansammlung auf Hochglanz restaurierter Fachwerkhäuser. In den suburbanen Zonen derselben Stadt dagegen begannen betriebliche Flachdachbauten das Bild zu bestimmen, umgeben von sorgfältig versiegelter Wirtschaftsfläche. Von den Gartenlandschaften, die noch in den Fünfzigern ganze Flusstäler prägten und die im Lauf der Jahrhunderte das Verhältnis von Stadt und Vorstadt bestimmt hatten, war nicht mehr viel übrig.

Wie man Gewerbe in Altbauten betreiben kann, ob man zur Durchsetzung dieses Ansatzes meritorisch Geld in Form von Steuervorteilen oder Bauzuschüssen bewegen kann und stattdessen auf Neubauten auf der grünen Wiese verzichtet, interessierte so recht weder Denkmalschutz noch Wirtschaft. Doch sobald eine Zehntscheuer aus Fachwerk in einem Städtchen im Süden oder eine Molkerei aus der Mitte des 19. Jahrhunderts im ländlichen Norden nicht mehr für ihren ursprünglichen Zweck genutzt wurde, stellte man sie unter Denkmalschutz und richtete die Bauten her. Dann stellte sich die Frage nach der Nutzung. Kultur bot sich an. Auf diese Weise sind jede Menge Kulturzentren in schick und denkmalgerecht auf Hochglanz getrimmten Fachwerkbau-Innenstädten entstanden. Aber irgendwann mussten auch Kulturzentren erneut saniert werden. Da reibt man sich die Augen: Öffentliche Mittel sind knapp, am besten wäre ein Verkauf oder eine wirtschaftliche Nutzung, aber möglichst durch einen kulturell engagierten Investor, dem auch Altruismus kein Fremdwort ist. Manchmal hat man Glück und die Sparkassenorganisation übernimmt, wie in Schloss Hardenberg, manchmal saniert man nur aufs Allernotwendigste, behilft sich jahrzehntelang mit einem Provisorium, und dann sitzt ein Bundesland mit seinem fix ausgerufenen Landeskulturzentrum auf einmal auf einem kaum veräußerbaren Denkmalschutzobjekt, so geschehen beim Herrenhaus Salzau in der schleswig-holsteinischen Probstei.

Die kulturelle Nutzung hat nur in wenigen Fällen eine nachhaltige Konversion ehemaliger Industrie- und Gewerbestandorte eingeleitet – natürlich gehören Adressen wie Kampnagel in Hamburg oder die Kulturkaserne Basel dazu. Häufig wurde öffentlicher, denkmalgeschützter Besitz in den goldenen Siebzigern und silbernen frühen Achtzigern saniert. Die kameralistischen Investitionen kannten die Jährlichkeit, aber keine Nachhaltigkeit. Dass irgendein Schloss oder irgendeine Burg in öffentlichem Besitz gegenwärtig keinen neuen Sanierungsstau hat, ist sehr selten. Jede Nutzung, auch durch die öffentliche Hand, sollte auf einen betrieblichen Verlauf von mindestens einer Generation ausgelegt sein, dementsprechend sind Geschäftsmodelle zu entwickeln. Investitionen für die Sicherung von Denkmälern loszutreten und dann in mageren Haushaltsjahren die Sprossenfenster nicht mehr streichen zu können, das ist verantwortungslos.

Fragen nach dem Zusammenhang von Erhalt und Nutzung kann man nicht hoheitlich beantworten. Die Identität einer Gesellschaft kann man mit Ritualen, Symbolen, Bildern, Texten, Tönen, Bauten entwickeln, beschwören und beschreiben, und all dem gegenüber kann man Achtung, möglicherweise Empathie entwickeln. Je mehr man darüber weiß, desto leichter wird es einem fallen, andere Identitäten im ständigen interkulturellen Abgleich wahrzunehmen, und umso besser wird man die eigene kennen, vielleicht sogar lieben können. Wenn man das akzeptiert, dann müsste die hoheitliche Aufgabe nur darin bestehen, Raum, Zeit und Kenntnis für diese Fragen zur Verfügung zu stellen. Wie kann man das organisieren?

Es braucht Denkmalschutz, das ist eine Gesellschaft ihrer Geschichte schuldig. Das spricht für denkmalpflegerische Rahmenbedingungen (mit der Betonung auf Rahmen), die bundesweit verpflichtend formuliert sind. Diese müssten die drei öffentlichen Ebenen (Bund, Länder, Gemeinden) und den Bezug zu den Interessen der Wirtschaft und des dritten Sektors organisieren. Denkmalschutz muss mit hohen fachlichen Standards auf allen drei öffentlichen Ebenen bei Raum-, Bau- und Investitionsplanung eingebunden werden. Es ist nicht recht nachzuvollziehen, dass denkmalschützerische Fachkompetenz auf mittlerer und kleinerer kommunaler Ebene kaum mehr vorhanden ist und Raumplanung sowie Städtebau keine verpflichtenden Schnittstellen mit dem Denkmalschutz haben.

Neue Rahmenbedingungen würden, auch aus ökologischen Gründen, der Nutzung historischer Bausubstanz unbedingten Vorzug einräumen. Erhalt ohne Nutzung würde nicht gestützt. Die Verbindung von Erhalt, Nutzung und kollektiver Anschauung zielt auf das einzelne Baudenkmal ebenso wie auf die Anliegen von Ensemble- und Umgebungsschutz. Das Feilschen um den Abstand eines historischen Stadtkerns zu einem Gewerbegebiet oder um durch Windkraftanlagen zerschnittene Sichtachsen zwischen Denkmalpflege einerseits, Kommunen und Investoren andererseits wird durch eine Abwägung der Nutzenvorteile aller Beteiligten ersetzt. Hoheitliches Pochen auf Erhalt reicht erfahrungsgemäß nicht aus. Italien mag nicht unbedingt ein Vorbild für erfolgreiches staatliches Handeln sein, die städtebaulichen Ensembles im Stiefel einschließlich des von Hochhäusern befreiten Inneren Roms sprechen jedoch für ein offenbar gut funktionierendes, nutzenorientiertes Leben mit der Anschauung.

Die Rahmenbedingungen lassen Spielraum für individuelle Entscheidungen. Bei Ausbau und Restaurierung eines barocken Stadtpalais aus dem späten 17. Jahrhundert aus ideologischen, eigentlich historisierenden Gründen jede neue Form von Gaube zu verbieten oder vorzuschreiben, welche historische Form und Funktion die Nägel in den Balken haben müssen, ist genauso fragwürdig, als würde man aus Gründen der Verpflichtung der Musikgeschichte gegenüber die Aufführung von Barockmusik nur mit auf Streichinstrumente gespannten Schafdärmen gestatten.

Die bisher ausschließlich hoheitlich arbeitenden Denkmalschutzbehörden üben den noch verbleibenden hoheitlichen Teil ihrer Tätigkeit an den genannten Schnittstellen bei Raum- und Bauplanungsfragen aus. In den bundesweit geltenden Rahmenbedingungen können regional- und länderspezifische Besonderheiten formuliert werden, die jedoch den Kern der bundesgesetzlichen Regelung nicht berühren dürfen. Mindestens zur Hälfte ist die Tätigkeit von Denkmalschutzbehörden nicht hoheitlich bestimmt, sondern sie dient der Beratung von Grundeigentümern und Investoren, wie Erhalt und Nutzung sinnvoll verbunden werden können. Für die Beratung kann Geld verlangt werden, sie kann auch von Subunternehmern erbracht werden.

Der Begriff »Denkmalschutz« steht in der Mitte unseres Verständnisses von kulturellem Erbe. Wenn man die Wendung »etwas unter Denkmalschutz stellen« ins Englische überträgt, so redet man dort von »to classify something as a historical monument«. Ein historisches Monument oder auch »cultural heritage« im Allgemeinen haben als Begriffe eine etwas sachlichere Valenz als der des Denkmals.

Der Begriff des »kulturellen Erbes« hätte im deutschen Sprachgebrauch eine Erweiterung nötig. Darunter nur denkmalgeschützte Bauten und archäologische Denkmale oder national und regional wertvolle Schriften zu verstehen greift zu kurz. »Cultural heritage« bei unseren Nachbarn umfasst mehr – und zielt immer auf die Sicherung des kollektiven Gedächtnisses und der Anschauung, die dieses Gedächtnis braucht. Dieser weiter gefasste Begriff des kulturellen Erbes, der Regionalkultur und Brauchtum in gleicher Weise wie die sogenannte Hochkultur einzuschließen hätte, sollte im Bildungssystem deutlich verankert sein. Denn jede Bildung benötigt Anschauung. Anschauung aber muss sinnlich sein. Ob man das mit Moorleichen oder hochmittelalterlicher Ritterepik, mit Römerhelmen oder Motetten, Kirchenfenstern, Schlössern oder Burgen, Gärten, Hochhäusern, der *Dreigroschenoper* oder Ausstellungen frühbürgerlicher Schlafzimmer ableitet und erläutert – es hat immer etwas mit dem gekonnten Erzählen von konkreten Geschichten zu tun. Solches Erzählen macht kulturelles Erbe. Das Bewahren ist kein Selbstzweck. Wenn die Menschen sich aber nichts mehr zu erzählen haben, dann haben Museen und Archive auch ausgedient.

Ästhetische Bildung: Rehabilitation der Naturwissenschaften

Auch wenn die Demokratisierung der Kultur auf halbem Wege stehen geblieben ist, eines hat sie erreicht: den Künstler zum Modell des mündigen Bürgers zu erheben. Diesem Modell gerecht zu werden und zugleich das Legitimationsdefizit der jüngeren Kulturpolitik zu beseitigen – das ist der doppelte Antrieb für den gegenwärtig immer lauteren Ruf nach verstärkter kultureller Bildung. Was Hänschen nicht lernt, lernt Hans nimmermehr. Hans aber muss Künstler werden. Und wenn er's nicht lernt? Auch gut. Kunst, ästhetisches Erleben wie Schaffen, ist kein universeller Weg zum Heil dieser Gesellschaft. Zu behaupten, dass der soziale Wert von Kunst historisch sei, ist so wenig vermessen wie die Kunst in Schutz zu nehmen vor überzogenen Erwartungen und damit verbundenen Enttäuschungen. Man muss sie sogar in Schutz nehmen vor der im Kulturmilieu verbreiteten Ansicht, der Weg zum Beruf des Künstlers sei mit Selbstverwirklichungsdrang einfach zu schaffen und Kunst sei eine Bühne für extravagante Ideen. Oberflächlichkeit kann keine Kunst sein, kann kein tiefes Erleben schaffen. Die postmoderne Attitüde, dass Kunst häufig genug als bloßes Konzept daherkommt, schadet ihr vermutlich am meisten. Sie banalisiert das Phänomen Kunst. Kunst benötigt auch Schutz vor ihrer sozialpolitischen Instrumentalisierung. Schließlich benötigt auch Bildung Schutz vor ihrer zunehmenden Individualisierung, ja Privatisierung. Der junge Mensch lernt bekanntlich nicht mehr seine Rolle im sozialen Gefüge, sondern die Optimierung seines individuellen Potenzials im Hinblick auf den großen Konkurrenzkampf draußen. Bildung ist die erste Stufe von Karrieremanagement, solche Zweckoptimierung ist das Erbe von Bologna.

Kulturelle Bildung mit der starken Betonung des Individuums liegt also voll im Trend. Gemeint ist dabei ausschließlich ästhetische Bildung, Bildung durch und zur Kunst: Singen, Musizieren, Tanzen, Schauspielen, Dichten. Es sind jene Fächer, die Kinder bekanntlich intelligent und sozial machen.

Dieser Bildungsbegriff ist verkürzt. Wenn Bildung das Individuum in die Lage versetzen will, sein Leben selbst zu gestalten und sich dabei in einer sozialen Rolle zu verstehen, dann gehören zu dieser Befähigung Wissen, Kenntnisse von Kulturtechniken und Regeln wie auch die Stärke, sich als gesellschaftliches Wesen zu begreifen. Diese Fähigkeit muss das Leitmotiv allen Unterrichts sein. Sie stützt sich genauso auf die Naturwissenschaften als kulturelles Element wie auf die Kunst. Ohne wissenschaftliche Forscher stünden wir noch jetzt im Banne des Glaubens – und Kunst und Kultur wären Mittel reaktionärer Indoktrination. Es war und ist noch immer, auch das ist keine große Weisheit, der technische Fortschritt, welcher Kultur (und mit Verzögerung Kunst) zu Sprüngen in die Zukunft motiviert. Die Erfindung des Buchdrucks zum Beispiel war die Voraussetzung für die Befreiung des Geistes aus der Fessel der Mächtigen. Erst das gedruckte Buch machte eine Verbreitung des Wissens über alle Schranken von Ständen und Klassen hinweg möglich, die Aufklärung, den mündigen Bürger, die Demokratie. Erfunden wurde der Buchdruck von einem Tüftler der Physik. Die Schreiber der Klöster und fürstlichen Kanzleien hatten weder Interesse an der Popularisierung des Wissens noch am Niedergang ihres Berufs.

Mehr noch, Gymnasium und Universität als wirksamste Bildungseinrichtungen justieren auch das Gleichgewicht der in der gesellschaftlichen Elite wirkenden Kräfte. Gleichgewicht hieße gegenwärtig, der Forderung nach vermehrter ästhetischer Bildung mit der Forderung nach mehr Naturwissenschaft zu begegnen. Es hieße, die kulturelle Schlagseite der Gegenwart zu korrigieren aus der Einsicht, dass die Lösung der großen Probleme unserer Gesellschaft – Demografie, Gesundheit, Ernährung, Klima, Energie – nicht in der Kunst zu finden ist. Dass Lösungen gefunden werden, liegt im Interesse aller. Dafür benötigt die Menschheit Forscher, Wissenschaftler und Ingenieure: Menschen, die mit Passion Aufgaben bewältigen, bei denen Hartnäckigkeit gefragt ist ohne öffentliche Anerkennung, die auf Leidenschaft ohne Glamoureffekt beruhen. Kreativität ist nicht nur im Akt der Selbsterfindung gegeben, sondern auch da, wo es um Antworten auf Fragen geht, die einem von anderen gestellt werden. Deutschland, Österreich und die Schweiz suchen Tausende von Ingenieuren; ihre eigene Jugend zieht es hingegen in die Kommunikations- und Kulturbranche. Ganz offensichtlich erntet man dort leichter Anerkennung, ist besser ausgestellt, und Misserfolg lässt sich einfacher wegreden. Vor allem: Es fließt mehr Geld, das nicht leistungsbezogen ist.

Die Vision einer umfassenden Erlebnisgesellschaft, deren Ökonomie auf dem Fundament ästhetischer Kreativität ruht, ist erhebend, sie ist zudem ökologisch und politisch korrekt. Aber sie ist eine Sackgasse. Wir sind an Erlebnissen überreich. Die Individualisierung von Stand und Status, von Werten und Geschmack ruft danach, dass jeder sein eigener Künstler werde, wie der Romantiker Beuys es gefordert hat. Nur ist diese Kulturgesellschaft keine Gesellschaft, die sich selbst ernährt. Es gibt keine ästhetische Subsistenzwirtschaft. Auch Erleben macht Hunger. Niemand lebt davon, dass er für sich selbst singt. Erst recht, wenn alle es tun. Zu jeder Kunsthochschule gehört also eine technische. Als die Schweizer 1848 ihren Bundesstaat gründeten, wogte die Diskussion, welche nationalen Institutionen man brauche. Die jungen Helvetier entschieden sich gegen eine Universität und gegen eine Kunsthochschule und bauten die Eidgenössische Technische Hochschule Zürich. Sie wollten keine kulturelle Normierung. Aber sie sahen Bedarf für Ingenieure.

Deshalb darf es, wo von kultureller Bildung die Rede ist, nur um die Vermittlung elementarer Techniken gehen. Sie ermöglichen dem Individuum das selbstbestimmte Agieren in der Gesellschaft, das Verstehen und Bewerten. Bildung als Arbeit an sich selbst, sozusagen das letzte Residuum von Arbeit. Dass eine solche Grundlage zu jedem Unterricht von der Primarschule bis in die Universität gehört und Stunden musischer Betätigung wie Musikunterricht oder Medientechnik einschließt, versteht sich von selbst. Mehr ist nicht nötig.

Es muss, wo von kultureller Bildung die Rede ist, um das historisch ableitbare Gleichgewicht zwischen ästhetischer und wissenschaftlicher Erfahrung gehen. Darum, auch Wissenschaft als Kultur zu erleben, als Weltgestaltung in größten Dimensionen. Es geht darum zu zeigen, dass das ästhetische Prinzip, wie Europa es kultiviert, ein lokales ist. Ein überschaubares. Gefahrloses. Kunst mit wissenschaftlicher Forschung gleichzusetzen, gar als neue Erkenntnistheorie an die Stelle Letzterer zu heben, wie es derzeit im Hochschulkontext und in der experimentellen Kunst propagiert wird, ist ein Irrweg. Kunst bewirtschaftet Emotionen, Forschung Wissen. Kunst ist mehrdeutig, Wissen überprüfbar. Das klarzustellen ist der erste Auftrag von kultureller Bildung. Kunst und Wissenschaft bilden gemeinsam unsere Kultur. Nicht Geschmack und nicht Moral sind die Essenz kultureller Bildung, sondern Mündigkeit. Auch nicht die Sicherung der Autorität der Kultureinrichtungen und ihres Definitionsanspruches, sondern die Festigung des Rezipienten selbst, der Kultur jeden Tag lebt. Nach seiner Wahl. Vielleicht auch gegen die Autorität der Institutionen. Umso besser, wenn sich bei ihm Widerstandsgeist regt.

Darüber hinaus sehen wir keinen Handlungsbedarf. Den 90 Prozent kulturell Desinteressierten mittels verschärfter kultureller oder ästhetischer Bildung ein Interesse an der Kunst einzuimpfen halten wir für aussichtslos. Ziele von Kulturpolitik sind die Sicherung eines produktiven Kultursystems (kulturelle Komplexe), die Aktivierung der Bürger, ihr eigenes Ding zu realisieren (Laienkultur), Erleichterung des Zugangs (als Option der Lebensgestaltung) zu kulturellen Inhalten.

Der kulturelle Wissenstrieb macht sich bei den vielen bemerkbar, sobald sie sich als Touristen bewegen. In diesem Aggregatzustand verleiben sie sich das künstlerische und materielle Erbe der Welt ein. Davon leben die großen Museen, und davon lebt die Tourismus- beziehungsweise die Wallfahrtsindustrie. Dass hier jede mittlere Stadt mithalten könne, ist ein Irrtum, der die Heimatpflege strohbefeuert. Die tourismuskulturelle Hochrüstung kostet, und sie funktioniert nur im Gravitationsfeld eines klassischen Inventars.

Drei kulturpolitische Imperative lassen sich aus der Bildungsthematik ableiten:

1. Kultur gehört als roter Faden in die Schule, im Sinne des Vertrautmachens mit der eigenen Kulturgeschichte und des Ausprobierens der eigenen kreativen Energien, also als Scharfmachen auch der sinnlichen Werkzeuge. Diese Form von Selbstständigkeit umfasst ästhetische, kulturelle wie naturwissenschaftliche Fächer, sie ist eine Haltungsfrage und keine Sache der Stundentafel. Das bürgerlich-humanistische Gymnasium, so antiquiert der Terminus heute klingt, liefert wunderbare Modelle solchen Gleichgewichts von Kunst und Wissenschaft.

2. Kulturelle Bildung muss viel breiter gefasst sein. Infolge der Globalisierung steht sie vor der Aufgabe, uns einzuführen in Kulturen, die traditionell nicht auf dem Radar

unserer Bildungs- und Kultureinrichtungen erscheinen, die aber gegenwärtig unsere Weltsicht prägen und Hoffnungen wie Ängste wecken. Wo lernen wir chinesische Geschichte? Wer erklärt uns die Entstehung der Türkei? Die Geschichte der europäischen Sklaverei von der griechischen Demokratie bis zu den Janitscharen auf dem Balkan? Das darf durchaus auf Kosten der Kenntnisse in europäischer Antike geschehen. Aufklärung, und wir gehen hier von einem aufgeklärten Menschen aus, der die erworbene Freiheit umfänglicher als die Techniker der Kulturpolitik nutzt, benötigt noch immer Bürgerinnen und Bürger, die logisch folgern und konstruktiv denken können. Dass der Individualismus, verpuppt als künstlerische Kreativität, gefördert werde, danach verlangt zwar der Zeitgeist, das scheint uns aber nicht notwendig.

3. Kulturelle Bildung hat – auch durch ihre Ausweitung auf die jüngste Kulturgeschichte anderer Völker – einen integrativen Aspekt. Sie integriert uns in die globale kulturelle Dynamik. Und sie schafft, indem sie den Einwanderern elementare Techniken wie deutsche Sprache, Lesen und Schreiben vermittelt, Überlebensbefähigung. Dies gilt als beidseitiges Obligo. Wir sind keine Kulturinsel. Und die Zugewanderten leben genauso wenig auf einer.

Digitalisierung oder: Jedem Kind ein ...

Große, erst in Teilen absehbare Veränderungen bringt die Digitalisierung. Die Musikindustrie hat demonstriert, wie tief die Eingriffe sind. Musik wird billiger, omnipräsent, wir hüllen uns förmlich in allerlei Clouds. Die Kreativität hat darunter nicht gelitten, nur die Musikkonzerne mussten Federn lassen. Gewitzte Künstler nutzen das Internet, um direkt zu ihren Fans und Konsumenten zu gelangen, und sie nutzen es fürs Management und die Planung. Ähnliche Prozesse stehen uns in der Literatur und im Film bevor, auch wenn hier die Widerstände größer sind und urheberrechtliche Barrieren errichtet werden. Doch dass Filme bald übers Netz ins Kino gelangen werden, steht außer Zweifel, so wie sie bereits zu uns nach Hause gelangen und das Ende der Videotheken besiegelt ist. Dass die universale Mediathek sich im Netz befindet und nicht in der Quartierbibliothek und auch nicht mehr im Museum, ist genauso sicher.

Öffentlicher Handlungsbedarf entsteht daraus keiner. Nur das Urheberrecht muss à jour gehalten werden. Bleibt die Erleichterung, dass ein Rückbau des institutionellen Sektors nicht weniger Zugänglichkeit mit sich bringt. Im Gegenteil, Computer stehen in 90 Prozent der Haushalte. Und die fehlenden 10 Prozent sind in der Regel nicht die ärmsten, sondern solche, die sich bewusst den »Auswüchsen der Moderne« verweigern.

Aus kulturpolitischer Sicht drängt sich die Frage auf, wie sich das Internet und die digitale Form aller möglichen künstlerischen Äußerungen besser nutzen lassen. Dass der Staat die Museen dabei unterstützt, ins Netz zu gehen, ist geradezu naturgegeben. Der Zugang zu Kunst wäre dort ein anderer, weniger ehrfurchtsgeprägt, und vor allem auch aus Hintertupfingen möglich. Die Erweiterungsflügel aller gegenwärtigen Museen brauchen nur noch virtuell gebaut zu werden.

Was der Staat im Zuge der kulturellen Bildung auch noch tun könnte: Jedem Kind einen Tablet-Computer (oder was immer uns die technische Entwicklung bringt) schenken. Das wäre die Steigerung von »Jedem Kind ein Instrument«. Denn das Tablet ist auch ein Instrument, man kann darauf Musik

spielen, sogar komponieren. Es ist zudem eine Schreibma-
schine, ein Buch, ein Kino, ein Videoschnittplatz, ein CD-
Spieler, eine Gamekonsole, eine Kommunikationsplattform.
Das Gerät ist das bisher universellste Werkzeug für Konsum und ästhetische Produktion auf Amateurniveau, und es
wird Produkte geben, welche die Vielfalt der Anwendungs-
möglichkeiten dieser Maschinen übertreffen. Das kann der
Computer alles auch? Stimmt nicht. Der Computer ist ein
Produktionswerkzeug, kein Medium wie ein Tablet. Und:
Letzteres ist persönlicher, kleiner, mobiler. Man hat es dabei, der Computer steht zu Hause. Vor allem aber lässt sich
ein Tablet viel einfacher konfigurieren, es lassen sich Anwen-
dungsroutinen für kulturelle Zwecke entwickeln, pädagogi-
sche Absichten implementieren. Und es ist viel sozialer als
der Computer: Man kann sich zu fünft mit den Tablets zu-
sammensetzen und gemeinsam aktiv sein.

Jedem Kind ein Tablet würde die Schwäche von »Jedem
Kind ein Instrument« ausmerzen: die Begrenzung auf eine
einzige Dimension, die Musik, und der nicht durchdachte
Bezug zu Schule und ihrem Stundenplan. Es wäre kosten-
günstiger und würde die Faszination für neue Medien als
Treiber nutzen. Es ist kinderleicht in jeden Unterricht zu integrieren, da es auf einfachste Weise mit Applikationen zu
ergänzen ist. Nach Papier und Bleistift ist der Tablet-Computer wohl das universellste Instrument. Natürlich fehlen
ihm haptische Komponenten, er fühlt sich nicht wie Papier
an und auch nicht wie Cello-Holz, ein Gemälde erscheint
darauf nicht wie das Original, dafür vielleicht in hoher Auflösung, viel detailreicher, als ich es im Museum sehen kann
und darf. Diese Mängel wiegen die Vorteile lange nicht auf.

Der subsidiäre Schluss

»Was der Einzelmensch aus eigener Initiative und mit seinen eigenen Kräften leisten kann, (darf) ihm nicht entzogen und der Gesellschaftstätigkeit zugewiesen werden ... (solches verstößt) gegen die Gerechtigkeit, das, was die kleineren und untergeordneten Gemeinwesen leisten und zum guten Ende führen können, für die weitere und übergeordnete Gemeinschaft in Anspruch zu nehmen; zugleich ist es überaus nachteilig und verwirrt die ganze Gesellschaftsordnung. Jedwede Gesellschaftstätigkeit ist ja ihrem Wesen und Begriff nach subsidiär; sie soll die Glieder des Sozialkörpers unterstützen, darf sie aber niemals zerschlagen oder aufsaugen.«

Mit diesen Zeilen aus der Sozialenzyklika »Quadragesimo anno« vom 15.5.1931 von Pius XI. geht dieses Buch zu Ende. Sie hinterlegen den schlichten Satz »Hilf dir selbst, dann hilft dir Gott« mit einem 80 Jahre alten Text und erläutern den Begriff der Subsidiarität, immerhin eines der tragenden Prinzipien der Europäischen Gemeinschaft. Subsidiarität ist ein Konzept, das über innerföderale Aufgabenzuweisung hinausgeht; sie ist der technische Ausdruck dafür, dass es keine übergreifenden Systeme geben kann, nur Regeln, in denen die Menschen, frei und ihrer selbst mächtig, sich entfalten. Diese Entfaltung steht jedem in gleichem Maße zu. Dieser Grundsatz gehört in jede zeitgemäße Kulturpolitik.

Dass das Prinzip der Subsidiarität seinen Ursprung im

Calvinismus hat, sich auf Aristoteles beruft und so in einer definierten Bildungs- und Glaubensdimension Europas steht, sei am Rande erwähnt. Sicher ist, dass Maß und Umsetzung der Subsidiarität regelmäßig neu verhandelt werden müssen. Subsidiarität kann Bevormundung oder Unterstützung des Einzelnen oder der Gruppe durch das Kollektiv bedeuten, sie kann beengende Dominanz des Staates über Wirtschaft und Zivilgesellschaft bedeuten oder die zurückhaltende Schaffung von Strukturen und Regelwerken, in denen privates Engagement und Interesse sich entfalten. Dieses Buch ist ein Beitrag zu dieser laufenden Neujustierung. Es will die Position des Individuums stärken, das geht nur zulasten der Institutionen. Es will die Beziehungen fördern, das geht nur zulasten der Strukturen. Es will Veränderungen, die ohnehin kommen, und Politik, die diese auffangen und menschlich gestalten kann.

Dass jeder Mensch ein Künstler sei, ist eine – dem vermutlich falsch verstandenen Joseph Beuys geschuldete – oft zitierte Begründung dafür, mit Steuermitteln möglichst alles, was irgendwie Kultur genannt werden kann, zu fördern. Da dies weder operativ noch monetär umsetzbar und auch nicht wünschbar ist, tritt der Fördergestus an die Stelle: Wenn wir schon nicht alles fördern können, dann wenigstens das, was es schwer hat. Und schwer hat es das, was wir fördern wollen. Der Kreis schließt sich, Nachdenken über die Anwendung von Subsidiarität hat dann keinen Platz mehr, an ihre Stelle ist die Errichtung eines steuerfinanzierten Altars getreten für das, was sich heutzutage »Kulturprojekt« nennt.

Subsidiarität im obigen Sinne müsste jedoch bedeuten, Geschmack und ästhetische Hervorbringung von Individuen von jeder Förderung durch das Kollektiv freizuhalten, die

Voraussetzungen für die Entstehung solcher Produktion dafür jedoch umso ernsthafter in den Blick zu nehmen. Denn der Einzelne ist nicht voraussetzungslos in der Lage, ohne Unterstützung oder Hilfe (»subsidium«) des Kollektivs, dem er angehört, eine Gruppenidentität zu entwickeln und das Maß der Verständigung darüber zu sichern. Mehr ist nicht nötig – weniger wäre schlecht.

Anmerkungen

1 Knödler-Bunte, Eberhard: »Editorial Kulturgesellschaft«, in: »Themenheft Kulturgesellschaft« von *Ästhetik und Kommunikation* 67, 1987, S. 21.

2 *Süddeutsche Zeitung, 7./8.6.2008.*

3 Hoffmann, Hilmar: *Kultur für alle. Modelle und Perspektiven,* Frankfurt a. M. 1981, S. 29.

4 Vgl. Martel, Frédéric: *Mainstream. Wie funktioniert, was allen gefällt,* München 2011.

5 *Tages-Anzeiger* vom 21.12.1966.

6 Wilde, Oscar: *Das Bildnis des Dorian Gray,* Frankfurt a. M. 1972, S. 270.

7 Schulze, Gerhard: »Das Dilemma zwischen Kunst und Kanalisation«, *Passagen,* Kulturmagazin von Pro Helvetia, Nr. 53/2010, S. 19.

8 »Platzt der Kunst das Herz? Interview mit Beat Wyss«, *Tages-Anzeiger, Das Magazin,* Nr. 1, 5.1.2008.

9 *Tages-Anzeiger, Das Magazin,* 5.1.2008.

10 Adorno, Theodor W.: »Kultur und Verwaltung«, in: *Merkur,* Bd. 144, 1960.

11 »Ein falsches Signal zur falschen Zeit«, in: *FAZ.NET* vom 9.2.2004.

12 *NZZ,* 27.4.2010, *Süddeutsche Zeitung,* 19.5.2010.

13 Eppler, Erhard: *Ende oder Wende,* München 1975, S. 47.

14 Marx, Karl: »Zur Kritik der Hegelschen Rechtsphilosophie. Einleitung«, in: *MEW* 1, S. 381.

15 *Badische Neueste Nachrichten,* 29.11.2010.

16 Martel, Frédéric: *Mainstream. Wie funktioniert, was allen gefällt?,* München 2011, S. 201.

17 Ebenda, S. 174.

18 *Tages-Anzeiger, Das Magazin,* 5.1.2008.

19 *Süddeutsche Zeitung,* 4.12.2007.

20 *NZZ am Sonntag,* 4.4.2010.

21 Dürrenmatt, Friedrich, Rede zur Verleihung des Gottlieb-Duttweiler-Preises an Václav Havel am 22.11.1990, http://www.litart.ch/fd/fdrede.htm (aufgerufen am 18.12.2011).

22 Baricco, Alessandro: »Fermez les théâtres publics«, in: *Le Courier International,* Nr. 962, 2009.

23 *Le Monde,* 14.10.2009.

24 Baricco, a.a.O.

25 *Neue Züricher Zeitung,* 12.7.1996.

26 Kohl, Manuela: *Kunstmuseen und ihre Besucher. Eine lebensstilvergleichende Studie,* Wiesbaden 2006.

27 *Le Monde,* 14.10.2009

28 *Les Pratiques culturelles des Français à l'ère numérique, Enquête 2008,* d'Olivier Donnat, éd. La Découverte/Ministère de la Culture 2009.

29 Ab 2012 wird auch die Schweiz eine Kulturstatistik pflegen, das neue nationale Kulturförderungsgesetz verpflichtet den Bund dazu.

30 »Kulturverhalten in der Schweiz. Erhebung 2008: Erste Ergebnisse«, Bundesamt für Statistik, Broschüre, http://www.bfs.admin.ch/bfs/portal/de/index/themen/16/02/03/dos/05.html (aufgerufen am 23.7.2011). Es stehen auch Detailergebnisse zu den Sektoren Lesen, Musik und Film/Kino zur Verfügung.

31 »National Arts Index«, http://www.artsusa.org/information_services/arts_index/001.asp, S.105 (aufgerufen am 3.1.2012).

32 Wiesand, Andreas und Fohrbeck, Karla: *Der Künstler-Report,* München 1975.

33 Wiesand, Andreas und Fohrbeck, Karla: »Die ›Opernstudie‹, Teil 1 (1975) des Instituts für Projektstudien, Hamburg. Ergebnisse, Anmerkungen und Wirkung«, in: *Monatshefte Musiktheater Frankfurt,* Spielzeit 1977/78, Nr. 7.

34 Keuchel, Susanne und Wiesand, Andreas Johannes: *Das 1. Jugend-KulturBarometer. »Zwischen Eminem und Picasso ...«,* Bonn 2006.

35 Keuchel, Susanne und Wiesand, Andreas Johannes: *Das KulturBarometer 50+. »Zwischen Bach und Blues ...«,* Bonn 2008.

36 Nolte, Frank, Theite Schäfer, Özden Yesilcicek: *Opernpublikum – Musicalpublikum. Eine Studie zur Soziologie des Musiktheaters,* Bremen 2001.

37 Keuchel, Susanne (Zentrum für Kulturforschung): *Rheinschiene – Kulturschiene. Mobilität – Meinungen – Marketing,* Bonn 2003.

38 Die Theaterstatistik wird vom Deutschen Bühnenverein seit 1965/66 veröffentlicht.

39 Die Museumsstatistik wird durch das Institut für Museumsforschung der staatlichen Museen von Berlin seit 1981 veröffentlicht.

40 Die Bibliotheksstatistik wird seit Ende der siebziger Jahre zentral durch das Hochschulbibliothekszentrum des Landes Nordrhein-Westfalen veröffentlicht, die zuvor separaten Erfassungen verschiedener Bibliothekstypen gab es allerdings schon wesentlich länger, wie die 1901 erstmals durchgeführte Bibliotheksstatistik für wissenschaftliche Bibliotheken.

41 *Les Pratiques culturelles des Français à l'ère numérique, Enquête 2008,* d'Olivier Donnat, éd. La Découverte/Ministère de la Culture 2009.

42 Börsenverein des deutschen Buchhandels (Hrsg.): »Buchkäufer und Leser«, Frankfurt a.M. 2008.

43 Zit. nach Lepenies, Wolf: *Kultur und Politik. Deutsche Geschichten,* Bonn 2006, S. 27.

44 So Michael Naumann in der Zeitschrift *Cicero* vom September 2010.

45 Lepenies, a.a.O., S. 46.

46 Schiller, Friedrich: »Deutsche Größe«, in: *Sämtliche Werke,* München 1980, S. 473 f.

47 Mann, Thomas: »Gedanken im Kriege«, in: *Essays Bd. 1, Frühlingssturm,* hrsg. v. Hermann Kurzke und Stephan Stachorski, Frankfurt a. M. 1993, S. 197.

48 Mann, Thomas: *Betrachtungen eines Unpolitischen,* Frankfurt a. M. 1983, S. 31.

49 »Kunst und Kultur als Lebensnerv. Stellungnahme des Deutschen Kulturrates zur Kulturfinanzierung«, in: *politik und kultur,* Nov.–Dez. 2010, S. 25.

50 Ellwein, Thomas: *Das Regierungssystem der Bundesrepublik Deutschland,* Opladen 1977, S. 343.

51 Ellwein, a. a. O., S. 343 f.

52 Abzusehen ist hierbei von den Gesetzen, welche Stiftungen öffentlichen Rechts begründen (zum Beispiel die Stiftung Preußischer Kulturbesitz). In einigen Bundesländern gibt es Musikschul- oder Bibliotheksgesetze, allerdings von geringer Verbindlichkeit. Gesetzestechnisch präsentiert sich die Lage in der Schweiz etwas anders. 2012 tritt auf Bundesebene das erste Kulturförderungsgesetz in Kraft, zahlreiche Kantone verfügen bereits ähnliche Erlasse für ihre Zuständigkeit.

53 Goeschel, Albrecht: »20 Jahre Kulturmanagement in Deutschland«, in: *Taten.Drang.Kultur,* Armin Klein (Hrsg.), Wiesbaden 2011, S. 29.

54 Gray, Clive: »Local government and the arts«, in: *Local Government Studies,* Vol. 28, Nr. 1, 2002.

55 Belfiore, Eleonora: »Über den Zweck der Kunst«, in: *Passagen,* Kulturmagazin von Pro Helvetia, Ausgabe 53/2010, S. 26.

56 http://web.me.com/matarasso/one/Home.html (aufgerufen am 18.12.2011).

57 Zimmer, Dieter E.: »Kultur ist alles. Alles ist Kultur. Über die sinnlose Erweiterung des Kulturbegriffs und was dies bedeutet für die öffentlichen Etats«, in: *Die Zeit* vom 4.12.1992, S. 67. Eckhard Henscheid: *Alle 756 Kulturen. Eine Bilanz,* Frankfurt a. M. 2001.

58 Schulze, Gerhard: *Die Erlebnisgesellschaft,* Frankfurt a. M. 1992, S. 514.

59 Nietzsche, Friedrich: »Menschliches, Allzumenschliches I. Aus dem Nachlass 1874–1877«, in: *Nietzsches Werke. Taschen-Ausgabe,* Bd. III, Leipzig 1923, S. 164.

60 Hoffmann, Hilmar: *Kultur für alle. Perspektiven und Modelle,* Frankfurt a. M. 1981, S. 31.

61 Schulze, Gerhard: »Das Dilemma zwischen Kunst und Kanalisation«, in: *Passagen,* Kulturmagazin von Pro Helvetia, Ausgabe 53/2010, S. 16–20.

62 John, Dr. Hartmut: »Rethink, Redesign, Rebuild Museums«, in: *Kultur und Management im Dialog,* Ausgabe 41/2010,

S. 10, http://www.kulturmanagement.net/downloads/magazin/
km1003.pdf (aufgerufen am 3.1.2012).

63 Brecht, Bertolt: »Der Rundfunk als Kommunikationsapparat«,
in: *Gesammelte Werke in 20 Bänden*, Bd. 18, Frankfurt a. M.
1967, S. 129.

64 Benjamin, Walter: »Das Kunstwerk im Zeitalter seiner technischen Reproduzierbarkeit«, in: *Gesammelte Schriften*,
Band 1/2 Abhandlungen (Werkausgabe), Frankfurt a. M.
1980, S. 462.

65 Eckermann, Johann Peter: *Gespräche mit Goethe in den letzten Jahren seines Lebens*, Berlin o. J. [zuerst 1835], S. 154.
Dort auch die nachstehenden Zitate.

66 Moritz, Karl Philipp: *Launen und Phantasien*, hrsg. von Carl
Friedrich Klischnig, Berlin 1796, S. 84.

67 Zentrum für Kulturforschung: *Musikstatistik*, Bonn 1982.

68 Hummel, Marlies und Berger, Manfred: *Die volkswirtschaftliche Bedeutung von Kunst und Kultur*, München 1988 (ifo-
Studien).

69 Florida, Richard: *The Rise of the Creative Class*, New York
2004.

70 Schumpeter, Joseph: *Theorie der wirtschaftlichen Entwicklung*, Berlin ⁵1952 (1911), S. 88 ff.

71 Vgl. Gritsai, Olga: »Comparing paths of creative know-
ledge regions«, http://www.nbu.bg/PUBLIC/IMAGES/File/
departamenti/centyr_soc_praktiki/WP3final.pdf (aufgerufen
am 20.12.2011).

72 *Die Weltwoche*, 10/2011.

73 Wyss, Beat: *Nach den großen Erzählungen*, Frankfurt a. M.
2009, S. 99.

74 Baudrillard, Jean: *Amerika*, Berlin 2004, S. 130. (Zitat engl.
im Original; übersetzt v. d. A.: »Demokratie verlangt, dass all
ihre Bürger das Rennen mit gleichen Chancen antreten. Ega-
litarismus besteht darauf, dass sie es alle gleich beenden.«)

75 Kappeler, Beat: »Wie die Schweizer Wirtschaft tickt«, in: *NZZ
Libro*, 2011.

76 Smith, Adam: *Der Wohlstand der Nationen*, München 1974,
S. 676.

Frédéric Martel
Mainstream

Wie funktioniert die Kultur der Massen
und wer macht sie?

Fünf Jahre reiste Frédéric Martel für diesen Report über die
Milliardengeschäfte der Kulturindustrie in die Hauptstädte
des Entertainments. Noch beherrschen die USA den globalen Markt, während europäische Filme, Bücher und Musik
eine immer geringere Rolle spielen. Gleichzeitig stehen in
Nah- und Fernost, in Nordafrika und Südamerika riesige
Medienkonzerne in den Startlöchern. Um »Qualität« geht es
den Giganten zuallerletzt. Sie ringen um die Herrschaft über
Worte, Bilder, Träume und Weltanschauungen.

»Einen vergleichbaren Einblick in die globale
Unterhaltungsindustrie gab es bislang nicht. Allein das
macht das Buch zu einer aufschlussreichen Lektüre,
die sich zudem flott liest.«
Deutschlandradio Kultur

»Eine ungeheure Provokation – allerdings eine
höchst produktive, an der niemand vorbeikommt,
der auf der Höhe der Zeit diskutieren will.«
Armin Klein, Kulturpolitische Mitteilungen

Frédéric Martel
Mainstream. Wie funktioniert, was allen gefällt.
Knaus Verlag
512 Seiten
978-3-8135-0418-7